地方出租汽车管理法规汇编

交通运输部道路运输司 编

内 容 提 要

本书收集了北京、天津等6个省(直辖市)和19个省会城市、计划单列市的现行有效的出租汽车管理条例或办法,可供出租汽车行业管理人员和从业人员参考阅读。

图书在版编目(CIP)数据

地方出租汽车管理法规汇编 / 交通运输部道路运输司编. —北京:人民交通出版社, 2011.5
ISBN 978-7-114-09026-4

Ⅰ.①地… Ⅱ.①交… Ⅲ.①出租汽车—旅客运输—交通运输管理—法规—汇编—中国 Ⅳ.①D922.149

中国版本图书馆 CIP 数据核字(2011)第064180号

Difang Chuzu Qiche Guanli Fagui Huibian

书　　名: 地方出租汽车管理法规汇编
著 作 者: 交通运输部道路运输司
责任编辑: 顾熻鲁　黄景宇　王金霞
出版发行: 人民交通出版社
地　　址: (100011) 北京市朝阳区安定门外外馆斜街3号
网　　址: http://www.ccpress.com.cn
销售电话: (010) 85285969、85285966
总 经 销: 北京金飞图书发行中心
经　　销: 各地新华书店
印　　刷: 中国电影出版社印刷厂
开　　本: 787×980　1/16
印　　张: 16.75
字　　数: 241千
版　　次: 2011年5月　第1版
印　　次: 2011年5月　第1次印刷
书　　号: ISBN 978-7-114-09026-4
印　　数: 0001—2000册
定　　价: 36.00元

前　言 *PREFACE*

出租汽车为社会公众提供个性化的运输服务，是城市综合交通运输体系的重要组成部分。改革开放后，我国出租汽车行业快速发展，截至2010年年底，出租汽车总数已达120多万辆，从业人员200多万人，全国所有城市以及经济发达地区的乡镇均有出租汽车运营。出租汽车行业在方便人民群众出行、促进社会就业、提升城市服务能力、促进经济社会发展等方面发挥了积极作用。

为规范出租汽车市场秩序，保障出租汽车运营安全，提高出租汽车服务质量，维护乘客、经营者和从业人员的合法权益，各地结合实际情况，相继制定了出租汽车地方性法规和规章，初步建立了出租汽车管理制度和运行机制。为方便各地交通运输主管部门交流出租汽车管理经验，我们收集了北京、天津、上海、湖北、广东、陕西6个省(直辖市) 以及19个省会城市、计划单列市的出租汽车管理法规、规章，组织汇编了《地方出租汽车管理法规汇编》一书。为各地研究制定出租汽车管理法规和政策提供借鉴，为交通运输主管部门、道路运输管理机构和出租汽车企业、驾驶员提供学习参考。

目前，一些省份和城市根据新形势新需要，正在制定或者修订出租汽车管理法规和规章。我们将根据各地制定、修订出租汽车管理法规和规章的情况，视情再行收集汇编。

交通运输部道路运输司

二○一一年四月

目 录 CONTENTS

北京市出租汽车管理条例 …… 1
天津市客运出租汽车管理条例 …… 12
上海市出租汽车管理条例 …… 20
湖北省出租汽车客运管理办法 …… 32
广东省出租汽车管理办法 …… 39
陕西省出租汽车客运条例 …… 48
石家庄市出租汽车管理条例 …… 58
哈尔滨市城市出租汽车客运管理条例 …… 70
杭州市客运出租汽车管理条例 …… 83
合肥市出租汽车管理办法 …… 94
福州市客运出租汽车管理办法 …… 107
武汉市城市客运出租汽车管理条例 …… 114
广州市出租汽车客运管理条例 …… 123
南宁市出租汽车客运管理条例 …… 135
海口市出租汽车客运管理条例 …… 145
昆明市客运出租汽车管理条例 …… 157
西安市出租汽车管理条例 …… 167
西宁市出租汽车客运管理条例 …… 179
乌鲁木齐市客运出租汽车管理条例 …… 187

大连市客运出租汽车管理条例 …… 195
青岛市出租汽车客运管理条例 …… 207
宁波市出租汽车客运管理条例 …… 216
厦门经济特区出租汽车营运管理条例 …… 225
深圳经济特区出租小汽车管理条例 …… 236
珠海市出租小汽车管理条例 …… 249

北京市出租汽车管理条例

（1997年10月16日北京市第十届人民代表大会常务委员会第四十次会议通过

根据2001年5月18日北京市第十一届人民代表大会常务委员会第二十六次会议通过的《北京市出租汽车管理条例修正案》第一次修订

根据2002年3月29日北京市第十一届人民代表大会常务委员会第三十三次会议通过的《北京市出租汽车管理条例修正案》第二次修订

2002年3月29日北京市人民代表大会常务委员会公告第56号公布，自2002年3月29日起施行）

第一章　总　　则

第一条　为了加强本市出租汽车管理，提高出租汽车服务水平，维护出租汽车的正常营运秩序，保障出租汽车乘客、经营者以及从业人员的合法权益，适应城市经济发展和人民生活的需要，制定本条例。

第二条　本市行政区域内的出租汽车经营者、驾驶员、乘务员、设立出租汽车营业站的单位、调度员和出租汽车乘客以及出租汽车管理部门，均应当遵守本条例。

本条例所称出租汽车（含旅游客运汽车）是指按照乘客意愿提供运送服务并按行驶里程和时间收费的客车。

第三条　市交通行政主管部门主管本市出租汽车管理工作，负责本条例的组织实施。市交通行政主管部门所属的市区管理处和郊区县交通行政主管部门负责本行政区域内出租汽车的日常管理工作。

工商行政、税务、物价、劳动、公安、公安交通、技术监督、旅游等管理机关，按照各自的职责，依法对出租汽车进行管理。

第四条 本市出租汽车行业的发展和管理应当遵循统一管理、协调发展、公平竞争、方便群众的原则。

第五条 市交通行政主管部门应当根据北京城市总体规划的要求，编制本市出租汽车发展规划和年度发展计划，并报市人民政府批准后实施。

第六条 本市鼓励和支持出租汽车管理的科学技术研究，积极推广先进技术和设备的使用，提高出租汽车科学管理水平。

第七条 本市出租汽车经营者以及从业人员，应当依法经营，文明服务。

对经营管理、营运服务成绩显著和拾金不昧、救死扶伤、见义勇为等方面事迹突出的，由市交通行政主管部门给予表彰和奖励。

第二章　经营资质管理

第八条 出租汽车经营者应当具备下列条件：

（一）有经检验合格的并符合规定数量的车辆；

（二）有固定的经营场所和相应的车辆停放场地；

（三）有合格的驾驶员，经营旅游客运汽车的还应当有合格的乘务员；

（四）有相应的管理人员和管理制度。

第九条 出租汽车驾驶员应当具备下列条件：

（一）有本市常住户口，男60岁、女50岁以下，身体健康，取得驾驶证3年以上。旅游客运汽车驾驶员还必须连续从事3年以上大、中型客车驾驶工作；

（二）遵守法律、法规；

（三）被吊销营运资格证件的，须期满5年以上；

（四）经市交通行政主管部门考核并取得合格证书。

第十条 申请经营出租汽车的单位和个人应当按照下列规定办理申报审批手续：

（一）到工商行政管理机关办理名称预先核准登记。

（二）持有关证明向市交通行政主管部门提出书面申请，市交通行政主管部门自接到申请书之日起30天内作出审批决定。合格的，发给经营许可证件。

（三）持经营许可证件向工商行政管理机关申领营业执照，向税务机关办理税务登记，向公安机关办理治安登记。

（四）取得营业执照、办理税务和治安登记后，按规定对营运车辆进行车身装饰，安装安全防护装置、计价器，依法办理保险手续；营运车辆按规定检验合格后，到公安交通管理机关申领车辆牌证。从事旅游客运汽车经营的申请者还须向公安交通管理机关申请发车地点、行车路线等事项，经审查同意后，取得公安交通管理机关发给的旅游通行证。

（五）取得车辆牌证后，向市交通行政主管部门领取车辆营运证及驾驶员准驾证、乘务员服务证等营运资格证件和服务监督卡。从事旅游客运汽车经营的申请者向交通行政主管部门申领旅游准运证。

第十一条 出租汽车经营者增加、减少或者更新车辆的，应当报市交通行政主管部门核准；变更办公地点和联系电话以及变更登记事项的，应当向市交通行政主管部门备案；停运或者歇业的，应当向市交通行政主管部门备案，并到工商行政管理机关办理有关手续。

经批准歇业或者减少营运车辆的，应当向交通行政主管部门缴销营运资格证件，并涂掉原营运车辆的车身装饰、拆除车内的营运设施。

第十二条 出租汽车营运车辆应当符合下列要求：

（一）经公安、公安交通管理机关检验合格；

（二）符合本市规定的车型、车身颜色、车身装饰和使用年限；

（三）按照规定安装出租汽车标志灯、安全防护装置和计价器；

（四）按照规定在车辆前风挡玻璃右侧上方张贴营运证，在车内规定位置张贴车辆收费标准，并具有空车待租标志和停运标志；

（五）旅游客运汽车在车内规定位置放置旅游准运证、旅游通行证等营运证件；在车内明显位置张贴旅游客运说明；

（六）车辆整洁。

第三章　营运服务管理

第十三条 出租汽车经营者应当遵守下列规定：

（一）遵守法律、法规和规章，接受交通行政主管部门和工商行政、税务、物价、劳动、公安、公安交通、技术监督等管理机关的监督检查；

（二）执行物价管理机关制定的收费标准，使用经税务机关监制的专用收费凭证，不得擅自改变收费标准或者使用其他收费凭证；

（三）制定服务标准、规程和驾驶员、乘务员守则以及车辆检修、安全行车、治安保卫等规章制度；

（四）依法与驾驶员签订劳动合同、承包合同，明确双方权利义务；

（五）建立实施治安保卫责任制，对从业人员进行法制教育，建立学习和业务培训制度；

（六）对乘客提出的服务质量问题及时调查处理，并应当自乘客提出之日起10天内作出答复；

（七）执行交通行政主管部门协调营运业务的措施；

（八）法定代表人和管理人员按照规定参加市交通行政主管部门组织的培训，经培训合格后方可上岗；

（九）按照规定期限和要求向交通行政主管部门如实报送营运报表及其他营运资料，接受交通行政主管部门对营运资料和票证的查阅；

（十）不得使用无营运资格证件、被暂扣营运资格证件的驾驶员或者非本单位的驾驶员驾驶车辆营运；

（十一）不得擅自在出租汽车内或者在车身上张贴、设置商业性广告。

第十四条　旅游客运汽车经营者及其从业人员还应当遵守下列规定：

（一）在售票地点公布发车地点、时间和行驶路线；

（二）因故变更发车地点、时间和行驶路线的，应当提前通知乘客，允许乘客退票；

（三）旅游高峰期间，按照规定向公安交通管理机关申领旅游景点通行证；

（四）乘务员具有相应的旅游客运服务知识，向乘客提供相应的旅游客运服务；

（五）不得流动揽客；

（六）不得强行为乘客代买旅游景点门票或者参观券；

（七）不得擅自将旅游客运业务转让其他单位或者个人经营；

（八）不得违反乘客意愿强行将乘客载至旅游景点、旅馆、饭店、商店等处参观、住宿、用餐、购物；

（九）不得索取、收受回扣；

（十）从事涉外旅游的，应当遵守国家和本市的有关规定。

第十五条 出租汽车驾驶员在营运时应当遵守下列规定：

（一）服饰整洁、文明礼貌、服务规范；

（二）安全行车，遵守交通管理法规；

（三）携带并按照规定放置、张贴营运资格证件和服务监督卡；

（四）在准许停车的路段实行招手停车载客或者停车下客，不得乱停车；

（五）按照规定使用标志灯，车内无乘客时应当显示空车待租标志，因故暂时不能营运时，应当显示停车标志；

（六）按照最佳路线行驶，不得故意绕行；

（七）必须正确使用计价器，不得与乘客议价，不得向乘客索要财物，收款后需要给乘客找零钱时，必须找零钱；

（八）按照计价器显示的金额收费，禁止私自拆除、改装计价器或者在计价器上弄虚作假；

（九）收款后应当向乘客开具项目填写齐全并与实收金额相符的专用收费凭证，不得在专用收费凭证上弄虚作假；

（十）满足乘客提出的使用或者不使用车内服务设施的要求；

（十一）不得擅自拆除安全防护装置；

（十二）保持车辆整洁，牌证齐全、清晰，不得挪用车辆牌证或者对车辆牌证弄虚作假；

（十三）遇有计价器损坏、失准、显示不全、无专用收费凭证、标志灯发生故障、车辆号牌污损、不全等情形时，不得营运载客。上述情况在载客过程中发生时，应当立即告知乘客，并与乘客协商解决；

（十四）出本市或者夜间去远郊区、县营运，应当按照规定向本单位或者到就近的公安机关、营业站登记；

（十五）在出租汽车营业站候客时，应当按序排队、顺序走车，服从调度员的调派，不得欺行霸市或者私自揽客；

（十六）乘客遗失在车内的物品，应当及时归还失主或者交有关部门处理，不得私自隐匿；

（十七）不得将车辆交予他人驾驶或者驾驶非本单位的出租汽车营运；

（十八）不得利用车辆为违法犯罪提供方便，发现违法犯罪嫌疑人应当及时向公安机关或者本单位报告；

（十九）禁止运载违禁和易燃、易爆等物品；

（二十）接受市交通行政主管部门和有关管理机关的监督检查。

第十六条 出租汽车驾驶员除下列情形外，不得以任何理由拒绝载客或者中途终止客运服务：

（一）乘客在禁止停车的路段招手拦车；

（二）乘客携带违禁和易燃、易爆等危险品以及污损车辆的物品乘车；

（三）醉酒者、精神病患者在无人监护下乘车；

（四）乘客要求出本市或者在夜间到远郊区、县而不按规定随驾驶员进行登记；

（五）乘客的要求有其他违反出租汽车管理、道路交通管理、治安管理规定的。

第十七条 乘客在乘坐出租汽车时应当遵守下列规定：

（一）文明乘车，不得损坏车内设施，维护车内清洁卫生；

（二）按照计价器显示的金额交付乘车费用或者按照规定购买车票，不与驾驶员议价；

（三）不向驾驶员提出违反出租汽车管理、道路交通管理、治安管理的要求；

（四）不在车内进行违法活动。

第十八条 出租汽车乘客对出租汽车经营者及其从业人员在营运中侵犯其合法权益的行为，有权向出租汽车经营者反映或者向交通行政主管部门投诉。

乘客反映服务质量问题或者投诉应当自权利被侵犯之日起30天内提出，投诉时应当提供书面材料和出租汽车专用收费凭证、车辆牌号等证据。

第十九条 交通行政主管部门受理乘客投诉后，应当及时调查处理，并在30天内将处理结果答复投诉人。

第四章　营业站管理

第二十条　出租汽车营业站和停车站，应当按照本市城市规划、道路交通和出租汽车管理等有关规定设置。

设置、关闭或者拆除出租汽车营业站和停车站，或者改变其用途的，该站的所有者应当按照规定程序提前30天向社会公示。

第二十一条　机场、火车站、宾馆、饭店、医院等客运业务较集中的公共场所，其主管部门可根据出租汽车发展规划设立出租汽车营业站，公示站区范围，选派调度员，对出租汽车的营运进行调度和管理。

第二十二条　设立出租汽车营业站的单位应当遵守下列规定：

（一）建立管理责任制度，维护营运秩序，保障乘客用车，制止和纠正扰乱营业站管理秩序的行为；

（二）所设的车站对所有出租汽车和乘客开放，做到公正调派车辆；

（三）对调度员进行法制教育、职业道德教育和业务培训；

（四）发生重大或者紧急情况时，应当妥善处理并及时向交通行政主管部门及有关部门报告；

（五）接受交通行政主管部门的监督和指导。

第二十三条　出租汽车营业站调度员应当遵守下列规定：

（一）经市交通行政主管部门考核并取得调度员证件后持证上岗；

（二）服饰整洁、文明礼貌、服务规范；

（三）按序派车，做好派车记录；

（四）维护营业站秩序，对出租汽车驾驶员扰乱营运秩序的行为进行制止和纠正；

（五）对出本市或者夜间到远郊区、县营运的出租汽车进行登记；

（六）发现违法犯罪活动或者违法犯罪嫌疑人，应当及时向公安机关报告；

（七）不得为出租汽车驾驶员私揽业务或者利用职务牟取私利。

第五章　法律责任

第二十四条　违反本条例规定，未经批准擅自经营出租汽车业务的，由交通行政主管部门暂扣车辆，责令停止经营活动，没收违法所得，并按每辆车1万元至2万元处以罚款。

公安交通管理机关发现无照经营出租汽车业务的，可暂扣车辆，并在5日内移送工商行政管理机关处理。

第二十五条　违反本条例的规定，出租汽车经营者未经批准擅自增加或者减少出租汽车营运车辆的，由交通行政主管部门责令限期改正，没收违法所得，并按每增加或者减少一辆车处以2000元至5000元罚款。

第二十六条　出租汽车经营者和驾驶员、乘务员、调度员不符合本条例规定的资质条件的，由交通行政主管部门责令限期改正。逾期未改正的，吊销出租汽车经营者的经营许可证件和驾驶员、乘务员的营运资格证件、调度员的调度员证。

营运车辆不符合本条例规定的运营条件的，由交通行政主管部门责令经营者限期改正。逾期未改正的，吊销车辆营运证件。

第二十七条　出租汽车经营者违反本条例，有下列行为之一的，由交通行政主管部门给予警告，并可处以200元至2000元的罚款；情节严重的，处以2000元至2万元罚款，并可责令停业整顿3天至7天：

（一）未按规定建立或者执行各项规章制度；

（二）对乘客和用户提出的服务质量问题置之不理或者不及时处理；

（三）使用无营运资格证件、被暂扣营运资格证件的驾驶员或者非本单位的驾驶员驾驶车辆营运；

（四）不执行交通行政主管部门协调营运业务的措施；

（五）法定代表人和管理人员不按照规定参加市交通行政主管部门组织的培训或者未经培训合格擅自上岗；

（六）未按照规定报送各类营运报表或者拒绝交通行政主管部门对营运资料、票证进行查阅。

第二十八条 旅游客运汽车经营者或者驾驶员、乘务员违反本条例的规定，有下列行为之一的，由交通行政主管部门对旅游客运汽车经营者处以500元至5000元的罚款，情节严重的，处以5000元至2万元的罚款，并可责令停业整顿3天至7天；对责任者个人处以200元至1000元的罚款，在其营运资格证件上作违章纪录，暂扣其营运资格证件1个月至3个月；情节严重的，吊销其营运资格证件：

（一）未按照规定的时间、地点售票、发车、营运；

（二）强行为乘客代买旅游景点门票或者参观券；

（三）擅自将旅游客运业务转让其他单位或者个人经营；

（四）违反乘客意愿将乘客载至旅游景点、旅馆、饭店、商店等处参观、住宿、用餐、购物；

（五）索取、收受回扣。

第二十九条 出租汽车驾驶员违反本条例第十五条第（一）、（三）、（五）、（六）、（七）、（九）、（十）、（十二）、（十三）、（十五）、（十七）、（二十）项规定的，由交通行政主管部门给予警告，并可处以100元至1000元的罚款；情节严重的，处以1000元至2000元的罚款，在营运资格证件上作违章记录，并可暂扣营运资格证件1个月至3个月。

第三十条 出租汽车驾驶员违反本条例第十六条的规定，拒绝载客或者中途终止客运服务的，由交通行政主管部门处以1000元至2000元的罚款，在营运资格证件上作违章记录，并可暂扣营运资格证件1个月至3个月；情节严重的，吊销营运资格证件。

第三十一条 出租汽车驾驶员违反本条例的规定，私自拆除、改装计价器或者在计价器上弄虚作假的，由交通行政主管部门吊销其营运资格证件。

出租汽车驾驶员违反本条例的规定，在营运中发生严重服务质量事故或者利用出租汽车为违法犯罪活动提供方便的，由交通行政主管部门吊销其营运资格证件。

第三十二条 设立出租汽车营业站的单位违反本条例第二十二条第（一）、（二）、（四）项规定的，由交通行政主管部门给予警告，并可处以200元至2000元的罚款；情节严重的，处以2000元至2万元的罚款。

出租汽车营业站调度员违反本条例第二十三条第（一）、（二）、（三）、

（四）、（七）项规定的，由交通行政主管部门给予警告，并可处以 100 元至 1000 元的罚款，暂扣调度员证 1 个月至 3 个月；情节严重的，吊销其调度员证。

第三十三条 出租汽车经营者治安保卫责任制不落实，多次发生治安案件，由公安机关依照有关规定处以罚款；情节严重的，责令其停业整顿 3 天至7 天。

出租汽车驾驶员或者调度员擅自拆除安全防护装置的，出本市或者夜间去远郊区、县营运不按规定登记的，由公安机关处以 200 元以下罚款；情节严重的，由交通行政主管部门吊销其营运资格证件或者调度员证。

第三十四条 出租汽车驾驶员一年内违章记录达到两次或者被暂扣营运资格证件的时间在 6 个月以下的，由市交通行政主管部门对其进行培训，经考试合格方可重新上岗。

出租汽车驾驶员一年内违章记录达到三次或者被暂扣营运资格证件的时间累计达到 6 个月以上的，以及在被暂扣营运资格证件期间继续营运载客的，由市交通行政主管部门吊销其营运资格证件。

第三十五条 出租汽车经营者因管理不善，本单位出租汽车驾驶员、乘务员、调度员违法行为严重、服务质量低劣，由交通行政主管部门对出租汽车经营者处以 3000 元至 3 万元罚款，并可责令停业整顿 5 天至 15 天。

第三十六条 违反本条例，属于违反工商行政、税务、物价、劳动、公安、公安交通、技术监督和旅游等管理方面的法律、法规和规章的，由有关主管部门依法处理。

第三十七条 交通行政主管部门的工作人员滥用职权、玩忽职守、徇私舞弊的，由其所在单位或者上级主管部门给予行政处分；构成犯罪的，依法追究其刑事责任。

第六章　附　　则

第三十八条 本条例自 1998 年 1 月 1 日起施行。1991 年 4 月 6 日市人民政府发布的《北京市人民政府关于取缔无照经营出租汽车的暂行规定》、1993 年 8 月 14 日市人民政府发布的《北京市旅游客运汽车运营管理办法》和 1995 年 7 月 5 日市人民政府发布的《北京市出租汽车管理办法》同时废止。

北京市人大常委会关于停止执行北京市地方性法规中若干行政许可事项有关规定的决定

北京市第十二届人大常委会公告第23号

（北京市第十二届人民代表大会常务委员会第十二次会议于2004年5月27日通过）

北京市第十二届人民代表大会常务委员会第十二次会议，根据《中华人民共和国行政许可法》第83条第2款的规定，决定以下34件地方性法规中的66项行政许可事项的有关规定停止执行：

……

三、《北京市出租汽车管理条例》

3. 第9条（三）项、（四）项、第10条（五）项、第11条第2款、第13条（十）项、第15条（三）项、第26条第1款、第27条（三）项、第28条、第29条、第30条、第31条、第33条第2款、第34条有关“出租汽车驾驶员资格考核”的规定；

4. 第10条（二）项、（三）项、第24条第1款、第26条第1款有关“出租汽车经营开业许可”的规定；

5. 第10条（五）项、第11条第2款、第26条第1款、第28条有关“核发出租汽车乘务员服务证”的规定；

6. 第11条第1款有关“出租汽车更新车辆核准”的规定；

7. 第13条（八）项、第27条（五）项有关“出租汽车经营者法定代表人、管理人员培训上岗”的规定；

8. 第23条（一）项、第26条第1款、第32条第2款、第33条第2款有关“出租汽车营业站调度员考核上岗”的规定；

……

天津市客运出租汽车管理条例

（1998 年 1 月 7 日天津市第十二届人民代表大会常务委员会第三十九次会议通过

2005 年 3 月 25 日天津市第十四届人民代表大会常务委员会第十九次会议修订

2005 年 3 月 25 日天津市人民代表大会常务委员会公告第 44 号公布，自 2005 年 6 月 1 日起施行）

第一章　总　　则

第一条　为了加强客运出租汽车行业的管理，提高客运出租汽车服务质量，维护客运出租汽车运营市场秩序，保障乘客和客运出租汽车经营企业、个体工商户及其从业人员的合法权益，根据国家有关规定，结合本市实际情况，制定本条例。

第二条　本条例适用于本市行政区域内客运出租汽车经营活动以及相关行政管理活动。

第三条　客运出租汽车行业应当遵循统筹规划、统一管理、公平竞争、稳步发展的原则。

第四条　市客运交通管理办公室是本市客运出租汽车行业的主管部门，负责本条例的组织实施。市客运交通管理办公室根据需要可以委托区、县人民政府确定的部门，负责本区、县范围内客运出租汽车管理工作。

公安、物价、工商、质量技术监督、卫生等有关行政主管部门应当按照各自职责，做好与客运出租汽车有关的行政管理工作。

客运出租汽车行业协会应当加强对客运出租汽车经营企业、个体工商户（以下统称客运出租汽车经营者）及其从业人员的服务、协调、教育和指导工作。

第五条 客运出租汽车经营者及其从业人员，应当守法经营，文明服务。

对在经营管理、优质服务、拾金不昧、助人为乐、救死扶伤、见义勇为等方面成绩显著的客运出租汽车经营者及其从业人员，以及对协助实施本条例做出突出贡献的单位和个人，应当给予表彰和奖励。

第二章 经营资格

第六条 本市客运出租汽车发展实行总量控制。市客运交通管理办公室应当按照城乡经济和社会发展的需要，编制客运出租汽车行业发展规划和计划，经市人民政府批准后组织实施。

按照市人民政府批准的规划和计划发展客运出租汽车，应当采用招标方式确定客运出租汽车经营者。

第七条 申请经营客运出租汽车业务的企业和个体工商户，符合下列条件的可以参加投标：

（一）具有营业执照；

（二）有符合招标文件要求的车辆或者资金；

（三）具备招标文件规定的其他条件。

中标的企业和个体工商户，应当在接到中标通知书之日起三个月内，按照中标确定的内容办理车辆登记、里程计价器检定和保险等手续，安装符合规定的运营标志和设施，向市客运交通管理办公室申请客运出租汽车经营资格证、客运出租汽车车辆运营证。

对符合规定的，市客运交通管理办公室应当在法定期限内核发客运出租汽车经营资格证、客运出租汽车车辆运营证。

第八条 从事客运出租汽车运营服务的驾驶员，应当符合下列条件：

（一）有初中以上文化程度；

（二）男 60 周岁以下，女 55 周岁以下，身体健康；

（三）有三年以上的实际驾驶经历和符合要求的机动车驾驶证；

（四）经客运出租汽车职业培训考试合格；

（五）申请日前五年内没有被吊销驾驶员客运资格证记录；

（六）有客运出租汽车运营服务的岗位。

对符合本条第一款规定从业条件的申请人，市客运交通管理办公室应当在法定期限内核发驾驶员客运资格证。

第九条 客运出租汽车经营者应当按照取得许可的条件从事客运出租汽车经营服务活动，接受市客运交通管理办公室的监督检查。

第十条 客运出租汽车经营者歇业、停业或者停止部分客运出租汽车车辆运营的，应当到市客运交通管理办公室办理歇业、停业手续。停止运营的客运出租汽车，应当缴销、封存运营证件，拆除运营标志和里程计价器。

第十一条 客运出租汽车经营许可项目变更或者车辆变更的，应当办理变更手续。

客运出租汽车经营者退出运营服务或者被依法确认不具备运营车辆所有权的，市客运交通管理办公室应当注销客运出租汽车经营资格证、客运出租汽车车辆运营证。

客运出租汽车驾驶员退出运营服务的，市客运交通管理办公室应当注销驾驶员客运资格证。

第十二条 有关部门依法变更或者吊销客运出租汽车经营者营业执照等有关证照后，应当及时书面通知市客运交通管理办公室，市客运交通管理办公室应当注销客运出租汽车经营资格证、客运出租汽车车辆运营证、驾驶员客运资格证。

市客运交通管理办公室依照本条例规定吊销客运出租汽车经营资格证、客运出租汽车车辆运营证后，应当及时书面通知有关部门。

第十三条 禁止无客运出租汽车经营资格证、客运出租汽车车辆运营证或者无驾驶员客运资格证从事客运出租汽车业务。

禁止涂改、伪造、租借、买卖客运出租汽车经营资格证、客运出租汽车车辆运营证、驾驶员客运资格证。

禁止在非客运出租汽车车辆上设置客运出租汽车运营标志、里程计价器等运营设施。

第三章　经营服务

第十四条　客运出租汽车经营企业，应当遵守下列规定：

（一）遵守客运出租汽车管理的法律、法规、规章和有关规定；

（二）执行客运出租汽车行业服务标准和规范，制定和实施车辆维修、安全行车、治安防范、卫生防疫和文明服务等制度；

（三）保证运营车辆性能良好；

（四）对从业人员进行管理、教育、培训、考核；

（五）依法与从业人员签订劳动合同、经营合同；

（六）按照规定报送运营情况和有关资料；

（七）不将运营车辆交给无驾驶员客运资格证的人员运营；

（八）在许可的范围内从事经营活动；

（九）对客运出租汽车从业人员的违法经营行为，承担相应的法律责任。

第十五条　市客运交通管理办公室委托的客运出租汽车服务管理组织，负责对客运出租汽车个体工商户提供服务管理，遵守本条例第十四条的相关规定。

第十六条　客运出租汽车个体工商户，应当遵守下列规定：

（一）遵守客运出租汽车管理的法律、法规、规章和有关规定；

（二）执行客运出租汽车行业服务标准和规范；

（三）保证运营车辆性能良好；

（四）依法与其雇用的从业人员签订劳动合同；

（五）不将运营车辆交给无驾驶员客运资格证的人员运营；

（六）接受客运出租汽车服务管理组织的管理；

（七）在许可的范围内从事经营活动；

（八）对其雇用的从业人员的违法经营行为，承担相应的法律责任。

第十七条　客运出租汽车运营车辆，应当符合下列规定：

（一）在车辆顶部固定安装由市客运交通管理办公室监制的有完好照明装置的客运出租汽车标志，照明装置启闭时间以路灯启闭时间为准；

（二）在车内明显位置安装符合行业管理服务要求的合格里程计价器，保持铅封的完整和里程计价器的准确有效；

（三）在车前门喷刷企业、服务管理组织的名称和监督电话；

（四）明示计价标准和计价方法；

（五）不在车辆内饰以外的部位做广告；

（六）车辆标志设施完好，牌证齐全清晰；

（七）车辆整洁，符合卫生标准；

（八）车辆符合本市规定标准；

（九）符合本市对客运出租汽车车辆管理的其他要求。

第十八条 客运出租汽车经营企业和客运出租汽车服务管理组织对驾驶员收费，应当执行国家和本市的有关规定，公开收费项目和标准，开具收费凭证。

禁止违反前款规定自立名目向客运出租汽车驾驶员收取抵押金、保证金、手续费和其他费用。

第十九条 经营客运出租汽车业务应当使用税务部门监制的客运出租汽车专用发票，加盖客运出租汽车经营者专用章。

第二十条 客运出租汽车驾驶员应当遵守下列规定：

（一）执行服务标准，遵守职业道德；

（二）衣着整洁，语言文明，不在车内吸烟；

（三）按照本市规定的租价标准和里程计价器显示金额收费，出具客运出租汽车专用发票，不得多收费；

（四）按照规定设置客运出租汽车车辆运营证和驾驶员客运资格证；

（五）按照合理路线或者乘客要求的路线行驶；

（六）按照规定操作里程计价器，不得私自调整、改装里程计价器或者影响里程计价器正常使用；

（七）遵守客运出租汽车停靠秩序，按照顺序停车候客，不得离开车辆招揽业务；

（八）不将车辆交给无驾驶员客运资格证的人员运营；

（九）对老、弱、病、残和孕妇以及急需抢救的人员，优先提供服务；

（十）暂停载客时，应当明示暂停运营标志；

（十一）遵守交通法规，安全礼让行车；

（十二）遵守客运服务的其他规范。

第二十一条 遇有抢险、救援、外事、突发公共事件和大型社会活动等特殊任务时，客运出租汽车经营者及其从业人员应当服从市客运交通管理办公室的统一调度，执行有关应急措施和决定。

第二十二条 有下列情形之一的，客运出租汽车驾驶员可以拒绝提供运营服务或者中途终止运营服务：

（一）乘客携带易燃、易爆、易碎等危险品或者违禁品、污染物品、动物乘车的；

（二）传染病患者或者无人监护的醉酒者、精神病患者要求乘车的；

（三）乘客要求出市但不按照规定随客运出租汽车驾驶员到指定地点进行登记的；

（四）乘客不愿承担规定的路、桥通行费的；

（五）乘客提出违反本条例或者道路交通管理、治安管理规定要求的。

除前款规定情形外，客运出租汽车驾驶员不得拒绝提供运营服务或者中途终止运营服务。

第二十三条 市客运交通管理办公室会同市公安交通管理部门应当在客流量较大的机场、车站、港口、商业街区、大型商场等公共场所，划定客运出租汽车候客停靠区域，向全行业开放，供客运出租汽车免费停靠候客。在有条件的道路上划定客运出租汽车临时停靠点。

任何单位和个人不得阻碍客运出租汽车在候客停靠区域内停靠，不得向停靠的客运出租汽车收取任何费用。

第二十四条 乘客对不使用里程计价器或者不出具客运出租汽车专用发票的，可以拒绝支付车费。

第二十五条 乘客对违反本条例规定的行为，可以向客运出租汽车经营企业、客运出租汽车服务管理组织或者市客运交通管理办公室投诉。

客运出租汽车经营企业、客运出租汽车服务管理组织受理乘客的投诉后，应当在十日内做出答复。

市客运交通管理办公室在受理乘客投诉后，一个月内处理完毕；情况复杂的，可以在三个月内处理完毕。

第二十六条 市客运交通管理办公室对客运出租汽车驾驶员违反本条例的行为实行记录积分制度。达到一定记录积分的客运出租汽车驾驶员，应当参加市客运交通管理办公室组织的集中培训。

第四章 法律责任

第二十七条 客运出租汽车经营者违反本条例第九条规定的，由市客运交通管理办公室责令限期整改；逾期不改或者整改后仍达不到许可条件的，可以吊销客运出租汽车经营资格证、客运出租汽车车辆运营证。

第二十八条 客运出租汽车经营者违反本条例第十条、第十一条第一款、第十四条、第十六条、第十七条、第二十一条规定的，由市客运交通管理办公室责令限期改正，并可处以二百元以上二千元以下罚款；情节严重的，处以二千元以上一万元以下罚款，并可以吊销客运出租汽车经营资格证、客运出租汽车车辆运营证。

客运出租汽车服务管理组织违反本条例第十四条规定的，由市客运交通管理办公室责令限期改正，并可处以二百元以上二千元以下罚款；情节严重的，处以二千元以上一万元以下罚款，并可以取消客运出租汽车服务管理委托。

第二十九条 客运出租汽车经营企业和客运出租汽车服务管理组织违反本条例第十八条规定的，由市客运交通管理办公室责令退还所收费用；拒不退还费用且情节严重的，吊销客运出租汽车经营资格证、客运出租汽车车辆运营证或者取消客运出租汽车服务管理委托。

第三十条 客运出租汽车驾驶员违反本条例第二十条、第二十二条第二款规定的，由市客运交通管理办公室责令改正，并可处以五十元以上五百元以下罚款；情节严重的，处以五百元以上五千元以下罚款，并可以吊销驾驶员客运资格证，其中违反本条例第二十条第（六）项规定的，还可以吊销客运出租汽车车辆运营证。

客运出租汽车驾驶员违反本条例第二十六条规定经两次通知拒不参加集中培训的，由市客运交通管理办公室吊销驾驶员客运资格证。

第三十一条 违反本条例第十三条第一款、第三款规定，无客运出租汽车经营资格证、客运出租汽车车辆运营证从事客运出租汽车业务的，由市客运交通管理办公室责令停止经营，暂扣车辆，没收违法所得，并按每辆车处以三千元以上三万元以下罚款；无驾驶员客运资格证从事客运出租汽车业务的，由市客运交通管理办公室责令停止经营，没收违法所得，并处以五百元以上二千元以下罚款；非法安装客运出租汽车运营标志和设施的，由市客运交通管理办公室责令拆除，并处以五百元以上二千元以下罚款。

违反本条例第十三条第二款规定的，由市客运交通管理办公室没收违法所得和违法证件，并可按每证处以三千元以上五千元以下罚款。

第三十二条　违反本条例第二十三条第二款规定的，由市客运交通管理办公室没收违法所得，并处以三千元以上五千元以下罚款；情节严重的，处以五千元以上二万元以下罚款。

第三十三条　客运出租汽车经营者与客运出租汽车驾驶员对客运出租汽车运营车辆所有权发生争议的，可以向人民法院起诉申请确权。

第三十四条　市客运交通管理办公室在查处违反本条例的行为时，可以采取暂扣客运出租汽车车辆运营证、驾驶员客运资格证和车辆的措施。暂扣相关证件的时间不得超过三十日；暂扣车辆的时间不得超过六个月。

对暂扣车辆的，市客运交通管理办公室应当当场出具凭证，并告知当事人在规定期限内接受处理。对被扣留的车辆应当妥善保管，不得使用。

市客运交通管理办公室对被处罚人逾期不履行罚款决定的，可以将暂扣的车辆拍卖，拍卖前书面告知被处罚人，拍卖所得依法抵缴罚款。

第三十五条　市客运交通管理办公室及其工作人员滥用职权、玩忽职守、徇私舞弊的，由其所在单位或者上级主管部门给予行政处分；构成犯罪的，依法追究刑事责任；给当事人造成经济损失的，依法承担赔偿责任。

第五章　附　　则

第三十六条　本条例自2005年6月1日起施行。1998年1月7日天津市第十二届人民代表大会常务委员会第三十九次会议通过的《天津市客运出租汽车管理条例》同时废止。

上海市出租汽车管理条例

（1995年6月16日上海市第十届人民代表大会常务委员会第十九次会议通过

根据1997年5月27日上海市第十届人民代表大会常务委员会第三十六次会议《关于修改〈上海市出租汽车管理条例〉的决定》第一次修正

根据2001年1月17日上海市第十一届人民代表大会常务委员会第二十五次会议《关于修改〈上海市出租汽车管理条例〉的决定》第二次修正

根据2003年10月10日上海市第十二届人民代表大会常务委员会第七次会议《关于修改〈上海市出租汽车管理条例〉的决定》第三次修正

根据2006年6月22日上海市第十二届人民代表大会常务委员会第二十八次会议《关于修改〈上海市出租汽车管理条例〉的决定》第四次修正

2006年6月22日上海市人民代表大会常务委员会公告第67号公布，自2006年7月1日起施行）

第一章　总　　则

第一条　为了加强本市出租汽车的管理，提高出租汽车服务质量，保障乘客、用户和出租汽车经营企业、个体工商户（以下简称经营者）及其从业人员的合法权益，适应城市经济发展和人民生活的需要，根据国家有关法律、法规，结合本市实际情况，制定本条例。

第二条　本条例所称的出租汽车，是指按照乘客和用户意愿提供客运服务或者车辆租赁服务的客车。

客运服务是指按照乘客意愿提供运送服务，并且按照里程和时间收费的出租汽车经营活动。

车辆租赁服务是指向用户出租不配备驾驶员的客运车辆，并且按照时间收费的出租汽车经营活动。

第三条 本条例适用于本市出租汽车经营者、从业人员和乘客、用户以及与出租汽车业务相关的单位、个人。

第四条 上海市城市交通管理局（以下简称市交通局）是本市出租汽车行业的行政主管部门，负责本条例的组织实施；其所属的上海市城市交通运输管理处（以下简称市运输管理处）负责具体实施本市出租汽车客运的日常管理工作，并直接对黄浦、卢湾、徐汇、长宁、静安、普陀、闸北、虹口、杨浦等区的出租汽车客运进行日常管理和监督；市交通局所属的上海市城市交通行政执法总队（以下简称市交通执法总队）具体负责本市出租汽车客运监督检查工作，并按照本条例的规定实施行政处罚。

浦东新区以及闵行、宝山、嘉定、金山、松江、南汇、奉贤、青浦、崇明等区、县交通行政管理部门（以下简称区县交通行政管理部门）负责组织本行政区域内的出租汽车客运管理工作。区县交通行政管理部门所属的交通运输管理机构（以下简称区县运输管理机构）负责具体实施本行政区域内出租汽车客运日常管理和监督工作；区县交通行政管理部门所属的交通行政执法机构（以下简称区县交通执法机构）负责具体实施本行政区域内出租汽车客运监督检查工作，并按照本条例的规定实施行政处罚。

本市有关行政管理部门应当按照各自职责，协同实施本条例。

第五条 本市的出租汽车应当与其他公共交通客运方式协调发展。

出租汽车的数量、停车场（库）、营业站和调度网络等的发展规划和计划，由市交通局根据城市建设和社会、经济发展的实际情况编制，报市人民政府批准后实施。

第六条 出租汽车行业应当统一管理、合法经营、公平竞争。

出租汽车的营运收费标准和费用征缴标准，应当按照国家和本市有关规定统一制订，做到公平、合理。

第七条 出租汽车行业管理部门及其工作人员应当依法管理，秉公办事，文明服务。

第八条 经营者应当遵守国家法律、法规和本条例，维护乘客、用户的合法权益和从业人员的正当权益。

第二章 经营资质管理

第九条 从事客运服务的企业，必须符合下列条件：

（一）有符合规定要求的客运车辆和相应的资金；

（二）有符合规定要求的停车场地和经营场所；

（三）有符合规定要求的质检、安全等管理人员和驾驶员；

（四）有与经营方案相配套的经营管理制度。

第十条 从事客运服务的个体工商户，必须符合下列条件：

（一）有符合规定要求的客运车辆和相应的资金；

（二）有符合规定要求的停车场地；

（三）有驾驶出租汽车二年以上的经历；

（四）有市交通局等部门认可的出租汽车经营企业出具的接受委托管理的证明。

第十一条 出租汽车驾驶员必须具备下列条件：

（一）有本市常住户籍；

（二）有初中以上文化程度；

（三）有本市公安部门核发的机动车驾驶证；

（四）经出租汽车职业培训合格；

（五）遵守法律、法规。

被取消客运服务资格的驾驶员，自取消资格之日起五年内不得担任出租汽车驾驶员。

第十二条 从事车辆租赁服务的经营者，必须符合第九条第（一）、（二）、（四）项的规定。

第十三条 从事客运服务或者车辆租赁服务的企业和个人，应当向市交通局提出申请并且提供有关的文件和资料；其中从事区域性客运服务的企业，只需向区县交通行政管理部门提出申请并且提供有关的文件和资料。

市交通局或者区县交通行政管理部门应当在收到申请和有关的文件、资料后三十日内，根据本市出租汽车行业发展的计划以及申请者的条件作出审核决定。核准的，发给许可凭证；不核准的，书面通知申请人。

第十四条 经核准从事客运服务或者车辆租赁服务的企业和个人，应当持市交通局或者区县交通行政管理部门核发的许可凭证，分别向有关部门办理营业执照、税务登记、专用车辆牌照和保险等手续。

对按照前款规定办妥手续的，由市交通局或者区县交通行政管理部门发给经营资质证书，由市运输管理处或者区县运输管理机构发给车辆营运资格证件，由市运输管理处发给驾驶员营运资格证件。

经核准从事区域性出租汽车营运的，应当在核准的区域内营运。

本市车辆未经批准不得用于出租汽车经营活动；非本市车辆不得用于起点和终点在本市行政区域内的出租汽车经营活动。

第十五条 从事客运服务的个体工商户聘用的驾驶员应当符合本条例第十一条的规定；并须自聘用之日起十日内向市运输管理处备案。

被聘用的驾驶员发生违反本条例的行为，聘用者应当承担相应的法律责任。

第十六条 市交通局、区县交通行政管理部门应当每年对经营者的资质进行复审。

第十七条 经营者变更工商登记项目或者歇业的，应当凭有关部门的证明，自变更或者歇业之日起十日内向市交通局或者区县交通行政管理部门办理有关手续。

第三章 客运服务管理

第十八条 经营者应当加强对客运服务车辆的管理：

（一）不得将客运服务车辆交于无准营证的人员驾驶；

（二）客运服务车辆需连续停业十天以上的，须向市运输管理处或者区县运输管理机构备案；

（三）客运服务车辆需退出营业的，须向市运输管理处或者区县运输管理机构办理注销手续；

（四）符合其他有关规定。

客运服务车辆必须达到下列要求：

（一）车身、车厢和行李厢整洁；

（二）路码表和空调等设施完好；

（三）营运资格证件和专用车辆牌照清晰、有效；

（四）车厢内规定位置设置收费标准、企业名称、监督电话、车牌号等服务标志；

（五）中、小客车按照规定装置计价器；

（六）小客车按照规定装置防劫车设施和顶灯；

（七）符合客运服务规范对车辆的其他要求。

经市运输管理处批准的特种客运服务车辆可不受前款（四）、（五）、（六）项规定的限制。

第十九条 客运服务实行扬手招车、电话预订和站点租乘等方式。

经营者及其从业人员应当为乘客提供方便、及时、准点、安全、文明的服务，对老、弱、病、残、孕以及急需抢救的人员优先供车。

遇有抢险救灾、主要客运集散点供车严重不足、重大活动等特殊情况时，经营者应当服从市运输管理处或者区县运输管理机构的统一指挥。

第二十条 经营者及其从业人员应当执行由市物价部门批准的收费标准，并且按照规定使用由市交通局会同市税务部门印制的车费发票。

客运车费中包括乘客意外伤害保险费。

第二十一条 市交通局、区县交通行政管理部门应当会同公安部门在本市商业中心地区、居住区和主要道路上，根据方便乘客的原则和道路条件设置有明显标志的出租汽车上、下乘客的临时停靠点。

第二十二条 机场、火车站、客运码头、长途汽车站和其他客流集散的公共场所，以及新建居住区、经济技术开发区，应当设置出租汽车营业站及相应的停车场地。

各主要的出租汽车营业站向全行业开放，由市运输管理处或者区县运输管理机构指定的有关企业进行日常管理，但不得独揽经营业务。进站营业的车辆必须服从统一调度，接受管理。

统一规划、建设的出租汽车营业站及相应的停车场地，需关闭或者改变用途的，应当经城市规划管理部门和公安部门批准，并自批准之日起十日内向市交通局或者区县交通行政管理部门备案。

第二十三条 向全行业开放的出租汽车营业站的调度员应当遵守下列规定：

（一）佩戴服务标志，衣着整洁，文明礼貌；

（二）有车必供，按序调派，并且及时调集车辆疏散乘客；

（三）制止驾驶员拒绝运送乘客和不服从调派的行为。

第二十四条 客运服务驾驶员应当遵守下列规定：

（一）衣着整洁，文明礼貌，不在车厢内吸烟；

（二）携带符合规定的营运资格证件；

（三）上、下客时按照规定停车；

（四）按照合理路线或者乘客要求的路线行驶；

（五）按照规定操作计价器；

（六）按照标准收费并且出具车费发票；

（七）符合其他有关客运服务规范的要求。

第二十五条 客运服务驾驶员不得拒绝乘客的运送要求，有下列行为之一的属拒绝运送乘客的行为：

（一）所驾驶的车辆开启空车标志灯后，遇乘客招手，停车后不载客的；

（二）所驾驶的车辆开启空车标志灯后，在营业站内不服从调派的；

（三）所驾驶的车辆开启空车标志灯后，在客运集散点或者道路边待租时拒绝载客的；

（四）载客营运途中无正当理由中断服务的。

第二十六条 乘客应当遵守本条例和交通管理的规定，不得在车辆行驶中、遇红灯停驶时或者禁止停车的地方拦车。

乘客应当文明乘车，并且遵守下列规定：

（一）不乱扔废弃物，不吸烟，不污损车辆；

（二）不携带易燃、易爆等危险品；

（三）不提出使驾驶员违反本条例和交通管理规定的要求；

（四）醉酒者和精神病患者乘车须有人监护；

（五）遵守其他的有关规定。

第二十七条 乘客应当按照规定的标准支付车费及有关费用。

乘客遇有下列情况之一时，可拒绝支付车费：

（一）租乘的中、小客车无计价器或者有计价器不使用的；

（二）驾驶员不出具车费发票或者有关凭证的；

（三）租乘的客车在起步费里程内发生故障，无法完成运送服务的。

第二十八条 遇有乘客需要出市境或者夜间去郊县、冷僻地区时，客运服务驾驶员可要求乘客随同到就近的公安机关办理验证登记手续，并报告其所在的客运服务企业。乘客应当予以配合。

第二十九条 客运服务驾驶员对不遵守本条例第二十六条、第二十八条规定的乘客可拒绝提供运送服务。

第三十条 客运服务驾驶员发现乘客在车辆上的失物，应当及时设法归还；无法归还的，应当及时上交所在企业。企业应当妥善保管，并及时报告市运输管理处或者区县运输管理机构。

乘客在客运服务车辆上失物的，可凭车费发票向客运服务企业或者市运输管理处、区县运输管理机构挂失。

第三十一条 经营者应当按照规定向市运输管理处或者区县运输管理机构填报客运服务统计报表。

第三十二条 经营者应当按照规定缴纳营业税、养路费和客运管理费等税、费。

第四章 车辆租赁服务管理

第三十三条 经营者应当建立、健全车辆租赁服务管理制度，并遵守下列规定：

（一）按照批准的经营范围营业；

（二）按照市物价部门核定的标准收费；

（三）使用由市交通局会同市税务部门印制的车费发票；

（四）按照规定向市运输管理处填报车辆租赁服务统计报表；

（五）按照规定缴纳营业税、养路费和客运管理费等税、费。

第三十四条 租赁服务车辆必须达到下列要求：

（一）机件性能完好；

（二）车身、车厢和行李厢整洁；

（三）空调、音响等设施完好；

（四）营运资格证件和专用车辆牌照清晰、有效。

租赁服务车辆不得装置计价器和顶灯。

租赁服务车辆需退出营业的，经营者应当向市运输管理处办理有关注销手续。

第三十五条 用户承租车辆，应当提交有关证明或者证件。经营者可要求用户提供相应的财产抵押担保或者由具有代偿能力者提供担保。

租赁服务车辆的驾驶员，必须持有中华人民共和国有效机动车驾驶证。

第三十六条 经营者从事车辆租赁服务，应当按照法律、法规的有关规定，与用户签订租赁合同。

第三十七条 用户承租车辆后，不得擅自转租或者利用承租的车辆从事营运活动。

第五章 检查和投诉

第三十八条 市运输管理处、市交通执法总队、区县运输管理机构和区县交通执法机构应当加强对出租汽车的监督和检查。客运管理人员在客流集散点和道路上对出租汽车执行检查任务时，应当穿着识别服装，佩戴值勤标志。

市运输管理处、区县运输管理机构应当对经营者与从业人员签订的经营承包合同进行监督。

第三十九条 市运输管理处、区县运输管理机构和出租汽车经营企业应当建立投诉受理制度，接受对违反本条例行为的投诉和社会监督。

投诉者应当提供有关证据。

第四十条 市运输管理处或者区县运输管理机构接受投诉后，应当在接受之日起一个月内处理完毕，但情况复杂的，可以在三个月内处理完毕。

经营者接受投诉后，应当在接受之日起十日内作出答复。对答复有异议的，可以向市运输管理处或者区县运输管理机构投诉。

第四十一条 出租汽车从业人员发生违反本条例行为或者被投诉后，其所在企业应当在规定期限内指派专人陪同从业人员到市运输管理处或者区县运输管理机构接受查询。

市交通执法总队和区县交通执法机构对客运服务驾驶员违反本条例的行为实行记录制度。达到一定记录次数的客运服务驾驶员，应当参加由市运输管理处组织的教育培训。记录制度的具体规定由市交通局制定。

第四十二条 乘客与出租汽车从业人员对供车、收费有争议时，可以当即到市运输管理处或者区县运输管理机构处理。租乘时起至受理时止的车费由责任者承担。

乘客投诉计价器失准的，市运输管理处或者区县运输管理机构应当当即封存计价器及其附设装置，并且将其送技术监督部门校验。由此发生的费用由责任者承担。

第四十三条 投诉超过标准收费的，受理单位查实后可以对投诉者奖励。

第六章 法律责任

第四十四条 对经营者违反本条例的行为，由市交通执法总队、区县交通执法机构按照下列规定给予处罚：

（一）违反第九条，第十条，第十二条的，责令限期整改；

（二）违反第十七条，第十八条第二款，第二十二条第二款，第三十四条，第四十条第二款，第四十一条的，责令其改正，可处二百元以上二千元以下罚款；

（三）违反第十八条第一款，第十九条第三款的，责令其改正，可处二千元以上五千元以下罚款；

（四）违反第二十条第一款，第三十三条第（一）、（二）、（三）项的，没收其非法所得，可并处一千元以上五千元以下罚款；

（五）违反第二十二条第三款的，责令其限期改正；逾期不改正的，可处一百元以上一千元以下罚款；经营者违反第三十一条，第三十二条，第三十三条第（四）、（五）项的，按照法律、法规的有关规定给予处罚。

经营者违反本条例情节严重的，由市交通执法总队、区县交通执法机构责令其部分或者全部车辆暂停营业十五天以下，或者由市交通局、区县交通行政管理部门取消其出租汽车的经营资格。

第四十五条　对客运服务驾驶员违反本条例的行为，由市交通执法总队、区县交通执法机构按照下列规定给予处罚：

（一）违反第十四条第三款的，责令其立即改正，可并处二百元罚款；

（二）违反第二十条第一款，第二十四条第（四）、（五）、（六）项的，没收其非法所得，可并处二百元以上二千元以下罚款；

（三）违反第二十二条第二款，第二十四条第（一）、（二）、（三）、（七）项的，责令其改正，可并处警告或者五十元以上二百元以下罚款；

（四）违反第二十五条的，责令其暂停营业十五天，并处二百元罚款。

驾驶员违反本条例情节严重的，由市交通执法总队、区县交通执法机构责令其暂停营业十五天以下，或者取消其客运服务的营运资格。

第四十六条　对违反第二十三条的营业站调度员，由市交通执法总队、区县交通执法机构责令其改正，可并处二十元以上一百元以下罚款；情节严重的，取消其调度资格。

第四十七条　乘客违反第二十六条第二款，造成车辆损失的，应当予以赔偿；违反第二十七条第一款的，可以到公安机关或者市交通执法总队、区县交通执法机构处理。

第四十八条　用户违反第三十七条的，由市交通执法总队、区县交通执法机构责令其改正，没收非法所得，可并处一千元以上三千元以下罚款。

第四十九条 擅自从事出租汽车经营的，由市交通执法总队、区县交通执法机构没收其非法所得，并处二千元以上五万元以下的罚款。

有前款规定的违反行为的，市交通执法总队、区县交通执法机构可以将车辆扣押，并且出具扣押证明。扣押后按期履行行政处罚决定的，市交通执法总队、区县交通执法机构应当立即解除扣押，并归还扣押的车辆；逾期不履行行政处罚决定的，市交通执法总队、区县交通执法机构可以将扣押的车辆按照有关规定拍卖。

第五十条 对拒绝接受或者阻碍客运管理人员检查的，由市交通执法总队、区县交通执法机构责令其改正，并处二百元罚款；情节严重的，可以责令其暂停营业十五天以下。

妨碍客运管理人员执行公务，违反《中华人民共和国治安管理处罚法》的，由公安机关给予行政处罚；构成犯罪的，依法追究其刑事责任。

第五十一条 对被取消出租汽车经营资格的经营者，市交通局、区县交通行政管理部门应当提请工商部门依法吊销营业执照，并且由税务、公安部门注销税务登记，收缴车费发票和出租汽车专用牌照。

第五十二条 对违反本条例行为的处罚，可以合并适用。

第五十三条 对违反本条例的行为作出行政处罚决定前，市交通执法总队、区县交通执法机构可以滞留驾驶员营业资格证件，并且出具滞留证明，要求当事人在规定的期限内到指定地点接受处理。

市交通执法总队、区县交通执法机构作出行政处罚，应当按照《中华人民共和国行政处罚法》的规定执行。

第五十四条 当事人对具体行政行为不服的，可以按照《中华人民共和国行政复议法》和《中华人民共和国行政诉讼法》的规定，申请行政复议或者向人民法院起诉。

当事人对行政处罚决定逾期不申请复议、不起诉又不履行的，由作出行政处罚决定的机关申请人民法院强制执行。

第五十五条 客运管理人员或者有关行政管理人员违反本条例，滥用职权、徇私舞弊、玩忽职守的，由其所在单位或者上级主管部门给予行政处分；构成犯罪的，依法追究其刑事责任。

第七章　附　　则

第五十六条　本条例的具体应用问题，由市交通局负责解释。

第五十七条　本条例自 1995 年 9 月 1 日起施行。

湖北省出租汽车客运管理办法

(2004年7月12日省人民政府常务会议审议通过

2004年7月30日湖北省人民政府令第266号公布，自2004年10月1日起施行)

第一章　总　　则

第一条　为了加强出租汽车客运管理，规范经营行为，维护乘客、经营者以及驾驶员的合法权益，根据有关法律法规，结合本省实际，制定本办法。

第二条　本办法适用于本省境内出租汽车客运经营活动的管理。

本办法所称出租汽车客运，是指用小型客车按乘客意愿提供运送服务，并按行驶里程和时间计费的道路旅客运输经营活动。

第三条　省人民政府交通行政主管部门主管全省出租汽车客运管理工作。县级以上人民政府交通行政主管部门负责本行政区域内出租汽车客运管理工作。

县级以上道路运输管理机构（以下简称运管机构），具体负责本行政区域内的出租汽车客运管理工作。

公安、工商、物价、建设、质量技术监督等部门，应在各自职责范围内，协同交通行政主管部门做好出租汽车客运管理工作。

第四条　从事出租汽车客运经营活动的单位和个人，依法成立行业自律组织，维护会员的合法权益，提供相关服务。

第五条　县级以上交通行政主管部门根据国民经济和社会发展需要，制定本行政区域内出租汽车客运发展规划和规模，报本级人民政府批准后公布实施。

第二章 经营条件

第六条 从事出租汽车客运经营的单位和个人，应当向运管机构申请取得道路运输经营许可，并依法办理工商登记。

申请从事出租汽车客运经营的单位和个人，应当具备相应的营运车辆、资金、技术和专业人员以及管理制度等技术经济条件，符合出租汽车客运发展规划和规模。具体技术经济条件由省交通行政主管部门规定。

第七条 对申请从事出租汽车客运经营的，运管机构应当自收到申请之日起 20 日内进行审查，符合技术经济条件、发展规划和规模的，发给道路运输经营许可证，取得出租汽车客运经营权。不同意经营的，书面通知申请人。

第八条 确需实行出租汽车客运经营权有偿使用的市、县，应按照公平、公正、公开的原则制定有偿使用实施方案。经营权有偿使用实施方案报省交通行政主管部门，由省交通行政主管部门会同省财政、物价行政主管部门审核后，报省人民政府批准。各级交通行政主管部门根据批准的实施方案组织实施。

第九条 依法取得的出租汽车客运经营权不得转让和倒卖。法律、法规另有规定的除外。

第十条 取得出租汽车客运经营权的单位和个人，应自取得经营权之日起 60 日内办理购车和车辆入户手续。在办结车辆入户手续后 10 日内，到当地运管机构办理道路运输证。符合条件的，运管机构应在受理申请之日起 10 个工作日内，核发道路运输证。

第十一条 出租汽车客运经营者不得异地经营（送客到异地的除外）。

第十二条 出租汽车客运经营者停业、歇业、合并、分立、迁移经营场所、变更名称，或者更新、增加、减少出租汽车以及车辆报停、过户的，应到原批准机关办理相关手续。

第十三条 严禁未达到国家规定技术标准的车辆，以及农用运输车、摩托车、非机动车等不符合出租汽车车型要求的车辆从事出租客运。

简易机动车应逐步退出出租客运市场，具体时间和方式，由市、县人民政府决定。

第十四条 出租汽车应使用出租汽车专用牌照，安装出租汽车标志灯、空车待租标志、计价器和消防、防护装置，设置收费标准、服务质量监督标志，车身标明经营者名称、监督投诉电话，保持车辆整洁，不得违反规定张贴广告。

第十五条 出租汽车驾驶员应具备下列条件：

（一）有公安部门核发的符合准驾车型的机动车驾驶证并有 2 年以上驾龄；

（二）有合法的身份证明；

（三）熟悉本地区地理环境等基本情况；

（四）依法取得运管机构核发的从业证。

第三章 经营服务

第十六条 出租汽车客运服务实行扬手招车、电话预约、网上预订和站点租乘等方式。

出租汽车客运经营者及驾驶员，应为乘客提供方便、及时、准点、安全、文明的服务，对老、弱、病、残、孕以及急需抢救的人员优先供车。

第十七条 出租汽车空驶待租的，应显示空车待租标志，白天亮牌，夜间亮灯，载客后应倒下空车标志。

第十八条 出租汽车客运经营者及驾驶员，应执行物价部门制定和调整的客运价格，按规定使用当地税务部门会同交通行政主管部门印制的车费发票。

出租汽车客运价格的制定和调整，应征求消费者、经营者和驾驶员的意见。

任何单位和个人不得擅自定价、改变收费方法或印制票据。

第十九条 计价器应按规定进行周期检定，不得破坏计价器的准确度。

计价器的标准和更换应按国家有关规定执行。

第二十条 运管机构应会同公安、建设等部门在当地商业中心、居住区和城市禁停路段，根据方便乘客的原则和道路条件，设置有明显标志的出租汽车上、下乘客临时停靠点。

为方便乘客，出租汽车在运营过程中，可以在城市非禁停路段及禁停路段的临时停靠点即停即走，上、下乘客。

第二十一条 出租汽车客运经营者应遵守以下规定：

（一）守法经营，依法缴纳税费，按规定办理有关保险手续；

（二）制定服务规范和车辆检修、安全行车、治安防范、投诉处理制度，加强对驾驶员的管理和职业道德教育；

（三）按规定项目和标准收取有关费用，实行公开收费；

（四）及时处理驾驶员、乘客的投诉。

第二十二条 出租汽车驾驶员应遵守下列规定：

（一）遵守交通规则和服务规范；

（二）随车携带机动车驾驶证、行驶证、道路运输证以及从业证和交通规费缴讫凭证；

（三）不得故意绕道行驶，载客途中无正当理由不得终止服务，未经乘客同意不得另载他人；

（四）按规定使用计价器并出具合法有效的车费发票。

第四章 权益保障

第二十三条 出租汽车客运经营者应聘请符合本办法规定条件的驾驶员，建立驾驶员档案，向运管机构报备驾驶员有关资料，按照《中华人民共和国劳动法》的规定，与驾驶员签订劳动用工合同。

第二十四条 出租汽车客运经营者与驾驶员，应当签订经营合同，明确出租汽车客运经营权的使用权和车辆产权的归属，确定经营收入的分配比例，明确双方的权利义务关系。

第二十五条 出租汽车驾驶员不得无故拒载。开启空车标志灯后，遇乘客招手停车后不载客的，在营业站内不服从调派的，在站点、码头、机场及其他客流集散点或者道路边待租时拒绝载客的，属拒载行为。

第二十六条 出租汽车驾驶员无故不使用计价器的，不出具车费发票或者出具不符合规定票据的，未经乘客允许另载他人的，出租汽车在起步费里程内发生故障或者因违章被公安部门扣车处理而无法完成运送服务的，乘客可拒付车费。

第二十七条 乘客应按计价器显示数额支付车费。醉酒者和精神病患者乘坐出租汽车应有人监护。

乘客不得携带易燃、易爆、易腐蚀、有毒等危险品和管制刀具，不得提出违反本办法和交通管理规定的要求。

第二十八条 遇有乘客需要驶出营运区域或者夜间去偏僻地区时，出租汽车驾驶员可要求乘客随同到就近的公安机关或出租汽车登记点办理验证登记手续，并报告其所在的出租汽车经营企业。乘客应予以配合。

第二十九条 运管机构执法人员可以在公路征费稽查站区、客流集散点、停车场、出租汽车停靠点或者经营单位、车辆维修现场，对出租汽车客运经营行为实施监督检查。

运管机构执法人员执行公务时，应佩戴统一标志，并主动出示执法证。未佩戴统一标志或者未出示执法证的，被检查者有权拒绝接受检查。

第三十条 运管机构和出租汽车客运经营者应建立服务质量投诉举报受理制度，公开举报电话、通信地址或电子邮件信箱，接受投诉和社会监督。

投诉应自权利被侵害之日起20日内提出，并提供有关证据。

第三十一条 运管机构接到投诉后，应自受理之日起15日内处理完毕；情况复杂的，可以在30日内处理完毕，并将处理结果通知投诉人。

出租汽车客运经营者接到投诉后，应自受理之日起10日内作出答复。乘客对答复有异议的，可以向运管机构投诉。

被投诉的单位或个人，应自接到调查通知之日起5日内到运管机构接受调查。

乘客有义务协助运管机构调查取证。

第三十二条 运管机构对出租汽车客运经营者实行质量信誉考核制度。质量信誉考核不合格的，运管机构可以采取中止、减少、调整出租汽车客运经营权等制约措施。

质量信誉考核制度的具体规定由省交通行政主管部门制定。

第五章　法律责任

第三十三条　出租汽车客运经营者违反本办法，有下列行为之一的，按以下规定给予处罚：

（一）出租汽车未达到国家规定的技术标准，不符合出租汽车车型要求，未使用出租汽车专用牌照，不安装出租汽车标志灯、空车待租标志、计价器和消防、防护装置的，责令其改正，并处200元以下罚款；

（二）未取得出租汽车客运经营权从事出租汽车客运经营或者违法转让出租汽车客运经营权的，责令改正，按每辆车处以5000元以上1万元以下罚款；

（三）未按规定及时处理乘客投诉的，处以500元罚款；

（四）聘请无从业证驾驶员的，处以500元以上1000元以下罚款。

第三十四条　出租汽车驾驶员违反本办法，有下列行为之一的，按以下规定给予处罚：

（一）车辆不整洁卫生、拒不改正，或者违反规定张贴广告的，处以50元罚款；

（二）出租汽车未按规定设置收费标准、服务质量监督标志，车身未标明经营者名称、监督投诉电话，无故不使用计价器，故意绕道行驶或未经乘客允许另载他人以及粗暴待客的，处以50元以上200元以下罚款；

（三）无故拒载乘客、无正当理由中断运送服务、无从业证驾驶出租汽车营运的，处以100元以上500元以下罚款；

（四）不执行物价部门核定的客运价格的，收取车费后未出具合法有效车费发票的，处以200元罚款。

第三十五条　本办法第三十三条、第三十四条规定的行政处罚，分别由运管机构、物价、公安等部门按照各自职责实施。

第三十六条　质量技术监督部门依照有关法律法规规定，对使用未经检定、经检定不合格或者超过检定有效期的计价器的，可责令停止使用，封存计价器，并处1000元罚款；对利用计价器作弊的，没收违法所得，并处违法所得1倍以上3倍以下的罚款，违法所得难以计算的，处以2000元以上2万元以下罚款。

第三十七条 交通行政主管部门、运管机构及其工作人员有下列行为之一的，由所在单位或其上级主管部门、行政监察机关给予行政处分，构成犯罪的，依法追究刑事责任：

（一）不按规定办理出租汽车客运有关审批手续的；

（二）不按规定履行监督管理职能，不文明执法的；

（三）不按规定受理乘客投诉，造成严重后果的；

（四）对违法行为不依法制止、处罚的；

（五）违反法律法规规定的其他行为的。

第六章 附 则

第三十八条 出租汽车客运经营权有偿使用费应上缴同级财政，实行专款专用，按一定比例提取用于出租汽车客运基础设施建设和管理、先进技术推广、行业文明创建以及出租汽车客运管理。经营权有偿使用费的使用和管理的具体规定由省财政部门会同省交通行政主管部门制定。

第三十九条 本办法自2004年10月1日起施行。

广东省出租汽车管理办法

（2010年2月10日广东省人民政府第十一届49次常务会议通过

2010年3月2日广东省人民政府令第145号公布，自2010年5月1日起施行）

第一章 总 则

第一条 为了加强出租汽车行业管理，规范经营和管理行为，提高服务质量，保护乘客、出租汽车驾驶员、出租汽车经营者的合法权益，根据有关法律、法规，结合本省实际，制定本办法。

第二条 本办法适用于本省行政区域内从事出租汽车经营及管理活动。

本办法所称出租汽车，是指具有合法营运资格，按照乘客意愿提供客运服务，以行驶里程或者时间计费的5座以下的小型客车。

第三条 县级以上人民政府交通运输主管部门负责本行政区域内的出租汽车行业管理工作。

规划、公安、监察、财政、人力资源社会保障、住房城乡建设、价格、工商、质监、税务等部门，按照各自的职责，做好出租汽车的相关管理工作。

第四条 出租汽车是城市综合交通体系的重要组成部分。县级以上人民政府应当根据经济社会和城市发展，制订出租汽车发展规划。

第五条 从事出租汽车经营应当依法取得许可，任何单位和个人不得封锁或者垄断出租汽车市场。

第六条 出租汽车管理应当遵循公开、公平、公正和便民的原则，促进出租汽车市场健康有序发展，满足广大人民群众的出行需求。

出租汽车经营者和驾驶员应当依法经营，诚实守信，公平竞争，文明服务。

第七条 鼓励出租汽车经营向规模化、集约化发展。推广信息化管理和使用环保、节能车型。

第二章 经营权管理

第八条 各地应当采取以企业综合素质和服务质量为主要条件的招投标方式配置出租汽车经营权，择优确定经营者。

已经实行出租汽车经营权有偿出让的市县，需要继续实行的，应当报省人民政府批准。

尚未实行经营权有偿出让的市县，不得新出台出租汽车经营权有偿出让的政策。

第九条 县级以上人民政府交通运输主管部门应当根据出租汽车发展规划和市场需求，科学合理地确定出租汽车新增运力的投放数量、车型等，制定出租汽车经营权配置方案，并向社会公示。

出租汽车经营权配置方案应当经地级以上市人民政府批准，并向省人民政府交通运输主管部门备案后组织实施。

第十条 申请从事出租汽车经营的，应当具备下列条件：

（一）有购置符合规定车辆的资金；

（二）有与经营规模相适应的注册资金；

（三）有与经营规模相适应的经营场地、车辆停放地；

（四）有健全的安全生产、服务质量、车辆、驾驶员等管理制度；

（五）法律、法规、规章规定的其他条件。

第十一条 县级以上人民政府交通运输主管部门应当自作出出租汽车经营权许可决定之日起30日内，为出租汽车经营者发放道路运输经营许可证；并为符合规定的车辆配发道路运输证。

第十二条 出租汽车经营者应当持道路运输经营许可证，依法向工商行政管理部门办理有关登记手续。

未取得出租汽车经营许可并办理工商登记的，不得从事出租汽车经营活动。

第十三条 出租汽车的经营权期限为5年至10年。在上述的年限内的具体经营期限，由县级以上人民政府交通运输主管部门规定。

经营期限内不能正常经营或者经营期限届满的，其经营权由原许可机关收回。

第十四条 出租汽车经营者停业、歇业、合并、迁移经营场所、变更名称，以及车辆报停、更新、减少的，应当到原许可机关办理相关手续。

依法取得的出租汽车经营权不得转让，法律、法规另有规定的除外。

第十五条 出租汽车经营者应当全额出资购买车辆，不得通过一次性买断经营权或者收取高额风险抵押金等方式转嫁经营风险。

第十六条 有下列情形之一的，由原许可机关全部或者部分收回其出租汽车经营权，并注销其道路运输证：

（一）非法转让出租汽车经营权的；

（二）通过收取高额风险抵押金等方式转嫁经营风险的；

（三）取得出租汽车经营权许可180日内无正当理由未投入营运，或者在经营期限内连续180日未营运的；

（四）企业质量信誉考核连续两年不合格的。

第三章 从业资格管理

第十七条 出租汽车驾驶员实行从业资格考试制度。出租汽车驾驶员应当经考试合格，取得从业资格证后方可从事出租汽车营运活动。

出租汽车驾驶员从业资格考试大纲、考试办法和从业资格证件式样，由省人民政府交通运输主管部门规定。

第十八条 申请出租汽车驾驶员从业资格考试的，应当符合下列条件：

（一）年龄在18周岁以上60周岁以下，无职业禁忌症；

（二）取得相应的机动车驾驶证，并有2年以上驾龄；

（三）3年内无一般以上主要责任交通事故记录。

第十九条 申请出租汽车驾驶员从业资格考试的，应当向出租汽车经营所在地县级以上人民政府交通运输主管部门提出，并提交符合本办法第十八条规定的相关材料。

第二十条 出租汽车驾驶员的从业资格证有效期为6年。

出租汽车驾驶员应当在从业资格证有效期届满30日前，到原发证机关办理换发证件手续。

出租汽车驾驶员从业资格证件遗失、毁损、变更工作单位的，应当到原发证机关办理补发或者变更手续。

第二十一条 出租汽车驾驶员有下列情形之一的，县级以上人民政府交通运输主管部门应当暂停其从业资格，并要求其重新学习考试；考试合格的，方可继续从事出租汽车经营活动：

（一）一年内被有效投诉服务质量事件达3次及以上的；

（二）发生重大以上主要责任交通事故的；

（三）将出租汽车证件转借他人使用的；

（四）将出租汽车转包给他人经营或者自行聘请驾驶员的。

第二十二条 出租汽车驾驶员有下列情形之一的，由发证机关注销其从业资格证：

（一）持证人申请注销的；

（二）驾驶证被依法吊销或者注销的；

（三）年龄超过60周岁的；

（四）从业资格证有效期届满后未申请换证的；

（五）具有其他应当注销从业资格证的情形。

第四章　车 辆 管 理

第二十三条 出租汽车经营者应当确保其出租汽车符合下列条件：

（一）符合国家和地方规定的技术标准、环保标准，并经检测合格；

（二）依法取得机动车牌照；

（三）按照规定配置、安装出租汽车标志灯、空车待租标志、计价器、带卫星定位功能的行车记录仪、安全防范装置和服务设施等；

（四）按照规定喷涂车身颜色，标明经营者名称、监督投诉电话；

（五）按照规定购买机动车第三者交通强制保险和承运人责任险；

（六）达到《营运车辆技术等级划分和评定要求》（JT/T198）规定的二级以上技术等级；

（七）法律、法规、规章规定的其他条件。

第二十四条 出租汽车经营者应当根据国家相关规定建立车辆技术管理制度，保持车辆整洁卫生、设备设施完好。

第二十五条 县级以上人民政府交通运输主管部门应当每年对出租汽车进行一次审验。审验内容包括：车辆结构、外观颜色变动情况，按照规定安装、使用出租汽车标志灯、空车待租标志、计价器、带卫星定位功能的行车记录仪、安全防护装置和服务设施等情况。

县级以上人民政府交通运输主管部门应当结合审验情况，每年对出租汽车进行一次综合性能检测。

第五章 营运管理

第二十六条 出租汽车单次经营的起点或者终点应当至少有一端在许可的营运区域范围内。

运送旅客前往许可的营运区域范围以外时，应当选择最佳行驶路线，将旅客直接送达目的地。回程时应当显示停运标志；需回程载客的，应当到当地交通运输主管部门指定的出租汽车回程候客站点载客。

县级以上人民政府交通运输主管部门应当在城市进出口、机场、码头、车站等交通方便、客流较集中的地方设立外地出租汽车回程候客站点，并向社会公布。

第二十七条 出租汽车经营者应当遵守下列规定：

（一）遵守法律、法规、规章和其他有关规定；

（二）建立科学合理的出租汽车经济承包经营费用与油价、市场供求状况等变动的联动机制，形成产权明晰、责权对等、收费合法、风险共担的经营体制；

（三）执行政府价格主管部门制定的运价和收费标准，使用地方税务部门监制的票据；

（四）建立出租汽车驾驶员管理档案、顶班制度和驾驶员岗位培训制度，定期组织驾驶员业务培训、职业道德和安全教育，提高驾驶员综合素质；

（五）如实向交通运输主管部门报送营运报表以及其他营运资料；

（六）建立服务质量投诉制度。

第二十八条 出租汽车经营者应当自营，或者与驾驶员签订合同实行经济承包经营。

实行经济承包经营的，应当使用统一规范的合同文本，明确双方的权利、义务。出租汽车经营权、车辆产权不因承包经营而转移。承包者不得再次转包或者自行聘请驾驶员。

出租汽车承包合同规范文本，由县级以上人民政府交通运输主管部门会同工商、价格等部门制定。

第二十九条 出租汽车经营者应当依法与驾驶员签订劳动合同，依法参加社会保险。

驾驶员实行不定时工作制的，应当在劳动合同中明确。

第三十条 出租汽车驾驶员营运服务，应当遵守下列规定：

（一）携带车辆行驶证、驾驶证、道路运输证，在车内规定位置放置出租汽车驾驶员从业资格证；

（二）衣着整洁，文明礼貌；定期消毒，保持车容车貌整洁卫生；载客运行时，不得在车厢内吸烟、饮食；

（三）按照乘客要求的路线行驶；乘客未提出要求的，应当选择距离最短的路线行驶；因故需绕道行驶时，应当征得乘客同意；

（四）不得无故拒载或者招揽他人同乘；

（五）上客后启动计价器，抵达目的地后按规定收费并出具发票，不得以任何方式直接或者变相多收乘车费用；

（六）不得无故中断运送旅客服务或者未征得旅客同意更换车辆；

（七）不得利用出租汽车进行违法犯罪活动或者为违法犯罪活动提供便利条件，营运中发现违法犯罪嫌疑人，应当及时向公安机关举报，并协助公安机关调查取证。

第三十一条 出租汽车空驶待租期间，除下列情形外，出租汽车驾驶员不得拒载：

（一）不能控制自己行为的乘客要求乘车且无人随车监护的；

（二）乘客携带易燃、易爆、有毒等危险物品的；

（三）乘客不愿按照规定计费标准支付车费的；

（四）乘客的要求违反道路交通安全有关法律、法规和交通管制的。

第三十二条 出租汽车经营者应当制定突发公共事件应急预案。应急预案应当包括报告程序、应急指挥、应急车辆以及处置措施等内容。

发生突发公共事件时，出租汽车经营者和驾驶员应当服从县级以上人民政府及有关部门的统一指挥、调度。

第三十三条 县级以上人民政府交通运输主管部门应当会同公安、规划、市政、住房城乡建设等部门，在客流集中的公共场所、大型居住区的周边道路以及其他必要的道路上，根据方便乘客的原则和道路条件，设置有明显标志的出租汽车临时停靠点；在主要交通设施、旅游景点以及其他大型公共场所等客流集散地设置出租汽车营运点。

任何单位和个人不得向出租汽车经营者、驾驶员非法收取停车费用或者阻挠其正常营运，不得采取扰乱正常营运秩序的手段为出租汽车招揽乘客。

第三十四条 县级以上人民政府交通运输主管部门对出租汽车经营者实行质量信誉考核制度。

质量信誉考核的具体办法，由省人民政府交通运输主管部门制定。

第三十五条 县级以上人民政府交通运输主管部门应当建立投诉制度，公开投诉电话、通信地址或者电子邮箱，接受乘客、驾驶员以及经营者的投诉和社会监督。

交通运输主管部门受理投诉后，应当自受理之日起20日内予以处理，并将处理结果告知投诉人。情况复杂的，处理时限可以适当延长。

第三十六条 县级以上人民政府交通运输主管部门可以建立非法营运举报奖励制度。

对未经许可擅自从事出租汽车经营或者不能提供合法有效证明的，可以依法暂扣运输车辆，并在规定期限内作出处理决定。

第六章　法律责任

第三十七条　违反本办法规定，有下列行为之一的，由县级以上人民政府交通运输主管部门处以10000元以上30000元以下罚款：

（一）未取得出租汽车经营许可，从事非法营运的；

（二）使用失效、伪造、变造、被注销等无效的出租汽车经营许可证件从事出租汽车经营的。

第三十八条　违反本办法规定，有下列行为之一的，由县级以上人民政府交通运输主管部门处以5000元以上10000元以下罚款：

（一）超越许可范围，从事单次起点、终点均不在许可的营运区域范围内的经营活动的；

（二）非出租汽车喷涂当地出租汽车颜色标识、安装出租汽车标志灯、空车待租标志等服务设施的；

（三）非法转让出租汽车经营权的。

第三十九条　违反本办法规定，经营者有下列行为之一的，处以3000元以上5000元以下罚款：

（一）实行经济承包经营，但未与驾驶员签订经济责任承包经营合同的；

（二）通过一次性买断经营权或者收取高额风险抵押金等方式转嫁经营风险的；

（三）未按照规定组织驾驶员业务培训、职业道德和安全教育的；

（四）未按照规定设置或者擅自改动计价器等服务设施的；

（五）未按照规定报送营运报表以及其他营运资料的。

第四十条　出租汽车驾驶员在营运过程中，违反本办法规定，有下列行为之一的，处以50元以上100元以下罚款：

（一）故意绕道行驶或者未经乘客允许招揽他人同乘的；

（二）无故拒载或者无正当理由中断运送服务的；

（三）未按照规定使用计价器或者未按照规定向乘客收取费用的；

（四）未按照规定放置出租汽车驾驶员从业资格证的；

（五）将出租汽车转包给他人经营或者自行聘请驾驶员的；

（六）运送旅客到许可的营运区域范围以外时，回程不显示停运标志或者未按规定到当地交通运输主管部门指定的出租汽车回程候客站点载客的。

第四十一条 本办法第三十九条、第四十条规定的行政处罚，由交通运输、质监、价格等部门按照各自职责实施。

第四十二条 出租汽车经营者疏于管理，导致发生利用出租汽车扰乱社会秩序、妨碍正常营运事件的，由县级以上人民政府交通运输主管部门责令其限期改正。

第四十三条 出租汽车经营者年度质量信誉考核不合格的，由县级以上人民政府交通运输主管部门责令其限期改正。

第四十四条 县级以上人民政府交通运输主管部门和其他部门的工作人员，有下列行为之一的，由所在单位或者上级部门给予处分；构成犯罪的，依法追究刑事责任：

（一）未按规定办理出租汽车有关许可手续的；

（二）未按规定履行监督管理职能，不文明执法的；

（三）未按规定受理投诉，造成严重后果的；

（四）对违法行为未依法制止、处罚的；

（五）其他滥用职权、玩忽职守、徇私舞弊行为。

第七章　附　　则

第四十五条 本办法自2010年5月1日起施行。

陕西省出租汽车客运条例

（2006年1月13日陕西省第十届人民代表大会常务委员会第二十三次会议通过

根据2007年6月1日陕西省第十届人民代表大会常务委员会第三十一次会议《关于修改〈陕西省出租汽车客运条例〉的决定》修正

根据2010年3月26日陕西省第十一届人民代表大会常务委员会第十三次会议《关于修改部分地方性法规的决定》修正

2010年3月26日陕西省第十一届人民代表大会常务委员会公告第26号公布，自公布之日起施行）

第一章　总　　则

第一条　为了加强出租汽车客运管理，规范经营行为，提高服务质量，维护乘客、经营者、驾驶员及其他从业人员的合法权益，促进出租汽车行业健康有序发展，根据有关法律、行政法规，结合本省实际，制定本条例。

第二条　本条例所称出租汽车，是指按照乘客要求提供客运服务，以行驶里程或者以行驶里程和时间计费的五座以下小型汽车。

本条例所称出租汽车经营者，是指依法从事出租汽车客运经营活动的企业和个体工商户。

第三条　本条例适用于本省行政区域内的出租汽车客运经营和管理活动。

第四条　出租汽车客运应当遵循统一管理、合法经营、公平竞争、诚信文明、安全运行、方便公众的原则。

第五条　县级以上人民政府应当根据本行政区域经济社会发展情况和城

乡公交客运状况，编制出租汽车行业发展规划，实施宏观调控，实行总量控制。

第六条 省人民政府交通运输行政主管部门负责全省出租汽车客运监督管理工作。

市、县（区）人民政府交通运输行政主管部门负责本行政区域内出租汽车客运管理工作，其所属的出租汽车行业管理机构具体履行出租汽车客运管理职责。

第七条 县级以上人民政府有关部门，按照各自的职责，负责出租汽车有关的管理工作。

第八条 县级以上人民政府应当鼓励支持出租汽车经营者通过兼并、重组等方式，组建符合现代企业制度要求的出租汽车经营企业。

第九条 县级以上人民政府应当鼓励和支持出租汽车行业的科学管理和技术进步，推广使用环保、节能车辆，建立完善先进的指挥调度和监督管理系统。

第十条 出租汽车经营者及其从业人员可以依法自愿成立行业协会。出租汽车行业协会应当按照协会章程依法开展活动，反映会员意愿和要求，维护会员的合法权益。

第二章　市场准入

第十一条 出租汽车经营权实行有偿使用制度。

出租汽车经营权应当按照公开、公平、公正的原则，通过以服务质量为主要竞标条件的招投标方式出让。出租汽车服务质量考核办法，由省交通运输行政主管部门具体规定。

出租汽车经营权招投标的程序，依照有关法律、法规的规定进行。

第十二条 出租汽车经营权使用期限不少于六年，不超过十二年。

第十三条 市、县（区）人民政府应当根据当地实际，科学合理地确定出租汽车投放数量、经营权出让价格、经营权使用期限、车型要求、车身颜色、营运价格，拟订出租汽车经营权招投标的具体方案。

确定或者变更出租汽车数量、经营权使用期限、车型要求、营运价格，应当举行听证，听取出租汽车经营者、从业人员、出租汽车行业协会和其他社会公众的意见。

招投标方案经上一级人民政府批准后，由市、县人民政府组织实施，并通过新闻媒体向社会公布。

第十四条 投标人应当提供下列证明和资料：

（一）企业、个体工商户营业执照或者居民身份证明；

（二）金融机构出具的资金证明；

（三）经营可行性分析报告；

（四）法律、法规规定的其他材料。

第十五条 中标人应当自领取中标确认书之日起三十日内，持中标确认书和经营权有偿使用费缴费证明等有关材料，到组织招投标活动的市、县（区）出租汽车行业管理机构领取出租汽车经营许可证件。

出租汽车经营者应当在出租汽车经营许可证件核准的经营期限和营运区域内营运。

未取得出租汽车经营许可证件和车辆营运证件的单位和个人，不得从事出租汽车经营活动。

第十六条 依照本条例第十五条规定，领取出租汽车经营许可证件和车辆营运证件的企业和个人，依法办理工商、税务登记后，方可营业。

第十七条 出租汽车客运经营权，可以依法转让和继承。实际经营时间未满三年的，不得转让；遇有特殊情况确需转让的，应当经出租汽车行业管理机构批准。

转让出租汽车客运经营权的，受让人应当符合本条例第二十一条、第二十二条规定的条件，并签订转让合同，自转让合同签订之日起十五日内到出租汽车行业管理机构办理经营权变更登记。

继承出租汽车客运经营权的，继承人应当持有关证明到出租汽车行业管理机构办理经营权变更登记。

第十八条 出租汽车经营许可证件和车辆营运证件被依法吊销或者经营权期限届满被注销的，经营者应当终止营运活动。

第十九条 出租汽车经营权有偿出让所得，全额上缴本级财政，纳入财政预算管理，专项用于出租汽车行业发展、管理和城市交通基础设施建设，不得挪作他用。

第二十条 本条例施行前，以无偿方式取得出租汽车经营权的，不得转让和继承。经营期满后要求继续经营的，应当依照本条例规定执行。

第三章 经营管理

第二十一条 出租汽车经营企业具备下列条件的，由核发出租汽车经营许可证件的出租汽车行业管理机构配发车辆营运证件：

（一）具有独立承担民事责任的能力；

（二）有与其经营规模相适应的停车场地和固定的办公场所；

（三）有符合规定的车辆、驾驶人员和管理人员；

（四）有健全的安全生产和管理制度；

（五）法律、法规规定的其他条件。

第二十二条 经营出租汽车的个体工商户具备下列条件的，由核发出租汽车经营许可证件的出租汽车行业管理机构配发车辆营运证件：

（一）有符合规定的车辆和驾驶人员；

（二）有合法有效的身份证明；

（三）法律、法规规定的其他条件。

经营出租汽车的个体工商户可以自主经营，也可以依法组成或者加入合伙企业。

第二十三条 出租汽车经营者应当与员工或者驾驶员依法订立劳动合同，明确双方的权利义务。

第二十四条 出租汽车经营企业以发包方式经营的，应当与承包人订立承包合同，合同内容应当包括承包期限、承包金及支付方式、违约责任等权利义务。

出租汽车经营权不因承包而转移。出租汽车经营企业对承包人违反营运管理和交通安全管理规定的行为，应当依法承担法律责任。

在承包期限内更新车辆的，除法律、法规另有规定外，发包人不得再向承包人收取费用。

第二十五条 出租汽车服务企业为经营出租汽车的个体工商户提供保险、理赔等代理服务的，应当订立服务合同，约定服务项目、服务费用和其他权利义务。

第二十六条 出租汽车承包合同、服务合同的示范文本，由省交通运输行政主管部门会同省工商行政管理部门制定。

第二十七条 出租汽车营运车辆应当符合下列规定：

（一）依法办理车籍登记和旅客意外伤害保险、第三者责任保险和国家规定的其他强制性保险；

（二）按规定设置租价标签、服务监督卡，在车身两侧喷印监督电话号码，有经营单位的喷印单位名称；

（三）按规定安装配备计价器、标志灯、待租显示器、停运标志必要的安全防护装置、报警装置、消防器材；

（四）法律、法规规定的其他条件。

第二十八条 出租汽车经营者可以在经营权使用期限内自主更新符合要求的车辆。

县级以上人民政府及其有关部门不得要求经营者更新未达到报废年限的车辆，不得指定车辆经销商。

第二十九条 出租汽车改装为双燃料车辆的，应当经具有资质的企业改装，并符合国家压力容器管理的有关规定。改装企业应当对车辆改装部分的安全性能负责。

公安、交通和质量技术监督部门应当为改装后的车辆办理相关手续。

第三十条 出租汽车驾驶员应当具备下列条件：

（一）有合法有效的身份证明；

（二）身体健康，年龄不超过六十周岁；

（三）有相应的机动车驾驶证，并有两年以上驾龄，无重大以上交通责任事故记录；

（四）经职业培训合格，取得出租汽车驾驶员从业资格证件；

（五）法律、法规规定的其他条件。

出租汽车行业管理机构对取得出租汽车驾驶员从业资格证件的人员，应当在五日内向同级公安机关提供相关资料进行登记备案。

第三十一条 出租汽车经营者变更工商登记项目或者停业、歇业的，自变更或者停业、歇业之日起十日内，持工商行政管理、税务部门的证明文件，到当地出租汽车行业管理机构备案。停业、歇业的，应当交回出租汽车经营许可证件和车辆营运证件。

第四章 营运管理

第三十二条 出租汽车经营者应当遵守下列规定：

（一）遵守相关的法律、法规和有关规定；

（二）组织出租汽车驾驶员参加业务培训，接受职业道德、交通安全和治安防范知识教育；

（三）使用合法的出租汽车专用发票；

（四）按时缴纳税费；

（五）按时向出租汽车管理机构报送统计报表；

（六）定期对车辆进行检修，保证营运安全；

（七）定期接受有关部门对计价器和其他设施设备的检定、检测。

第三十三条 出租汽车驾驶员营运时，应当遵守下列规定：

（一）随车携带车辆营运证件和驾驶员从业资格证件；

（二）安全行驶、文明待客、守法营运；

（三）保持车辆整洁卫生，设备设施完好；

（四）停运时使用停运标志；

（五）及时归还乘客遗失物品，无法归还时，应当交给出租汽车行业管理机构或者公安机关处理。

第三十四条 禁止出租汽车驾驶员营运时有下列行为：

（一）待租时拒载；

（二）营运途中甩客；

（三）未经乘客同意招徕其他乘客同乘；

（四）无故绕行；

（五）计价器故障、失准时继续营运；

（六）将出租汽车交给无从业资格证件的人员驾驶；

（七）不出具出租汽车专用发票；

（八）刁难、欺骗、勒索乘客的其他行为。

第三十五条 出租汽车单次营运的起驶地或者终驶地应当是车辆营运证划定范围以内的区域。出租汽车不得在车辆营运证件划定的范围以外驻地经营。

第三十六条 出租汽车乘客应当遵守下列规定：

（一）不得携带易燃、易爆、有毒等危害公共安全的物品；

（二）不得携带影响车内卫生的物品、宠物；

（三）不得向驾驶员提出违反道路交通安全管理规定的要求；

（四）文明乘车，不得乱扔废弃物，不得破坏车内设施设备；

（五）按计价器显示金额付款，并支付因运送乘客而产生的过桥、过路、停车等费用。

第三十七条 有下列情形之一的，乘客有权拒绝支付租车费用：

（一）计价器未经检定合格或者发生故障、失准时继续营运的；

（二）驾驶员不向乘客出具出租汽车专用发票的；

（三）驾驶员无故绕行的；

（四）驾驶员因违章接受处理不能将乘客送达目的地的；

（五）出租汽车在起步里程内发生故障或者交通事故，无法继续提供运送服务的。

第三十八条 有下列情形之一的，出租汽车驾驶员可以拒绝或者中止服务；中止服务前的营运费用，乘客应当按计价器显示的金额支付：

（一）在禁停路段内拦车的；

（二）无人陪同的醉酒者或者无人监护的精神病患者乘车的；

（三）携带易燃、易爆、有毒等危险物品乘车的；

（四）乘客的要求属违反交通管理规定的。

第三十九条 乘客夜间要求驶往边远、偏僻地区的，驾驶员认为必要时，可以要求乘客随同到就近的公安机关办理验证登记手续，乘客应当予以配合；乘客不予配合的，驾驶员有权拒绝提供运送服务。

第四十条 出租汽车服务监督卡、标志灯、待租装置由市、县（区）出租汽车行业管理机构统一监制。

出租汽车专用发票由设区的市税务机关统一监制。

第四十一条 遇抢险救灾、突发事件等特殊情况时，出租汽车经营者应当执行县级以上人民政府下达的紧急运输任务，服从统一调度和指挥。

第四十二条 市、县（区）人民政府应当合理规划出租汽车营运站场，在航空港、火车站、汽车站、体育场馆、港口、宾馆、大型商场、医院、旅游景点和城市主干道、繁华地段等，划定公益性出租汽车营运站场、停车场或者停靠点，并设置明显标识。公益性营运站场和出租汽车停靠点不得收取停车费。

出租汽车营运站场应当加强管理、文明服务，不得擅自关闭或者改变用途。

在城市主干道和繁华地段不得单独针对出租汽车设定禁行路段。

第五章　监督和投诉

第四十三条 出租汽车行业管理机构应当公开办事程序、举报投诉电话或者电子邮件信箱、办公地址，接受社会公众对出租汽车经营和管理活动的监督。

第四十四条 出租汽车行业管理机构应当依据法定的职权和程序，加强对出租汽车行业的监督和管理。

监督检查人员在履行监督检查职责中应当出示行政执法证件，文明执法。

第四十五条 出租汽车行政主管部门、出租汽车行业管理机构及其工作人员不得参与出租汽车经营活动。

第四十六条 省交通运输行政主管部门应当建立和完善出租汽车服务质量考核监督的综合评价体系，加强对市、县（区）出租汽车行政主管部门、出租汽车行业管理机构及其工作人员执法活动的监督。

第四十七条 县级以上人民政府有关部门应当相互配合，加强对出租汽车营运活动的监督，维护出租汽车运输市场秩序。

第四十八条 公安机关应当根据当地实际，建立和完善治安防范制度，指导和监督出租汽车经营者和驾驶员做好安全防范工作。

第四十九条 乘客认为出租汽车经营者、驾驶员侵犯其合法权益的，可以向当地出租汽车行业管理机构或者消费者协会投诉。

出租汽车行业管理机构受理投诉后，应当自受理之日起十五日内予以处理，并将处理结果告知投诉人。

第六章 法律责任

第五十条 违反本条例规定，非法转让出租汽车经营权的，由出租汽车行业管理机构没收非法所得，并对转让人处以非法所得一倍以上三倍以下的罚款。

第五十一条 违反本条例规定，未依法取得出租汽车经营许可证件和车辆营运证件从事出租汽车营运的，出租汽车行业管理机构可以暂扣车辆，没收违法所得，并处以一万元以上五万元以下罚款，向社会公布非法经营者及其车辆号牌。

出租汽车行业管理机构决定暂扣车辆的，应当向当事人出具暂扣凭证并妥善保管被扣车辆。当事人应当在十五日内到指定地点接受处理。当事人接受处理的，出租汽车行业管理机构应当立即归还车辆；因保管不善，造成被扣车辆丢失、损毁的，应当依法予以赔偿；超过九十日不接受处理的，可以申请人民法院依法拍卖被扣车辆，拍卖所得抵缴罚款；抵缴罚款后有剩余的，应当退还当事人。

第五十二条 违反本条例规定，有下列行为之一的，由出租汽车行业管理机构责令改正，处以二十元以上二百元以下罚款：

（一）未随车携带车辆营运证件和驾驶员从业资格证件的；

（二）未按规定设置出租汽车服务监督卡的；

（三）车容车貌达不到规定要求的；

（四）不按要求向出租汽车管理机构报送统计报表的；

（五）出租汽车经营者聘用、更换驾驶员未按规定备案的；

（六）转让、继承出租汽车经营权后，未按规定办理变更登记手续的；

（七）停业、歇业未按规定备案的。

第五十三条 违反本条例第三十四条规定的，由出租汽车行业管理机构处以三百元以上一千元以下罚款。

第五十四条 违反本条例规定，在车辆营运证件划定的营运范围以外驻地营运的，当地出租汽车行业管理机构可以暂扣车辆营运证件，没收违法所得，并处以一千元以上一万元以下罚款。情节严重的，由核发出租汽车经营许可证件的出租汽车行业管理机构吊销出租汽车经营许可证件和车辆营运证件。

第五十五条 擅自关闭或者改变出租汽车站场用途的，由出租汽车行政主管部门责令限期改正；逾期未改正的，处以五千元以上二万元以下罚款。

第五十六条 出租汽车经营企业经服务质量考核不合格的，由出租汽车行业管理机构责令限期改正，情节严重的，责令停业整顿；经整顿仍达不到要求的，可以吊销出租汽车经营许可证件和车辆营运证件。

第五十七条 出租汽车行业管理机构作出停业整顿、吊销出租汽车经营许可证件和车辆营运证件或者对个人作出五千元以上、对单位作出二万元以上罚款处罚决定的，应当告知当事人有要求举行听证的权利。

第五十八条 违反本条例规定，涉及违反社会治安、交通安全、质量技术监督、税务、价格、工商行政管理等法律法规的行为，由有关行政主管部门依法处理。

第五十九条 出租汽车行政主管部门及其出租汽车行业管理机构的工作人员在出租汽车行政管理活动中滥用职权、玩忽职守、徇私舞弊、索贿受贿的，依法给予行政处分；构成犯罪的，由司法机关依法追究刑事责任；给当事人造成经济损失的，依法承担赔偿责任。

第七章　附　　则

第六十条 本条例自2006年3月1日起施行。

石家庄市出租汽车管理条例

（2010年4月29日石家庄市第十二届人民代表大会常务委员会第十九次会议通过

2010年9月29日河北省第十一届人民代表大会常务委员会第十九次会议批准

2010年10月8日石家庄市人民代表大会常务委员会公告公布，自2011年1月1日起施行）

第一章　总　　则

第一条　为加强出租汽车管理，维护出租汽车市场秩序，保障乘客、出租汽车经营者及其从业人员的合法权益，适应经济社会发展和人民生活需要，根据有关法律、法规，结合本市实际，制定本条例。

第二条　本条例所称出租汽车管理是指出租汽车客运管理和出租汽车租赁管理。

出租汽车是指经过行政许可提供客运、租赁服务的乘用汽车。

出租汽车客运是指出租汽车客运经营者按照乘客意愿提供不定线客运服务，并按行驶里程、时间计费的经营活动。

出租汽车客运经营者是指出租汽车客运经营企业、个体客运经营者及出租汽车客运服务企业。

出租汽车租赁是指出租汽车租赁经营者将用于出租的乘用汽车交付承租人使用，收取租赁费用，不提供驾驶劳务的经营活动。

第三条　在本市行政区域内从事出租汽车客运、出租汽车租赁和为其提供服务的经营和管理活动适用本条例。

第四条 市交通运输行政主管部门负责本市行政区域内的出租汽车管理工作。

县（市）交通运输行政主管部门负责本行政区域的出租汽车管理工作。

县级以上道路运输管理机构负责具体实施出租汽车管理工作。

县级以上公安机关负责本辖区出租汽车治安管理工作。

工商、税务、物价、质量技术监督等有关部门，应当按照各自职责做好出租汽车管理的相关工作。

第五条 县级以上道路运输管理机构的职责：

（一）编制出租汽车行业发展规划；

（二）制定行业标准和管理制度；

（三）培训经营者、从业人员；

（四）受理消费者举报、投诉；

（五）具体实施出租汽车管理工作的其他职责。

第六条 出租汽车管理实行统筹规划、协调发展、统一管理、公平竞争的原则。

第七条 县级以上道路运输管理机构依据人口布局、道路条件、客运需求提出出租汽车行业发展规划，经同级交通运输行政主管部门审核，报同级人民政府批准后实施。

第八条 道路运输管理机构应当建立出租汽车经营者和从业人员服务质量信誉考核制度，定期考核并向社会公布考核结果，组织开展“争做文明使者”等活动。

第九条 出租汽车经营者和从业人员可以建立出租汽车行业协会，加强行业自律，制定服务标准，搞好服务和自我教育，维护自身的合法权益。

第二章　经营资质管理

第十条 出租汽车客运经营企业应具备下列条件：

（一）具有一定数量的可供营运的车辆；

（二）有符合规定的停车场地和经营场所；

（三）有相应数量的出租汽车客运驾驶员；

（四）有适应出租汽车客运调度的通讯设施；

（五）有相应资质的机务、质检、安全技术管理人员及健全的管理制度；

（六）法律法规规定的其他条件。

第十一条 出租汽车客运服务企业应具备下列条件：

（一）有符合规定的停车场地和经营场所；

（二）有适应出租汽车营运调度服务的通讯设施；

（三）有相应资质的机务、质检、安全技术管理人员；

（四）接受服务的出租汽车数量达到200辆以上；

（五）法律法规规定的其他条件。

第十二条 出租汽车个体经营者应具备下列条件：

（一）有取得营运许可的出租汽车；

（二）取得从业资格证件；

（三）加入一个出租汽车服务企业，并与其签订合同；

（四）有独立承担民事责任的能力；

（五）法律法规规定的其他条件。

第十三条 出租汽车客运驾驶员应具备下列条件：

（一）有经营地的常住户口或者暂住证；

（二）年龄不超过六十周岁，身体健康，无传染性疾病；

（三）有与准驾车型相符的机动车驾驶证，二年以上的驾驶经历，三年内无重大以上交通事故责任；

（四）取得国家职业技能鉴定机构的职业资格证；

（五）取得出租汽车客运驾驶员从业资格证件和服务监督卡。

第十四条 从事出租汽车客运驾驶的，应经出租汽车客运基本知识考试合格，市级道路运输管理机构颁发出租汽车客运驾驶员从业资格证件和服务监督卡。

第十五条 开办出租汽车客运企业的，应持相关资质证明材料，向所在地县级以上道路运输管理机构提出申请，经受理申请的机构初审，报市级道路运输管理机构审核。市级道路运输管理机构应于受理申请之日起20个工作日内作出决定。予以许可的，核发出租汽车客运经营许可证件；不予许可的，书面通知申请人并说明理由。

取得出租汽车客运经营许可证件后，应持工商、税务、公安交管等部门办结的相关手续，到道路运输管理机构申领出租汽车道路运输证件。

第十六条　出租汽车客运经营企业、个体经营者停歇业的，应提前10日向道路运输管理机构提交申请，经批准后，交回出租汽车营运证件及标志、计价器，再到有关部门办理手续；退出营运的车辆，变更车体颜色。

除诉讼、仲裁、交通事故和不可抗力因素等原因，连续停业超过三个月的，道路运输管理机构应当书面通知办理相关手续；书面通知不到的，应及时在当地媒体予以公告，自公告之日起满30日仍不恢复营运又不办理相关手续的，可以注销其营运证件。

第十七条　变更出租汽车客运经营许可事项的，应向道路运输管理机构提交申请，经审核批准后按规定办理相关手续。

出租汽车客运经营者兼并、合并、分户应按规定到道路运输管理机构办理手续。

第十八条　出租汽车道路运输证依照国家规定注明有效期限，超过有效期限的，自行作废。

第十九条　出租汽车客运经营企业、个体经营者和出租汽车服务企业经营许可证件到期继续经营的，应在到期前30日向道路运输管理机构提出延续经营申请。符合延续经营条件的，道路运输管理机构应当批准换发经营许可证件；不符合延续经营条件的，应当告知申请人停止经营。

出租汽车到期报废更换新车的，应当按规定办结报废车辆停业手续后，再办理更新车辆延续经营手续，并申请核发道路运输证件。

第二十条　出租汽车客运经营者应当在办结营运手续后10日内到公安机关办理治安备案。

第二十一条　出租汽车租赁经营企业应具备下列条件：

（一）有20辆以上技术等级二级（GB 18344）以上的车辆；

（二）有与车辆数量相适应的停车场地和经营场所；

（三）有具备相应资质的安全技术管理人员；

（四）法律法规规定的其他条件。

第二十二条 开办出租汽车租赁企业的，应持相关资质证明材料向所在地县级以上道路运输管理机构提出申请，经初审报市级道路运输管理机构审批；市道路运输管理机构应在接到申请后20个工作日作出决定。予以许可的，核发出租汽车租赁经营许可证；不予许可的，应书面通知申请人并说明理由。申请人取得出租汽车租赁经营许可证件后，应到工商、税务等部门办理相关手续。

第二十三条 禁止本条例执法主体部门、相关部门和道路运输管理机构工作人员及其直系亲属在工作人员执行职务范围内从事出租汽车经营活动。

禁止倒卖出租汽车经营许可证件和相关手续。

第三章　车 辆 管 理

第二十四条 出租汽车客运经营车辆装置、标志、标识应符合下列规定：

（一）装有“出租”字样的顶灯和空车显示牌；

（二）符合规定的专用牌照；

（三）具有符合市人民政府统一规定的车型和车体颜色；

（四）车身两侧标明所属公司名称简称、编号，车窗标明租价标准，座套指定位置标明监督管理机关名称、监督电话；

（五）在车内明显位置装有检测认定合格的计价器，放置服务监督卡；

（六）配备消防器材；

（七）装有卫星定位调度（GPS）系统。

第二十五条 禁止在出租汽车车窗上贴膜和使用有色玻璃，在车体、车内、车窗玻璃设置广告，安装车辆配置灯以外的闪光装置。

在顶灯设置广告、车内安装无线电对讲机及其他装置的，应经所在地道路运输管理机构审核同意，再到有关部门办理相关手续。

第二十六条 出租汽车客运经营者应对车辆定期进行维护和检测，确保车辆技术等级达到二级（GB 18344）以上。

第二十七条 县级以上道路运输管理机构每年对客运出租汽车及其营运情况审验一次。审验内容包括：从业人员违章经营记录，车辆技术档案，车辆装置、标志、标识，投保承运人责任险等情况。

出租汽车客运经营者应按规定及时到道路运输管理机构接受年度审验。

县级以上道路运输管理机构可以在出租汽车上设置便于识别的防伪标志。

第二十八条 县级以上道路运输管理机构和出租汽车客运经营企业应分别建立出租汽车管理档案，并妥善保管。档案内容的记载应当及时、完整和准确，不得随意更改。

第二十九条 禁止使用报废、改装、拼装、安全技术检验不合格和其他不符合国家规定的车辆从事出租汽车经营。

第三十条 遇有抢险救灾、突发事件或重大活动时，县级以上人民政府或有关部门可以对出租汽车实施统一调度。

第四章 客运经营管理

第三十一条 从事出租汽车客运经营禁止下列行为：

（一）使用伪造、变造或失效的出租汽车客运经营许可证件；

（二）非法出租、出借、转让涂改出租汽车客运经营证件和专用发票；

（三）利用出租汽车进行违法犯罪活动；

（四）强行揽客、拼客、异地待客、故意绕行；

（五）得知乘客去向拒绝载客或无正当理由中断载客服务的拒载行为；

（六）有计价器不使用或利用计价器作弊乱收费；

（七）超越经营许可范围驻地营运。

第三十二条 出租汽车客运经营企业、服务企业应遵守下列规定：

（一）与从业人员签订劳动服务合同；

（二）建立健全与经营方式相配套的管理制度；

（三）受理乘客来信来访和投诉，及时协助管理机构查找被举报车辆，妥善处理相关事项；

（四）办理投保承运人责任险、机动车交通事故责任强制保险、不低于十万元的商业第三者责任保险；

（五）执行物价部门规定或合同约定的收费标准；

（六）使用出租汽车客运专用发票；

（七）定期向道路运输管理机构填报车辆管理档案和营运资料，并接受服务质量信誉考核；

（八）参加培训。

第三十三条 出租汽车客运驾驶员在营运中应遵守下列规定：

（一）随车携带出租汽车道路运输证件、从业资格证和服务监督卡；

（二）遵守交通法规，文明安全行车，不得随意停车、掉头、抢道；

（三）遵纪守法，按时参加例会；

（四）着装整洁，举止端庄，使用文明服务用语，不利用通话工具聊天，不得在车内吸烟；

（五）保持车辆卫生、整洁，不得乱扔杂物，及时更换座套，标志齐全，完好有效；

（六）服务监督卡与所驾车辆相符；

（七）按计价器显示金额收费，主动出具出租汽车客运专用发票；

（八）提醒乘客带好随身物品，发现遗失物品，及时归还失主；

（九）接受道路运输管理机构执法人员的监督检查。

第三十四条 出租汽车客运驾驶员在城区繁华路段、主要道路营运时应当在出租汽车落客点上下乘客，不得在落客点停车待客，不得在道路上随意停放车辆。

城区繁华路段、主要道路出租汽车落客点，由公安交通管理部门会同道路运输管理机构设置。

第三十五条 机场、火车站、长途汽车站和其他客流集散地等大型公共场所可以设置相应的客运出租汽车停车站点。任何单位和个人不得独揽客运业务。

市道路运输管理机构应当加强进入站点营运车辆的监督检查，维护营运秩序，纠正违规行为，保持良好的车容车貌，维护乘客的合法权益。

第三十六条 出租汽车租赁双方应当签订租赁合同。合同内容应当包括：车辆号牌、车型、用途、使用期限、租赁价格和费用及付费方式、车辆交接、担保方式、车辆维护和维修责任、风险承担、违约责任和争议的解决方式。

第三十七条 出租汽车租赁经营者应当确保向承租人提供的车辆技术性

能良好，符合安全行驶条件，向承租人告知车辆技术状况、车辆保险的投保情况、救援服务等内容。出租汽车租赁经营者不得向承租人提供驾驶人员。

第三十八条 承租人租赁出租汽车应有合格的驾驶员，承租车辆后不得转租或从事出租汽车客运经营。

第五章 权益保障

第三十九条 乘客应当按照规定的标准支付租车费和应乘客需要或线路必须的过桥、过路等费用。

出租汽车有下列情形之一的，乘客有权拒绝支付车费：

（一）无计价器，有计价器不使用或使用计价器作弊的；

（二）驾驶员拒不出具出租汽车当次有效专用发票的；

（三）由于驾驶员原因或车辆故障无法完成运送服务的；

（四）未经乘客同意另载他人或故意绕行的。

第四十条 乘客有下列情形之一的，出租汽车驾驶员有权拒绝提供服务：

（一）在禁止停车的路段招手示意租车的；

（二）携带易燃、易爆、毒品等违禁物品及污损车辆物品乘车的；

（三）不告知目的地的；

（四）出城区或去偏远地区拒绝按规定登记的；

（五）要求驾驶员作出违法行为的。

第四十一条 有关行政主管部门及工作人员有下列行为之一的，出租汽车经营者和驾驶员有权予以拒绝，并可向有关行政机关投诉：

（一）非法收取费用的；

（二）要求提供无偿服务的；

（三）非法扣缴、注销证照或强令停业的。

第四十二条 道路运输管理机构及相关部门应当建立健全失物查询和拾物查收、归还领取制度。

乘客查询、领取遗失、遗忘物品，凭当次出租汽车客运专用发票或有关证据办理。乘客丢失贵重物品的，可以到公安机关报案。

道路运输管理机构及相关部门对一年以上无人认领的物品可按无主物实行公开拍卖，所得款项上缴财政。

第四十三条 乘客与出租汽车驾驶员对租车收费有争议的，可到道路运输管理机构接受调解。

第四十四条 任何单位和个人对出租汽车客运经营管理中的违法行为都有权举报、投诉。

道路运输管理机构及相关部门应建立健全举报、投诉受理和奖励制度。对举报、投诉应当自受理之日起10日内调查处理完毕；情况复杂的，可延长10日；依法应由其他部门调查处理的，应及时移送其他部门；对举报、投诉无证出租营运车辆并经查实的，应给予奖励。

出租汽车经营者、驾驶员被投诉后，应携带相关证件，必要时带相关车辆到道路运输管理机构接受调查。

第六章 监督检查

第四十五条 道路运输管理机构应建立健全出租汽车客运经营、租赁经营、经营者资质和从业人员资格等监督检查制度，对监督检查情况定期予以公示。

第四十六条 道路运输管理机构执法人员应当接受行政执法业务培训、考核；考核不合格的，不得上岗执行公务。

道路运输管理机构执法人员应严格按照职责在城乡道路上实施监督检查。实施监督检查时，应有两名以上执法人员参加，并向当事人出示执法证件。

第四十七条 道路运输管理机构执法人员实施监督检查时，可向有关单位和个人了解情况，查阅、复制有关资料。被监督检查的单位和个人应接受依法实施的监督检查，如实提供有关资料或情况。

第四十八条 道路运输管理机构执法人员查处违法行为时，对违法情节较为严重的，可暂扣其道路运输证件或从业资格证件，在违法行为处理完结后，其暂扣证件应及时予以归还；在证据可能灭失或者以后难以取得的情况下，经执法机构负责人批准，可对违法车辆登记保存。

登记保存的车辆应在指定地点停放，妥善保管，不得使用。

第七章　法 律 责 任

第四十九条　违反本条例规定，未取得出租汽车客运经营或租赁经营许可，擅自从事出租汽车客运经营或租赁经营，使用伪造、变造或失效的出租汽车客运经营许可证件经营的，由县级以上道路运输管理机构责令停止违法行为，予以取缔，并处以三万元以上五万元以下罚款；有违法所得的，没收违法所得。

违反本条例规定，出租汽车客运经营者在办结营运手续后，超过10日不到公安机关办理治安备案的，由公安机关责令备案，拒不备案的可处以二百元罚款。

第五十条　违反本条例规定，有下列行为之一的，由县级以上道路运输管理机构责令停止违法行为，并处以三千元以上一万元以下罚款；情节严重的，吊销驾驶员从业资格证，收回服务监督卡，二年内不得从事出租汽车经营：

（一）已取得出租汽车客运经营许可证但未取得相应道路运输证从事营运的；

（二）超越经营许可范围驻地营运的；

（三）非法出租、出借、转让、涂改出租汽车客运经营证件和专用发票的；

（四）出租汽车经营者未按规定投保商业第三者责任保险的；

（五）出租汽车报停后私自营运的。

违反本条例规定，出租汽车经营者未按规定投保承运人责任保险的，由道路运输管理机构责令限期投保；拒不投保的，由市道路运输管理机构吊销道路运输经营许可证。

违反本条例规定，出租汽车经营者未按规定投保机动车交通事故强制责任保险的，由公安机关交通管理部门扣留车辆，通知出租汽车所有人依照规定投保，处依照规定投保最低责任限额应缴纳的保险费的二倍罚款。

第五十一条 违反本条例规定，有下列行为之一的，由县级以上道路运输管理机构责令停止违法行为，并处以一千元以上三千元以下罚款：

（一）未经道路运输管理机构批准擅自停歇业的；

（二）无计价器、有计价器不使用或利用计价器作弊乱收费的；

（三）无正当理由拒载乘客的；

（四）出租汽车不按规定检测和二级维护的；

第五十二条 出租汽车客运经营企业、服务企业服务质量信誉考核不合格或每月违章率超过本企业营运车辆和服务车辆总数5%的，由道路运输管理机构责令其带违章驾驶员参加教育培训，并处以一千元以上三千元以下罚款。

第五十三条 违反本条例规定，有下列行为之一的，由县级以上道路运输管理机构责令改正，并处以五百元以上一千元以下罚款：

（一）出租汽车驾驶员无从业资格证、服务监督卡营运的；

（二）不出具本车当次有效出租汽车客运专用发票的；

（三）强行揽客、拼客、异地待客、故意绕行的；

（四）出租汽车未按规定安装、不正确使用、不及时维修卫星定位调度（GPS）系统、顶灯和空车显示牌的；

（五）逾期未年审的。

第五十四条 违反本条例规定，有下列行为之一的，由县级以上道路运输管理机构责令改正，拒不改正的，处以五十元以上二百元以下罚款。

（一）车容不整洁、不卫生、未及时更换座套的；

（二）驾驶员营运时不使用文明服务用语的；

（三）驾驶员在车内吸烟的；

（四）驾驶员利用车辆通话工具聊天的；

（五）出租汽车客运经营者未按规定填写车辆管理档案、报送营运资料的；

第五十五条 违反本条例规定，有下列行为之一的，由县级以上道路运输管理机构责令改正，并处以五十元以上二百元以下罚款。

（一）出租汽车客运车辆标志不全的；

（二）在设有落客点路段，不在落客点上下乘客或在落客点空车待客的；

（三）不按时查找被举报车辆的；

（四）在出租汽车车体、车内设置广告，或在车窗上贴膜和使用有色玻璃，或在车辆配置以外安装闪光装置的；

（五）营运中不按规定携带道路运输证、驾驶员从业资格证和服务监督卡的；

（六）驾驶员服务监督卡与所驾车辆不符的。

第五十六条 拒绝、阻碍道路运输管理机构执法人员依照本条例执行公务的，由公安机关依照《中华人民共和国治安管理处罚法》进行处罚，构成犯罪的，依法追究刑事责任。

第五十七条 本条例执法主体部门、相关部门和道路运输管理机构的执法人员参与或者变相参与出租汽车经营活动的，由有关行政机关责令限期改正，拒不改正的，给予行政处分，取消执法资格。

第五十八条 违反本条例规定，道路运输管理机构的执法人员玩忽职守、滥用职权、徇私舞弊、以权谋私尚未构成犯罪的给予行政处分；构成犯罪的，依法追究刑事责任。

第八章 附 则

第五十九条 本条例自 2011 年 1 月 1 日起施行。

哈尔滨市城市出租汽车客运管理条例

(2009 年 11 月 26 日哈尔滨市第十三届人民代表大会常务委员会第十九次会议通过

2010 年 1 月 19 日黑龙江省第十一届人民代表大会常务委员会第十五次会议批准

2010 年 2 月 25 日哈尔滨市第十三届人民代表大会常务委员会公告第 43 号公布，自 2010 年 5 月 1 日起施行)

第一章　总　　则

第一条　为加强城市出租汽车客运管理，规范出租汽车市场营运秩序，提高服务质量，维护乘客、经营者和驾驶员的合法权益，促进出租汽车客运行业健康发展，根据有关法律、法规规定，结合本市实际，制定本条例。

第二条　本条例适用于本市除阿城区、呼兰区以外市区的出租汽车客运管理。

第三条　本条例所称出租汽车客运，是指利用小型客车，按照乘客需求提供客运服务，并按照行驶里程或者时间计费的经营活动。

第四条　出租汽车客运管理应当坚持总量调控、公平竞争、规范经营、优质服务、方便公众的原则。

第五条　市交通运输行政主管部门负责本条例的组织实施。

市出租汽车管理机构负责出租汽车客运行业日常管理工作。

发展和改革、工商、公安、财政、质量技术监督等行政管理部门，按照各自职责，负责出租汽车管理的相关工作。

第六条 市交通运输行政主管部门应当会同有关行政管理部门，根据本市经济社会发展、城市建设和出租汽车客运市场需求，编制城市出租汽车客运行业发展规划，报市人民政府批准后实施。

市交通运输行政主管部门应当定期对出租汽车客运市场需求进行调查评估，需要进行运力调整的，及时向市人民政府提出调整建议。

第七条 市人民政府应当根据出租汽车客运市场变化，对出租汽车客运行业实施相应的扶持政策，形成合理的价格机制。

鼓励出租汽车企业实行集约化、规模化经营。

第八条 市交通运输行政主管部门、出租汽车经营企业、出租汽车客运行业协会应当通过科学管理、加强培训、开展文明服务竞赛等方式，提高出租汽车行业从业人员素质，提高服务质量。

第九条 出租汽车经营企业应当依法成立工会组织，参与调解劳动纠纷，维护出租汽车驾驶员（以下简称驾驶员）的合法权益。

出租汽车客运行业协会应当根据协会章程，为出租汽车经营企业和个体经营者（以下统称经营者）及其从业人员提供服务和自律管理。

第二章　经营许可

第十条 出租汽车经营权实行许可制度。

出租汽车经营权实行有偿出让，出让期限为 8 年。有偿出让的方式和程序应当按照国家有关规定执行。

企业和个人从事出租汽车经营活动，应当取得出租汽车经营权。

出租汽车经营权实行一车一权制度。

第十一条 出租汽车经营权出让期限届满后经营者申请继续经营时，符合本条例规定的可以优先获得经营权，经考核优秀的可以享受有关优惠政策。具体办法由市人民政府另行制定。

第十二条 企业申请出租汽车经营权应当具备下列条件：

（一）具有符合规定的固定办公和停车场所；

（二）具有相应的经营管理制度；

（三）具有良好的企业信誉；

（四）具有相应购车资金或者符合营运要求的车辆；

（五）具有与经营业务和规模相适应的技术、财务、安全和经营管理人员；

（六）法律、法规规定的其他条件。

第十三条 个人申请出租汽车经营权应当具备下列条件：

（一）具有相应购车资金或者符合营运要求的车辆；

（二）法律、法规规定的其他条件。

第十四条 出租汽车经营权有偿出让后，市交通运输行政主管部门应当在7个工作日内，与受让人签订出租汽车经营权出让协议，核发《出租汽车经营权证》和《出租汽车经营资格证》。

经营者应当凭《出租汽车经营权证》到市出租汽车管理机构办理营运车辆核验，为车辆安装标志灯、计价器、空车待租标志，张贴租价标签，喷印出租汽车企业名称和监督电话等，领取由市交通运输行政主管部门签发的《车辆营运证》。

市出租汽车管理机构应当自受理之日起7个工作日内办结。

第十五条 驾驶员应当取得市交通运输行政主管部门核发的《驾驶员客运资格证》后，方可从事出租汽车营运。

取得《驾驶员客运资格证》应当具备下列条件：

（一）具有《机动车驾驶证》，驾驶经历3年以上，近3年无重大以上交通责任事故记录；

（二）具有本市常住户口或者暂住证明；

（三）男性在60周岁以下，女性在55周岁以下，具有初中以上文化程度；

（四）无职业禁忌症；

（五）经市交通运输行政主管部门培训并考试合格；

（六）法律、法规规定的其他条件。

第十六条 出租汽车个体经营实行委托管理制度。

出租汽车个体经营者应当自主选择出租汽车行业协会或者经考核合格以上等级的出租汽车经营企业实施委托管理，并报市出租汽车管理机构备案。

出租汽车个体经营实施委托管理的具体办法，由市交通运输行政主管部门另行制定，经市人民政府同意后公布实施。

第十七条 经营者需要转让出租汽车经营权的，应当与受让方共同向市交通运输行政主管部门提出书面申请。

市交通运输行政主管部门受理后，应当对受让方是否具备本条例第十二条或者第十三条规定的条件进行审查；对具备条件的，自受理之日起7个工作日内作出准予转让决定。

出租汽车经营权转让后的经营期限为原经营者剩余的经营期限。期满后申请继续经营的，按照本条例第十一条规定执行。

第十八条 出租汽车经营企业合并、分立或者变更法定代表人、企业名称的，应当在依法变更登记后10个工作日内，报市出租汽车管理机构备案。

第十九条 经营者在经营期内更新出租汽车的，应当到市出租汽车管理机构办理车辆相关营运手续的变更。

出租汽车退出经营时，经营者应当将《车辆营运证》、专用标志等交回市出租汽车管理机构。

第二十条 市交通运输行政主管部门应当定期对营运出租汽车和《车辆营运证》、《驾驶员客运资格证》进行免费审验。

经营者和驾驶员应当按照规定接受审验。

第二十一条 出租汽车经营权有偿出让金应当全额上缴市财政，用于公共交通基础设施建设、科技应用、行业管理等。

第三章 营运管理

第二十二条 出租汽车经营企业在营运过程中应当遵守下列规定：

（一）使用合同示范文本与驾驶员签订经营承包合同，并在签订后7个工作日内，报市工商行政管理部门和市出租汽车管理机构备案；

（二）对经营管理人员、技术人员、驾驶员进行日常管理，并定期组织安全、文明服务培训，提高服务水平；

（三）为驾驶员办理《服务监督卡》；

（四）按照规定定期对出租汽车进行技术等级评定和维护、检测，保持技术性能完好；

（五）将对驾驶员收费的项目和标准公示；

（六）按照规定领购和发放出租汽车票据，建立票据流向登记簿，不得借用、串用票据；

（七）不得将出租汽车交给无《驾驶员客运资格证》或者《服务监督卡》的人员驾驶；

（八）不得克扣、截留驾驶员各种政策性补贴；

（九）不得要求驾驶员出资购置车辆或者买断出租汽车经营权；

（十）不得超过规定标准向驾驶员收取承包费。

个体经营者应当遵守本条前款（一）、（四）、（六）、（七）、（八）、（九）、（十）项规定。

第二十三条 驾驶员在营运中应当遵守下列规定：

（一）执行客运服务标准，遵章驾驶、安全行车、文明服务；

（二）随车携带《机动车驾驶证》、《车辆营运证》、《驾驶员客运资格证》和《服务监督卡》；

（三）按照价格行政管理部门规定的价格标准收费；

（四）如实给付乘客有效票据，不得转借、串用票据；

（五）按照乘客合理要求使用车内空调、音响等设施；

（六）车辆发生故障、事故或者由于驾驶员原因不能继续行驶的，不得收费；

（七）不得拒绝租乘或者中途倒换乘客乘坐的车辆；

（八）不得利用车载对讲设施传播、接听与营运无关的信息；

（九）未经乘客同意不得合载，乘客同意合载时，可以与乘客协议租价和给付票据；

（十）按照规定使用计价器，不得使用未经检定或者检定不合格的计价器，不得私自改动、串用或者破坏计价器准确度；

（十一）未经乘客同意不得绕道行驶。

本条前款所称拒绝租乘，是指驾驶员在有乘客招手停车后不载客，停车待租时拒绝载客，载客后无正当理由中断服务的行为。

第二十四条 驾驶员应当按照规定使用统一安装的出租汽车智能服务车载系统、城市通智能卡电子服务设施，不得擅自改装、拆卸、改变使用性能或者拒绝乘客使用城市通智能卡。

第二十五条 乘客乘坐出租汽车应当遵守下列规定：

（一）不得携带易燃、易爆、管制器具等危险品；

（二）不得要求驾驶员违反规定行车、停车；

（三）需要出市区或者去偏远地区，应当配合驾驶员到公安机关设置的出城登记点或者就近的公安派出机构办理安全登记手续；

（四）交纳租乘中发生的路桥通行费；

（五）精神病患者和学龄前儿童乘车应当有人监护。

乘客违反本条前款规定的，驾驶员可以拒绝其乘车。

第二十六条 驾驶员未按照规定使用计价器，或者未出具有效票据的，乘客可以拒绝支付车费。

第二十七条 任何单位和个人不得挪用、使用伪造出租汽车营运证件、标志、标识从事客运经营。

第二十八条 经营者不得擅自停止营运，确需暂停营运的，应当向市出租汽车管理机构提出申请，办理报停手续，并将《车辆营运证》、《服务监督卡》、计价器及专用标志暂时交市出租汽车管理机构统一保管。

经营者在报停期间不得从事经营活动。

第二十九条 经营者终止经营活动的，应当到市交通运输行政主管部门办理《出租汽车经营资格证》注销手续，并依法履行工商、税务等终止经营手续。

第三十条 非本市出租汽车不得在本市市区内驻地营运。

本市出租汽车不得在规定的营运范围以外驻地营运。

第四章 车辆和场站管理

第三十一条 出租汽车营运车辆应当达到下列要求：

（一）符合国家、行业和地方技术标准；

（二）符合本市规定的车型和车体颜色；

（三）车容整洁，设施、设备完好；

（四）安装符合规定的标志灯、计价器和空车待租标志等；

（五）张贴符合规定的营运证标志、租价标签，喷印经营企业名称和监督电话等；

（六）法律、法规规定的其他条件。

第三十二条 在出租汽车车体外部，不得设置、张贴广告。

在出租汽车内部设置、张贴广告，不得遮挡驾驶员视线。

第三十三条 经营者需要更换出租汽车发动机、车身、车架的，应当在公安部门办理变更登记手续后10个工作日内，报市出租汽车管理机构备案。

第三十四条 鼓励经营者购置清洁能源车辆或者对现有车辆使用清洁能源进行更新改造。

清洁能源车辆的技术改造、维修和检测应当委托具有资质的企业实施。

经营者购置清洁能源车辆或者对现有车辆进行清洁能源更新改造的，应当在购置或者改造后7个工作日内，报市交通运输行政主管部门备案。

出租汽车经营企业应当建立清洁能源车辆的安全管理制度和操作规程，配备相应的检测仪器和安全、技术、检修人员。

出租汽车经营企业应当组织清洁能源车辆驾驶员、安全技术人员参加有关部门的操作和安全知识培训，并持证上岗。

第三十五条 出租汽车专用停车场的日常运营服务秩序管理，由市出租汽车管理机构负责。

第三十六条 在机场、车站、码头等客运集散地以及繁华路段、风景名胜区，应当设置出租汽车停放的场站；在宾馆、饭店等公共场所，应当划定出租汽车停放的区域，根据需要配备专门的管理人员。

出租汽车场站管理人员应当佩戴统一服务标志，文明服务，维护场站的秩序。

出租汽车场站应当免费向出租汽车开放，任何单位和个人不得阻挠停车或者收费。

第三十七条 出租汽车进入设有出租汽车专用停车场站的区域，应当在出租汽车专用停车场站内，依次候客、下客，服从管理人员指挥。

第五章　监 督 管 理

第三十八条　市交通运输行政主管部门及市出租汽车管理机构，应当加强对出租汽车营运情况的监督检查，及时制止和查处扰乱出租汽车市场秩序的行为。

被检查单位和个人应当如实提供有关资料和情况，不得拒绝或者妨碍检查。

第三十九条　市交通运输行政主管部门应当对经营者和驾驶员实行安全运营、服务质量考核制度，将考核结果记入信用档案，作为经营权出让、收回，以及取消驾驶员从业资格的依据。

具体考核办法由市交通运输行政主管部门制定，经市人民政府同意后公布实施。

第四十条　市出租汽车管理机构和出租汽车经营企业应当建立投诉举报制度，公开投诉举报方式，及时受理乘客、驾驶员投诉。

市出租汽车管理机构认为需要出租汽车经营企业负责人、个体经营者或者驾驶员当面接受调查的，可以向出租汽车经营企业或者个体经营者发出《调查处理通知书》；出租汽车经营企业或者个体经营者接到《调查处理通知书》后，相关人员应当在规定的期限内到市出租汽车管理机构接受调查。

市出租汽车管理机构在调查和处理期间，可以根据需要暂扣被投诉车辆《车辆营运证》和被投诉驾驶员《驾驶员客运资格证》，暂扣期限最长不得超过 7 日，驾驶员可以凭暂扣证明继续营运。

市出租汽车管理机构和出租汽车经营企业应当自受理投诉之日起 15 个工作日内调查处理完毕，同时答复投诉人；依法应当由其他部门调查处理的，及时移送有关部门。

第四十一条　市工商行政管理部门应当会同市交通运输行政主管部门制定出租汽车经营承包合同示范文本，并对合同执行情况进行监督。

第四十二条　经营者与驾驶员发生出租汽车经营权纠纷的，由市交通运输行政主管部门依法裁决。

第四十三条 经营者和驾驶员有下列情形之一的，市交通运输行政主管部门应当给予表彰或者奖励：

（一）参与行业文明创建、优质服务活动事迹突出的；

（二）在抢险、救灾等特殊客运任务中做出突出贡献的；

（三）拾金不昧、见义勇为、救死扶伤等事迹突出的；

（四）维护公共利益，社会稳定和参与社会公益活动事迹突出的。

第四十四条 市交通运输行政主管部门、市出租汽车管理机构及其工作人员，应当遵守下列规定：

（一）在出租汽车经营权出让、转让过程中，坚持公开、公平、公正的原则，遵守程序，严格审查，按照时限核发相关证件；

（二）维护出租汽车个体经营者自主选择出租汽车行业协会或者出租汽车企业实施委托管理的权利，不得指定委托；

（三）加强对出租汽车非法营运活动的查处，不得参与非法营运活动或者为非法营运活动提供保护；

（四）按照规定及时受理投诉；

（五）不得利用职务之便干涉经营者合法的经营活动；

（六）在管理过程中应当遵守的其他规定。

交通行政执法人员依法扣留车辆时，应当向当事人出具扣留凭证，并将扣留车辆统一停放，不得使用。

第六章　法律责任

第四十五条 单位和个人违反本条例规定，未取得出租汽车经营权擅自从事客运经营的，由市交通运输行政主管部门责令停止违法行为，暂扣非法营运车辆，按每辆车处以 2 万元罚款。经处罚后，仍从事非法运营的，予以没收车辆。

第四十六条 经营者违反本条例规定，有下列情形之一的，由市交通运输行政主管部门责令停止违法行为，暂扣车辆，按每辆车处以 6000 元罚款：

（一）取得出租汽车经营权后，未办理《车辆营运证》擅自从事出租汽车营运的；

（二）报停期间擅自从事营运的；

（三）非本市出租汽车在本市市区内驻地营运的。

第四十七条 经营者违反本条例规定，有下列情形之一的，由市交通运输行政主管部门收回违法行为涉及的出租汽车经营权，吊销其《出租汽车经营权证》：

（一）擅自转让出租汽车经营权的；

（二）在经营期内单车运营两次年度考核不合格的；

（三）要求驾驶员出资购置车辆、买断出租汽车经营权，或者超过规定标准向驾驶员收取承包费的；

（四）驾驶员营运中出现服务质量问题，造成重大社会影响的。

第四十八条 经营者违反本条例规定，有下列情形之一的，由市交通运输行政主管部门吊销《出租汽车经营资格证》：

（一）在经营期内两次年度考核不合格的；

（二）经营资质发生变化，达不到本条例规定条件的；

（三）未经批准擅自停止营运达到两次的；

（四）经营管理混乱，造成重大社会影响的。

第四十九条 经营者违反本条例规定，有下列情形之一的，由市交通运输行政主管部门责令限期改正，处以3000元以上5000元以下罚款：

（一）未对经营管理人员、技术人员、驾驶员进行日常管理，定期组织安全、文明服务培训的；

（二）未委托具有资质企业实施清洁能源车辆的技术改造、维修和检测的。

第五十条 经营者违反本条例规定，有下列情形之一的，由市交通运输行政主管部门责令限期改正，处以2000元以上3000元以下罚款：

（一）合并、分立，变更法定代表人、企业名称未按照规定报市出租汽车管理机构备案的；

（二）未使用合同示范文本与驾驶员签订经营合同，或者未按照规定将与驾驶员签订的经营合同报市出租汽车管理机构备案的；

（三）购置清洁能源车辆或者对现有车辆进行清洁能源更新改造未按照

规定报市交通运输行政主管部门备案的；

（四）未建立清洁能源车辆的安全管理制度和操作规程，配备相应的检测仪器和安全、技术、检修人员的；

（五）未组织清洁能源车辆驾驶员、安全技术人员参加有关部门的操作和安全知识培训的；

（六）未为驾驶员办理《服务监督卡》的；

（七）克扣、截留驾驶员各种政策性补贴的；

（八）将出租汽车交给无《驾驶员客运资格证》或者《服务监督卡》人员驾驶的。

第五十一条 经营者违反本条例规定，有下列情形之一的，由市交通运输行政主管部门责令限期改正，处以1000元以上2000元以下罚款：

（一）未按照规定接受市交通运输行政主管部门对营运出租汽车和《车辆营运证》进行审验的；

（二）未定期对出租汽车进行技术等级评定和维护、检测的；

（三）未按照规定领购和发放出租汽车票据，建立票据流向登记簿或者借用、串用票据的；

（四）未将收费项目、收费标准向驾驶员公示的；

（五）更换车辆发动机、车身、车架未按照规定报市出租汽车管理机构备案的；

（六）接到《调查处理通知书》后，未在规定期限内到市出租汽车管理机构接受调查或者答复投诉人的。

第五十二条 经营者或者驾驶员违反本条例规定，有下列情形之一的，由市交通运输行政主管部门责令限期改正，处以200元罚款：

（一）未达到车容整洁，设施、设备完好的；

（二）未安装符合规定的标志灯、计价器和空车待租标志的；

（三）未张贴符合规定的营运标志、租价标签，喷印出租汽车企业名称和监督电话的。

第五十三条 驾驶员有下列情形之一的，由市交通运输行政主管部门吊销《驾驶员客运资格证》：

（一）《机动车驾驶证》被吊销的；

（二）《驾驶员客运资格证》连续两年以上未参加审验的；

（三）违反客运服务标准，年度考核不合格的；

（四）出现服务质量问题，造成重大社会影响的；

（五）被判处刑罚或者被劳动教养的；

（六）严重扰乱社会公共秩序的。

有本条前款第（三）、（四）项规定情形的，2 年内不得重新申请《驾驶员客运资格证》；有第（五）、（六）项规定情形的，5 年内不得重新申请《驾驶员客运资格证》。

第五十四条 驾驶员违反本条例规定，有下列情形之一的，由市交通运输行政主管部门责令改正，处以 1000 元以上 2000 元以下罚款：

（一）未取得《驾驶员客运资格证》从事营运的；

（二）使用未经检定或者检定不合格计价器的；

（三）破坏计价器准确度，或者私自改动、串用的。

第五十五条 驾驶员违反本条例规定，有下列情形之一的，由市交通运输行政主管部门责令改正，处以 300 元以上 500 元以下罚款：

（一）拒绝租乘或者中途倒换乘客乘坐车辆的；

（二）利用车载对讲设施传播、接听与营运无关信息的；

（三）车辆发生故障、事故或者由于驾驶员原因不能继续行驶向乘客收取费用的；

（四）未经乘客同意合载的；

（五）未经乘客同意绕道行驶的；

（六）未按照规定使用统一安装的出租汽车智能服务车载系统，或者擅自改装、拆卸、改变使用性能的。

第五十六条 驾驶员违反本条例规定，有下列情形之一的，由市交通运输行政主管部门责令改正，处以 100 元以上 200 元以下罚款：

（一）未按照规定接受市交通运输行政主管部门对《驾驶员客运资格证》审验的；

（二）未执行客运服务标准，违反遵章驾驶、安全行车、文明服务有关规定的；

（三）未随车携带《车辆营运证》、《驾驶员客运资格证》和《服务监督卡》的；

（四）未按照规定使用计价器的；

（五）擅自改装、拆卸城市通智能卡电子服务设施，或者改变使用性能的；

（六）拒绝乘客使用城市通智能卡的；

（七）进入设有出租汽车专用停车场站的区域未按照规定进入出租汽车专用停车场站，不服从管理人员指挥依次候客、下客的。

第五十七条 驾驶员违反本条例规定，有下列情形之一的，由市交通运输行政主管部门责令改正，处以50元以上100元以下罚款：

（一）未如实给付乘客有效票据，或者转借、串用票据的；

（二）未按照乘客合理要求使用车内空调、音响等设施的。

第五十八条 经营者或者驾驶员违反本条例规定，挪用、使用伪造出租汽车营运证件、标志、标识从事客运经营的，由市交通运输行政主管部门责令改正，处以1000元以上2000元以下罚款。

第五十九条 经营者有本条例第四十五条、第四十六条规定情形，被暂扣车辆超过90日仍不履行行政处罚决定的，由市交通运输行政主管部门依据《中华人民共和国行政处罚法》第五十一条规定处理。

第六十条 违反本条例其他规定的，由有关行政管理部门依据相关法律、法规规定进行处罚。

第六十一条 市交通运输行政主管部门、市出租汽车管理机构及其工作人员违反本条例规定的，由具有行政处分权的部门责令改正；情节严重的，对主管人员和其他直接责任人依法给予行政处分；造成损失的，依法承担赔偿责任。

第七章　附　　则

第六十二条 阿城区、呼兰区和各县（市）的出租汽车客运管理，可以参照本条例执行。

第六十三条 本条例自2010年5月1日起施行。

杭州市客运出租汽车管理条例

（1990 年 9 月 27 日杭州市第七届人民代表大会常务委员会第二十一次会议通过

1991 年 1 月 23 日浙江省第七届人民代表大会常务委员会第二十次会议批准

根据 1996 年 5 月 24 日杭州市第八届人民代表大会常务委员会第二十九次会议通过、1996 年 6 月 29 日浙江省第八届人民代表大会常务委员会第二十八次会议批准的《杭州市人民代表大会常务委员会关于修改〈杭州市客运出租汽车管理条例〉部分条款的决定》第一次修正

根据 2004 年 6 月 23 日杭州市第十届人民代表大会常务委员会第十八次会议通过、2004 年 7 月 30 日浙江省第十届人民代表大会常务委员会第十二次会议批准的《杭州市人民代表大会常务委员会关于修改〈杭州市客运出租汽车管理条例〉的决定》第二次修正

根据 2006 年 12 月 26 日杭州市第十届人民代表大会常务委员会第三十七次会议通过、2007 年 3 月 29 日浙江省第十届人民代表大会常务委员会第三十一次会议批准的《杭州市人民代表大会常务委员会关于修改〈杭州市客运出租汽车管理条例〉的决定》第三次修正

2007 年 4 月 2 日杭州市第十届人民代表大会常务委员会公告第 67 号公布，自 2007 年 5 月 1 日起施行）

第一章　总　　则

第一条　为加强杭州市客运出租汽车行业管理，维护社会秩序，保护合法经营，保障乘客的合法权益，促进客运旅游事业的发展，根据国家有关规

定，结合本市实际情况，制定本条例。

第二条 凡在杭州市行政区域内从事客运出租汽车经营及其相关活动，应当遵守本条例。

本条例所称客运出租汽车，是指依法取得经营权，按照乘客要求提供不定点、不定线的运送服务，并按行驶里程和时间计费的九座以下（含九座）小型客运车辆。

第三条 杭州市人民政府交通行政主管部门是全市客运出租汽车行业的主管机关。

区、县（市）的客运出租汽车行业，由区、县（市）人民政府交通行政主管部门主管。

市、区和县（市）人民政府交通行政主管部门领导下的客运出租汽车管理机构，负责本辖区内客运出租汽车的具体管理工作。

公安、工商、城管、劳动和社会保障、税务、价格、质监等行政管理部门，应当按各自职责协同做好客运出租汽车管理工作。

第四条 鼓励客运出租汽车经营者实行规模化、集约化经营。

第五条 公民有权对客运出租汽车经营者、驾驶人员和客运出租汽车管理机构工作人员违反本条例的行为，向有关部门举报或投诉，有关部门应及时依法查处。

第二章 管理机构的职责

第六条 客运出租汽车管理机构应当遵循公平、公正、公开和便民的原则实施管理，其职责是：

（一）对客运出租汽车的发展实行统一规划，依据本条例和有关法规制定客运出租汽车管理的具体制度；

（二）核发客运出租汽车经营许可证、营运证和客运出租汽车驾驶员服务资格证；

（三）配合价格、税务部门制定客运出租汽车统一收费标准、收费方法和收费凭证；

（四）配合公安部门加强对客运出租汽车行业的治安和交通安全管理；

（五）对客运出租汽车经营者在经营中遵守法律、法规和规章的情况进行监督、检查，并对其经营活动进行指导、协调和服务；

（六）处理乘客的投诉。

第七条 客运出租汽车管理机构及其工作人员，应当模范遵守和执行本条例，公开办事章程，提高工作效率，接受群众监督。客运出租汽车管理机构工作人员执行职务时，应当出示检查证件。

第三章 开业、停业管理

第八条 全市客运出租汽车发展根据社会需求和城市道路交通状况，由杭州市人民政府统一下达计划额度，实行总量控制。客运出租汽车在市区的经营权通过竞投等方式实行有偿使用，有偿使用所得用于城市交通基础设施建设，具体办法由杭州市人民政府另行规定。

从事经营客运出租汽车业务的单位和个人应当具备法律、法规规定的条件，并在获得客运出租汽车经营权后，办理下列手续：

（一）向客运出租汽车管理机构申领客运出租汽车经营许可证；

（二）向工商行政管理机关办理工商登记，领取营业执照；

（三）在领取营业执照之日起三十日内，持营业执照向所在地税务机关办理税务登记；向保险机构投保旅客意外伤害保险、机动车第三者责任强制保险和法律法规规定的其他强制保险；

（四）客运出租汽车必须安装必要的安全防范装置、经质监部门检验合格并铅封的客运出租汽车收费计价器；

（五）客运出租汽车管理机构对办完上述手续的经营者按其注册客运出租车辆发给营运证。

第九条 通过有偿方式获得的客运出租汽车经营权，经营满两年后方可转让。受让经营权的经营者应当具备从事客运出租汽车经营的条件。转让双方应当按照有关规定到客运出租汽车管理机构办理转让变更登记手续。

通过行政审批等无偿方式取得的客运出租汽车经营权，经营者因故不能继续经营的，由负责审批的客运出租汽车管理机构收回，不得转让。

第十条 每辆客运出租汽车配备的驾驶员不得超过三名。

第十一条 未取得本市营运证的客运出租汽车经营者，不得在本市范围内从事客运出租汽车营运活动。

本市客运出租汽车应当按照客运出租汽车管理机构核定的营运区域经营，不得从事起点和终点均在核定营运区域外的异地营运活动。

客运出租汽车自核定营运区域载客至营运区域外时，可以自目的地载客顺路返回核定营运区域。

第十二条 客运出租汽车经营者需变更登记事项的，应在变更前三十日内分别向客运出租汽车管理机构和工商行政管理部门办理有关变更登记手续，在向工商行政管理部门办理变更登记之日后三十日内，向税务机关申报办理变更税务登记。

第十三条 客运出租汽车经营者要求停业的，应在停业前三十日内向客运出租汽车管理机构申报，办理缴销经营许可证、营运证、客运出租汽车驾驶员服务资格证及收费凭证的相关手续，向工商行政管理部门办理注销登记手续，并向税务机关结清税务手续。

第四章　车 辆 管 理

第十四条 客运出租汽车除应当符合公安机关交通管理部门对机动车辆的统一规定外，还必须符合下列规定：

（一）车顶安装客运出租汽车标志灯，装置显示空车待租、暂停服务标志；

（二）使用规定的车型和标志色；在车身两侧明显位置标明客运出租汽车经营者名称或标志，注明监督电话；

（三）在规定位置贴有客运出租汽车起步费、每公里租费等内容的标价签，实行明码标价；

（四）车身、车厢、行李厢整洁，座套干净、舒适，车辆设施完好；

（五）按照规定放置客运出租汽车驾驶员服务资格证；

（六）法律法规规定的客运出租汽车其他要求。

第十五条 客运出租汽车转为非经营性车辆的，客运出租汽车经营者应当清除客运出租汽车专用标志和专用设施。

第五章 经 营 者

第十六条 客运出租汽车经营者必须严格遵守国家法律、法规，接受客运出租汽车管理机构和有关部门的管理、监督、检查和业务指导，严格财务管理制度，按章纳税缴费。

第十七条 客运出租汽车经营者应当遵守下列规定：

（一）执行价格主管部门规定的收费标准，使用税务机关监制的发票；

（二）建立并执行营运交接班制度，在客运出租汽车管理机构规定的需求高峰时段不得进行营运交接班；

（三）按照客运出租汽车管理机构的要求报送有关信息；

（四）不得擅自改变客运出租汽车的车型、标志色和有关标志；

（五）不得将客运出租汽车交于无客运出租汽车驾驶员服务资格证的人员从事营运。

第十八条 客运出租汽车经营者必须建立健全安全责任制度和治安防范措施，做好客运出租汽车的治安保卫和交通安全工作。

第十九条 客运出租汽车经营者应对本单位从业人员进行遵纪守法、职业道德教育和专业培训，提高从业人员的素质。

第二十条 客运出租汽车经营者必须执行市、区、县（市）人民政府的各项应急决定，及时完成外事、抢险、防疫、救灾、春运等涉及国家利益和社会公共利益的特殊任务。

客运出租汽车经营者执行前款规定的特殊任务，各级人民政府及其有关部门应当支付相关费用或者给予相应补偿。

第六章 驾 驶 员

第二十一条 客运出租汽车驾驶员在营运服务时，必须严格遵守下列规定：

（一）遵守国家治安和交通管理法规及有关规章制度；

（二）携带公安机关交通管理部门制发的车辆行驶证、驾驶证，客运出租汽车管理机构核发的营运证、客运出租汽车驾驶员服务资格证；

（三）仪表端庄，服装整洁，语言文明，态度热情，礼貌待客，为乘客提供方便，不在驾驶过程中吸烟；

（四）遵守国家外汇管理规定，不得向乘客套汇、换汇和索要外币；

（五）不得敲诈勒索、刁难乘客，严禁利用客运出租汽车进行违法犯罪活动；

（六）保持计价器准确有效，不得故意损坏计价器或使计价器失准，并接受质监部门定期检测；

（七）按照规定使用计价器和其他设施，按照价格主管部门规定的收费标准收费，并出具发票；

（八）在营运中，车内无客时必须显示空车待租标志，做到招手停车，车内有客时不得显示空车待租标志；无正当理由不得拒绝载客，但不得在交通禁停地段停车上下客；暂停服务时，应当显示暂停服务标志；

（九）熟悉营运区域内的行驶路线，按照乘客指定的地点选择最合理的路线，因故确需绕道的，应当向乘客说明理由；未经乘客同意，不得拼载他人；

（十）在交接班时段内选择与交接班方向、地点同向的乘客同向载客时，应当按照规定使用同向载客指示牌；

（十一）接受客运出租汽车管理机构和有关部门的检查，遵守公共场所秩序，服从管理站点调度人员的调派；

（十二）发现违法犯罪活动的人，应当及时报告公安部门、客运出租汽车管理机构或本单位保卫部门，不得知情不报；

（十三）途经治安管理服务站时，应当自觉进行治安登记，接受检查。

第七章　乘运管理

第二十二条　客运出租汽车管理机构应在乘客比较集中的机场、车站、码头设立客运出租汽车管理站点，并有工作人员负责管理经营秩序；在饭店、宾馆、风景点等公共场所可根据需要设立管理站点或指派专人负责管理经营秩序。

第二十三条 交通行政主管部门应当会同公安机关交通管理、规划、城管等行政主管部门在机场、车站、码头、医院、旅游景点、娱乐场所和城市主要道路两侧适当位置等人流集中地设置客运出租汽车专用候客点。

任何单位和个人不得向客运出租汽车经营者、驾驶员非法收取停车费用或阻挠其正常营运，不得采取扰乱正常营运秩序的手段为客运出租汽车招徕乘客。

第二十四条 乘客在乘坐客运出租汽车时，应当遵守下列规定：

（一）不得携带易燃、易爆等危险物品和超重、超宽、超长的物品；

（二）不得携带污损车内卫生的物品；

（三）不得向驾驶员提出违反道路交通安全法律法规和本条例规定的要求；

（四）不得按动计价器、损坏车内设施；

（五）不得乱扔废弃物，不得吸烟；

（六）配合驾驶员办理出城登记手续。

乘客不遵守前款规定的，客运出租汽车驾驶员可以拒绝或者中断营运服务。乘客污损车内设施的，应当赔偿。

第二十五条 乘客应当按照规定的收费标准支付车费和有关费用。乘客遇有下列情形之一的，可以拒绝支付车费和有关费用：

（一）租乘的车辆未按照规定安装计价器，或者驾驶员未按照规定使用计价器的；

（二）驾驶员不按照规定的收费标准收费，或者不出具发票的；

（三）租乘的车辆在起步价里程内发生交通事故或者故障、未到达目的地的。

第二十六条 客运出租汽车驾驶员在车辆上发现乘客遗留物的，应当及时归还失主，不得侵占；无法归还的，应当在二十四小时内报告客运出租汽车管理机构，并在三日内上交所属客运出租汽车经营者或者公安机关、客运出租汽车管理机构。

第二十七条 客运出租汽车经营者受理乘客投诉后，应当在十日内作出答复。

客运出租汽车管理机构受理乘客投诉后，应当在一个月内处理完毕；情况复杂的，应当在三个月内处理完毕。

第八章 奖 惩

第二十八条 客运出租汽车经营者在维护城市形象和经营活动中作出突出贡献的，经考核可以给予奖励。具体办法由市人民政府另行制定。

第二十九条 客运出租汽车驾驶员文明服务、拾金不昧、救死扶伤、见义勇为的，由客运出租汽车管理机构给予表彰或奖励。

第三十条 对违反本条例的单位和个人，由客运出租汽车管理机构按下列规定予以处罚：

（一）对未取得客运出租汽车经营许可证、营运证，或使用伪造、涂改、无效的客运出租汽车经营许可证、营运证从事客运出租汽车营运活动的，责令其停止违法经营，收缴伪造、涂改、无效的客运出租汽车经营许可证、营运证，没收违法所得，并处以一万元以上三万元以下罚款；

（二）不按规定装置客运出租汽车标志灯或者空车待租、暂停服务标志，在夜间不启亮客运出租汽车标志灯，车身两侧无客运出租汽车经营者名称或者标志，不按规定放置客运出租汽车驾驶员服务资格证或者未随车携带营运证的，责令其改正，并可处以一百元以上三百元以下罚款；

（三）不按规定出具发票的，责令其改正，没收违法所得，并可处以三百元以上三千元以下罚款；

（四）不按规定安装、使用计价器和其他设施，故意破坏计价器和其他设施的，责令其限期改正，并处以五百元以上二千元以下罚款，情节严重的，暂扣营运证或者客运出租汽车驾驶员服务资格证十五日至三十日；

（五）将客运出租汽车交于无客运出租汽车驾驶员服务资格证的人员从事营运的，责令其改正，并处以一千元以上三千元以下罚款；

（六）客运出租汽车驾驶员在营运中不按规定的收费标准收费、拒绝载客、强行拉客、强行拼载、途中甩客或者故意绕道的，责令改正，没收违法所得，并可处以三百元以上三千元以下罚款；

（七）客运出租汽车驾驶员不服从管理站点工作人员调派，扰乱管理站点秩序的，责令其改正，并可处以五十元以上一百元以下罚款；侮辱、殴打乘客或管理人员，侵占乘客遗留物的，暂扣客运出租汽车驾驶员服务资格证二至六个月；情节严重的，吊销客运出租汽车驾驶员服务资格证；

（八）未取得或者使用伪造、涂改、无效的客运出租汽车驾驶员服务资格证，从事客运出租汽车营运活动的，责令其停止违法经营，收缴伪造、涂改、无效的客运出租汽车驾驶员服务资格证，没收违法所得，并处以一千元以上三千元以下罚款；

（九）客运出租汽车经营者、驾驶员采取扰乱正常营运秩序手段招徕乘客或者阻挠其他客运出租汽车经营者、驾驶员正常营运的，责令其改正，并处以五百元以上三千元以下罚款。

违反本条前款规定的行为，构成违反治安管理行为、构成犯罪或者其他行政违法行为的，客运出租汽车管理机构应当移交公安机关或者相关行政管理部门依法处理。

第三十一条　对违反本条例规定，有下列情形之一的客运出租汽车经营者或者驾驶员，由客运出租汽车管理机构按下列规定予以处罚：

（一）非法转让客运出租汽车经营权的，责令其限期改正，并按每车一万元处以罚款；情节严重的，吊销客运出租汽车经营许可证、营运证；

（二）从事起点和终点均在核定营运区域外的异地营运活动的，责令其改正，没收违法所得，并可处以三百元以上三千元以下罚款；

（三）擅自改变客运出租汽车的车型、标志色或者有关标志的，责令其限期改正，并处以一千元以上三千元以下的罚款；逾期不改正的，吊销营运证；

（四）未建立营运交接班制度，或者在客运出租汽车管理机构规定的需求高峰时段进行营运交接班的，责令其限期改正，并可处以一百元以上三百元以下罚款；

（五）不按照客运出租汽车管理机构要求报送有关信息，或者在客运出租汽车上随意张贴的，责令其限期改正；逾期未改正的，处以五百元罚款；

（六）客运出租汽车转为非经营性车辆，未清除客运出租汽车专用标志和专用设施的，责令其限期改正，并处以一千元以上三千元以下罚款；

（七）无正当理由拒绝执行市、区、县（市）人民政府应急决定的，处以一千元以下罚款；情节严重的，责令其停业整顿；

（八）在营运中，未按照规定使用空车待租、暂停服务标志，或者未按照规定使用同向载客指示牌的，责令其立即改正，并可处以一百元以上三百元以下罚款；

（九）不配合客运出租汽车管理机构监督检查的，给予警告，并可处以五百元以上二千元以下罚款；情节严重的，责令客运出租汽车经营者停业整顿，对客运出租汽车驾驶员暂扣客运出租汽车驾驶员服务资格证十五日至三十日。

第三十二条 客运出租汽车管理机构应当制定客运出租汽车经营者、驾驶员记分办法，对客运出租汽车经营者、驾驶员违反本条例规定的行为进行累积积分。

根据记分情况对客运出租汽车经营者进行通报批评，直至停业整顿。

根据记分情况对客运出租汽车驾驶员进行培训教育，或者暂扣客运出租汽车驾驶员服务资格证，直至注销客运出租汽车驾驶员服务资格证。

客运出租汽车驾驶员在一个记分年度内被处以暂扣营运证、客运出租汽车驾驶员服务资格证或者三百元以上罚款的处罚累计达三次以上的，由客运出租汽车管理机构吊销客运出租汽车驾驶员服务资格证。

客运出租汽车驾驶员违反本条例规定被吊销客运出租汽车驾驶员服务资格证的，自被吊销客运出租汽车驾驶员服务资格证之日起三年内不得申领客运出租汽车驾驶员服务资格证。

第三十三条 客运出租汽车经营者违反本条例规定被吊销客运出租汽车经营许可证的，自被吊销客运出租汽车经营许可证之日起三年内不得申领客运出租汽车经营许可证。

第三十四条 客运出租汽车管理机构实施客运出租汽车营运监督检查时，可以对无营运证又无法当场提供其他有效证件的车辆予以暂扣，出具暂扣凭证，并通知当事人在规定期限内到指定地点接受处理。客运出租汽车管理机构对暂扣车辆应当妥善保管，不得使用。

经查实当事人属非法营运的，或者当事人在车辆暂扣之日起二十日内不提供有效证明的，客运出租汽车管理机构应当依法作出行政处罚决定。

当事人提供营运证等合法营运凭证，或者履行行政处罚决定后，客运出租汽车管理机构应当立即发还被暂扣车辆。

当事人逾期不接受处理，并经客运出租汽车管理机构公告三个月后仍不接受处理的，客运出租汽车管理机构可以委托拍卖机构将暂扣车辆予以拍卖，拍卖所得价款扣除拍卖费用、车辆停放费用、罚款数额后尚有余款的，通知当事人领取。

第三十五条 客运出租汽车管理机构对违反本条例的单位和个人进行行政处罚，必须依照《中华人民共和国行政处罚法》的规定实施。

第三十六条 客运出租汽车管理机构的工作人员应遵纪守法，秉公办事，平等待人，文明管理。对以权谋私，徇私舞弊，敲诈勒索，违法乱纪者，由其所在单位或交通行政主管部门依照规定权限给予行政处分。触犯刑律的，依法追究刑事责任。

第九章　附　　则

第三十七条 本条例自 1991 年 2 月 1 日起施行。杭州市人民政府 1987 年 3 月 22 日发布的《杭州市客运出租汽车管理暂行规定》和 1988 年 8 月 2 日发布的《杭州市客运出租汽车违章经营处罚办法》同时废止。

合肥市出租汽车管理办法

(2008 年 7 月 24 日合肥市人民政府第 14 次常务会议审议通过
2008 年 7 月 31 日合肥市人民政府令第 141 号公布，自 2008 年 9 月 1 日起施行)

第一章　总　　则

第一条　为加强本市出租汽车行业管理，保障乘客、经营者、驾驶员及其他从业人员的合法权益，促进出租汽车行业健康发展，根据有关法律、法规，结合本市实际，制定本办法。

第二条　本办法适用于本市行政区域内出租汽车的经营和管理。

本办法所称出租汽车，是指按照乘客要求提供客运服务，以行驶里程和时间计费的 5 座以下小型客车。

第三条　出租汽车行业发展应当与本市经济、社会发展相适应，与城市建设和其他公共交通行业的发展相协调，按市场需求实行总量控制。

出租汽车行业的发展规划、新增运力投放计划和出租汽车公共服务设施建设规划，由市交通行政主管部门会同有关部门编制，报市人民政府批准后实施。

市辖三县可根据当地经济发展和市场需求，提出辖区内出租汽车行业发展规划，经市交通行政主管部门审核后，报市人民政府批准。

第四条　出租汽车行业实行统一管理、合法经营、公平竞争、安全运营、优质服务的原则。

鼓励出租汽车经营者实行集约化、规模化经营。

第五条 市、县人民政府交通行政主管部门是出租汽车行业的主管机关，其所属的出租汽车管理机构具体负责出租汽车行业的日常管理和监督检查工作。

公安、工商、价格、质量技术监督、财政、税务、劳动和社会保障、环保、规划、建设、城市管理行政执法等有关部门，按照各自职责，做好出租汽车管理相关工作。

第六条 交通行政主管部门以及出租汽车管理机构应当在出租汽车行业开展优质服务、创建文明行业等活动，对出租汽车经营者和驾驶员在安全运营、文明行车、优质服务等方面成绩显著和见义勇为、救死扶伤、拾金不昧等方面事迹突出的，予以表彰和奖励。

第二章 经营许可

第七条 本办法实施前已经取得经营权的出租汽车，在明晰产权、规范权属关系的基础上，确定经营者，具体方案由市交通行政主管部门制定，经市人民政府同意后实施。

本办法实施后新投放的出租汽车，通过招标投标等公开、公平的方式确定经营者并实行企业化经营。

经营者应当与交通行政主管部门签订《出租汽车经营权使用合同》，取得经营权，并按本办法的规定办理有关手续，方可开始运营。

第八条 经营权以单台车辆为计算单位，取得经营权的出租汽车按单车颁发车辆运营证，一车一证。

取得经营权后3个月内未将车辆投入运营的，视为自动放弃。

第九条 出租汽车经营权期限为8年。

出租汽车企业收购出租汽车并实行企业化经营的，或者出租汽车及时更新为安全环保舒适性车辆的，可以适当延长其经营权期限，具体办法由市交通行政主管部门制定，经市人民政府同意后实施。

第十条 本办法实施后新投放的出租汽车，其经营权不得以任何形式转让。本办法实施前已有的出租汽车，其经营权的转让按市交通行政主管部门的规定办理。

在出租汽车经营权有效期内，经营者可以按规定办理出租汽车报废、更新手续，经营权剩余期限结转给新车。

第十一条 出租汽车经营权转让的，转让人、受让人应当到出租汽车管理机构登记，领取并签订统一格式的转让合同。

第十二条 受让人应与交通行政主管部门就剩余年限的经营权签订使用合同，到相关部门办理手续，并领取新的车辆运营证。

第十三条 出租汽车经营权期满后，以公平竞争方式重新确定经营者；同等条件下，在经营期内经出租汽车管理机构考核合格的经营者，优先取得经营权。

国家、省对经营权期满后的处理有新的规定的，按其规定办理。

对经营者考核的具体办法由市交通行政主管部门制定，报市人民政府同意后实施。

第十四条 出租汽车有下列情形之一的，应当停止运营，交回有关运营证件，拆除计价器、顶灯，清除出租汽车专用标志，并到有关部门办理手续；未在规定时间内办理有关手续的，由交通、工商、税务、公安等部门依照有关规定予以处理：

（一）经营权期满未继续取得经营权的；

（二）经营者终止经营的；

（三）经营期间发生严重违法经营行为，被吊销运营证的。

第十五条 出租汽车企业应当具备下列条件：

（一）经营与接受委托管理服务的出租汽车不少于600辆（其中不少于100辆由企业出资购置且实行企业化经营）；

（二）具有与经营规模相适应的办公场所和固定停车场地；

（三）具有良好的银行资信、财务状况及相应的责任承担能力；

（四）具有与经营业务相适应并符合规定条件的驾驶员；

（五）具有与经营业务和规模相适应的技术、财务和经营管理人员；

（六）法律、法规规定的其他条件。

现已在经营的出租汽车企业，其出租汽车全部由企业出资购置且实行企业化经营的，不受前款第（一）项限制。

第十六条 出租汽车个体经营者应当具备下列条件：

（一）具有符合国家标准和行业有关规定的出租汽车；

（二）有符合规定的资金；

（三）具有独立承担民事责任的能力；

（四）法律、法规规定的其他条件。

第十七条 申请从事出租汽车经营的，应当向出租汽车管理机构提出申请，并提交符合本办法规定条件的有关材料。

出租汽车管理机构应当自受理申请之日起20日内审查完毕，作出许可或者不予许可的决定。予以许可的，向申请人颁发出租汽车经营资格证；不予许可的，应当书面通知申请人，并说明理由。

第十八条 非企业化经营的出租汽车应当委托出租汽车企业实施服务与管理，双方应当签订统一格式的合同并报市出租汽车管理机构备案。合同文本由市交通、工商部门监制。

第十九条 出租汽车经营者变更法定代表人（负责人）、注册地址或者更新车辆，应当到出租汽车管理机构办理变更登记。

出租汽车企业合并、分立、变更股权，应当按规定到出租汽车管理机构办理有关手续。

第二十条 出租汽车经营者应当在核定的运营区域内从事出租汽车运营，不得擅自停止、终止出租汽车运营，不得擅自转让出租汽车经营资格证。

出租汽车经营者需要停止或者终止运营的，应当在停止或者终止运营前30日内告知出租汽车管理机构。终止运营的，应当在终止运营后10日内交回出租汽车经营资格证，并办理有关注销手续。

第二十一条 出租汽车除应当符合公安部门对机动车辆的统一规定外，还必须符合下列规定：

（一）使用规定的车型，喷涂符合统一规定的颜色；

（二）按照规定安装标志顶灯，设置空车待租、暂停服务等运营标志；

（三）在车辆规定部位贴挂运营价格标准、监督电话号码，放置出租汽车驾驶员客运资格证；

（四）车身、车厢、行李厢整洁，座套干净，车辆设施完好，尾气排放符合环保要求；

（五）配备灭火设备，安装检定合格并附打印装置的税控计价器；

（六）按照有关规定安装和使用具有行驶信息采集、存储、交换、实时监控功能的设施；配备城市智能电子收费系统等技术设备接口；

（七）车窗不得使用有色玻璃，不得粘贴太阳膜以及喷印其他标志、标识。

第二十二条 出租汽车转为非经营性车辆的，出租汽车经营者应当清除出租汽车专用标志和专用设施。

第二十三条 从事出租汽车经营的驾驶员，应当符合下列条件：

（一）取得相应的机动车驾驶证；

（二）身体健康，年龄不超过60周岁；

（三）有3年以上驾龄且无重大以上交通责任事故记录；

符合前款条件的驾驶人员，经市交通行政主管部门培训考试合格后领取客运资格证，2年内可以从事出租汽车驾驶。

被吊销客运资格证的驾驶员，从吊销之日起5年内不得重新申领客运资格证。

第二十四条 每辆出租汽车配备的驾驶员不得超过3名。

第三章 运营管理与服务

第二十五条 出租汽车经营者应当遵守下列规定：

（一）遵守法律、法规和规章，接受有关行政主管部门的监督检查。遇突发公共事件等特殊情况，应当服从出租汽车管理机构的统一调度和指挥；

（二）按照国家有关技术规范对出租汽车及配套设施、设备进行定期维护和检测，确保车辆技术状况良好；

（三）与驾驶员及其他从业人员依法订立劳动合同，明确双方的权利和义务，并报出租汽车管理机构备案；

（四）制定服务规范和安全行车、治安防范等制度，加强对驾驶员的管理和职业道德教育；

（五）依法办理乘客意外伤害保险、第三者责任保险和国家规定的其他强制性保险；

（六）建立健全车辆及驾驶员档案管理以及乘客投诉制度，按时向出租汽车管理机构报送统计资料；

（七）按规定实行运营交接班，配合出租汽车管理机构及时处理乘客的投诉；

（八）不得非法转让出租汽车经营权，不得以要求驾驶员出资购置车辆、一次性买断出租汽车经营权或者以收取风险抵押金、财产抵押金、运营收入保证金、高额承包费等方式向出租汽车驾驶员转嫁投资和经营风险；

（九）不得使用无车辆运营证或被暂扣车辆运营证的车辆从事出租运营；

（十）不得聘用无客运资格证的驾驶员从事出租汽车运营；

（十一）法律、法规、规章的其他规定。

第二十六条 出租汽车企业应当严格按照合同的约定提供管理和服务；不得违规收取各种费用，不得克扣、截留政府发放的各种政策性补贴款。

第二十七条 出租汽车企业应当与公安机关签订《治安责任书》，明确并落实下列治安责任：

（一）建立健全内部治安保卫管理制度，配备专兼职治安保卫人员，落实治安防范措施；

（二）对从业人员进行治安防范和遵纪守法教育；

（三）进行内部治安安全检查，发现和消除治安安全隐患，对公安机关指出的治安安全隐患及时进行整改；

（四）配合公安机关建立相应的治安防控网络。

第二十八条 出租汽车驾驶员应当遵守下列规定：

（一）随车携带车辆运营证、出租汽车驾驶员客运资格证；

（二）保持车辆整洁卫生，设备、设施完好；

（三）出租汽车空车待租时，应当开启空车待租标志；

（四）按照计价器显示的金额收取车费；

（五）不得采取欺骗手段招揽乘客或者强迫乘客乘车；

（六）按照乘客指定的目的地选择合理路线行驶，不得故意绕行；

（七）未经乘客同意，不得搭乘其他乘客；

（八）不得在禁停路段内停车载客或者无故拒载乘客；

（九）不得中途倒客、甩客、敲诈乘客；

（十）在机场、火车站、汽车站、码头等设有出租汽车专用停车场的区域运营的，应当进入专用停车场，并服从调度，依次排队候客，不得场外揽客、扰乱站场秩序；

（十一）发现乘客遗失物品的，应当设法归还失主，无法归还的，应当及时交有关部门依法处置；

（十二）不得拒绝乘客使用城市智能电子收费系统支付租车费；

（十三）不得利用出租汽车进行违法犯罪活动或者为违法犯罪活动提供便利条件；

（十四）服从公安机关对出租汽车进行的治安检查，发现违法犯罪嫌疑人应及时向公安机关报告，并协助公安机关调查取证；

（十五）法律、法规和规章的其他规定。

第二十九条 有下列情形之一的，出租汽车驾驶员可以谢绝或者终止服务：

（一）乘客在禁止停车的路段或者遇到红灯停驶时要求搭乘的；

（二）乘客携带国家规定的危险物品及其他禁止携带的物品的；

（三）乘客携带超出车辆行李厢容积物品的；

（四）乘客携带宠物及其他污损车辆物品的；

（五）醉酒者、精神病患者在无人陪同时乘车的；

（六）乘客有其他违法要求或违法行为的。

第三十条 乘客应当文明乘车，并遵守下列规定：

（一）不得携带国家规定的危险物品及其他禁止携带的物品乘车；

（二）不得要求驾驶员违反交通管理规定行车、停车；

（三）按计价器显示金额支付车费，并支付乘车途中的过桥、过路、过渡等费用；

（四）不得损坏车内设施、设备。

乘客违反前款第（一）、（二）和（三）项规定的，出租汽车驾驶员可以拒绝或者终止服务；终止服务前的车费，乘客应当按照计价器显示的金额支付。

乘客污损车内设施的，应当赔偿。

第三十一条 乘客夜间要求驶往边远、偏僻地区的，出租汽车驾驶员认为必要时，可以要求乘客随同到公安派出所、治安报警点或者出租汽车管理机构办理登记手续；乘客不予配合的，驾驶员可以拒绝提供服务。

第三十二条 有下列情形之一的，乘客有权拒绝支付乘车费用：

（一）不使用或者不按照规定使用计价器的；

（二）不出具出租汽车专用票据的；

（三）因驾驶员的过失或车辆原因不能及时将乘客送达目的地的；

（四）驾驶员未经乘客允许搭乘他人的；

（五）驾驶员拒绝乘客使用城市智能电子收费系统支付车费的。

第三十三条 有下列情形之一的，视为出租汽车驾驶员拒载：

（一）车辆开启空车待租标志后，遇乘客示意停车后不载乘客的；

（二）车辆开启空车待租标志后，在停靠站点或路边候客而不载乘客的；

（三）载客途中未经乘客同意而中断、终止服务的；

（四）在运营期间挑拣乘客的。

第三十四条 机场、火车站、汽车站、码头以及客流比较集中的公共场所，应当设置出租汽车专用停车场，并免费向出租汽车开放。任何单位不得收费或者变相收费，不得垄断运营业务。

第三十五条 出租汽车驾驶员应当根据乘客意愿，按照规定临时停车，方便乘客上下。

在中心城区的道路上，公安部门应当根据方便乘客的原则和道路交通条件，合理设置出租汽车停靠站点，并设立明显标志；出租汽车应当在停靠站点临时停车，上下乘客。

第三十六条 市交通行政主管部门应当根据本市经济发展和出租汽车经营成本的变化情况，适时提出调整出租汽车租费标准的方案，经市价格行政主管部门批准后执行。

第三十七条 非本市市区出租汽车不得在本市市区范围内运营，送客至本市市区返程的除外；外地出租汽车在本市市区行驶的，必须关闭空车待租标志。

禁止使用农用运输车、摩托车、机动三轮车、非机动车、电瓶车等不符合国家运营车辆标准的车辆从事出租汽车经营。

第三十八条　出租汽车管理机构应建立健全投诉制度，设立并公布投诉电话。

乘客认为驾驶员侵犯其合法权益的，可以向出租汽车管理机构投诉。乘客投诉应当提供所乘出租汽车车牌号、乘车票据、起止地点、行驶路线、本人联系方式及真实姓名等有关证据和资料。

乘客自投诉之日起5日内不提供有关证据和资料或者不协助调查的，视为放弃投诉权利。出租汽车管理机构发现乘客投诉依据不充分、证据不足，或者属于无理取闹、恶意诬陷的，可以拒绝受理。

被投诉的驾驶员及所在企业应当协助出租汽车管理机构调查处理投诉。无正当理由不接受调查询问的，视为放弃申辩。

第三十九条　乘客投诉计价器失准的，出租汽车管理机构受理后，可以将计价器及其附属装置进行证据登记保存，并送质量技术监督部门检定确认，由此发生的直接费用由乘客先行垫付，最终由责任者承担。

第四十条　驾驶员对经营者的投诉、驾驶员及经营者对出租汽车管理工作人员的投诉，交通行政主管部门、出租汽车管理机构及有关主管机关应当依法及时处理。

第四十一条　公安机关遇有出租汽车经营者或驾驶员报警求助时，应当及时予以处置、救援，保护出租汽车经营者和驾驶员的生命财产安全。

第四章　监督检查

第四十二条　出租汽车管理机构应当按照规定对经营者的资质条件、经营管理、服务质量、安全运营、从业人员文明服务教育等情况进行考核评定。

对驾驶员客运服务情况，出租汽车管理机构可以实行记分制考核。

对出租汽车经营者和驾驶员的考核应当客观、公开、公平、公正。

第四十三条　交通行政主管部门及所属出租汽车管理机构应当加强对出租汽车经营活动的监督检查，及时查处和制止扰乱出租汽车市场秩序的行为。

出租汽车管理机构及其执法人员应当严格按照法定权限和程序进行监督检查。

第四十四条 出租汽车管理机构执法人员可以在公路征费稽查站、客流集散点、出租汽车停车场及停靠站点、车辆维修和检测现场实施监督检查。

第四十五条 出租汽车管理机构执法人员实施监督检查时，可以向有关单位和个人了解情况，查阅和复制有关材料。但是，应当保守被检查单位和个人的商业秘密。

被检查的单位和个人应当接受出租汽车管理机构执法人员依法实施的监督检查，如实提供有关材料或者情况。

第四十六条 出租汽车管理机构执法人员在实施监督检查过程中，对没有车辆运营证又无法当场提供其他有效证明的车辆予以暂扣的，应当出具暂扣凭证，并告知当事人依法享有的权利。

当事人应当在暂扣凭证规定的期限内到指定地点接受处理。对提供车辆运营证等有效证明的，出租汽车管理机构应当及时退还被暂扣的车辆；对不能提供有效证明或者经查实属于无证运营的，应当依法作出处罚决定，当事人履行处罚决定后，应当立即退还被暂扣的车辆；对逾期不来接受处理的，可以申请人民法院依法拍卖暂扣车辆。

出租汽车管理机构对暂扣的车辆应当妥善保管，不得使用，不得收取保管费用。车辆在被暂扣期间因保管不善造成损坏或者灭失的，出租汽车管理机构应当依法赔偿。

第五章 法律责任

第四十七条 违反本办法规定，未取得出租汽车经营资格证，擅自从事出租汽车经营的，由出租汽车管理机构责令停止经营，没收违法所得，处违法所得5倍以上10倍以下的罚款；没有违法所得或者违法所得不足2万元的，处3万元以上10万元以下的罚款。

第四十八条 违反本办法规定，出租汽车经营者有下列行为之一的，由出租汽车管理机构按照下列规定处罚：

（一）使用未取得出租汽车车辆运营证的车辆从事出租汽车经营的，责令改正，没收违法所得，处5000元以上1万元以下罚款；拒不改正的，吊销出租汽车经营资格证；

（二）聘用未取得出租汽车驾驶员客运资格证的人员驾驶出租汽车的，责令改正，处2000元罚款；拒不改正的，吊销车辆运营证；

（三）擅自停止、终止出租汽车运营的，责令限期改正；逾期未改正的，吊销出租汽车经营资格证和车辆运营证；

（四）擅自转让出租汽车经营资格证的，处2000元以上1万元以下罚款，没收违法所得，吊销出租汽车经营资格证；

（五）擅自转让出租汽车经营权的，处2000元以上1万元以下罚款，没收违法所得，吊销车辆运营证；

（六）未建立出租汽车车辆及驾驶员档案，或者未按时向出租汽车管理机构报送统计资料的，责令限期改正；逾期未改正的，处以3000元以上5000元以下的罚款；

（七）未及时处理乘客投诉或者拒不配合出租汽车管理机构调查处理乘客对其投诉的，责令限期改正，给予警告；

（八）未按规定执行运营交接班制度的，责令其限期改正，可并处100元罚款；

（九）车容车貌不整或者运营标志不全的，责令改正，可并处50元以上100元以下的罚款。

第四十九条 出租汽车经营者有下列情形之一的，由出租汽车管理机构责令改正，可并处1000元以上1万元以下的罚款：

（一）日常经营管理混乱，资质条件、经营管理、服务质量、安全运营等考核不合格的；

（二）以要求驾驶员出资购置车辆、一次性买断出租汽车经营权或者以收取风险抵押金、财产抵押金、运营收入保证金和高额承包费等方式向出租汽车驾驶员转嫁投资和经营风险的；

（三）违规收取或变相收取各种费用的；

（四）克扣、截留政府发放的各种政策性补贴款的。

第五十条 违反本办法规定，出租汽车驾驶员有下列行为之一的，由出租汽车管理机构责令改正，并按照下列规定处罚：

（一）未持出租汽车驾驶员客运资格证上岗，或者未随车携带车辆运营证的，给予警告或者处 100 元以上 200 元以下的罚款；

（二）未按照计价器显示的金额收取租车费的，处 200 元以上 500 元以下的罚款；

（三）拒绝乘客使用城市智能电子收费系统支付租车费的，给予警告或者处 50 元的罚款；

（四）采取欺骗手段招揽乘客或者强迫乘客乘车的，处 1000 元以上 2000 元以下的罚款；

（五）故意绕行或者运营中未经乘客同意搭乘其他乘客的，没收违法所得，处 200 元以上 500 元以下的罚款；

（六）无故拒载乘客的，处 200 元以上 500 元以下的罚款；情节严重的，吊销出租汽车驾驶员客运资格证；

（七）中途甩客、倒客、敲诈乘客的，处 1000 元以上 2000 元以下的罚款；

（八）未在出租汽车专用停车场依次排队候客，站场外揽客、扰乱站场秩序的，处 200 元以上 500 元以下的罚款；

（九）超出许可的运营区域运营的，没收违法所得，处 1000 元以上 3000 元以下的罚款；情节严重的，依法吊销出租汽车驾驶员客运资格证。

第五十一条 出租汽车经营企业有下列行为之一的，由公安机关责令改正，并可根据情节轻重处以罚款：

（一）没有落实《治安责任书》规定的责任或拒不与公安机关签订《治安责任书》的，处以 2000 元以上 5000 元以下的罚款，对单位治安责任人处以 200 元以上 500 元以下的罚款；

（二）对公安机关指出的治安安全隐患未及时进行整改，以致发生利用出租汽车从事违法犯罪活动的，处以 5 万元以上 10 万以下的罚款，对单位治安责任人处以 500 元以上 5000 元以下的罚款。

阻碍公安机关依法执行职务的，处警告或者 200 元以下罚款；情节严重的，处 5 日以上 10 日以下拘留，可以并处 500 元以下罚款。

第五十二条 出租汽车经营者、驾驶员及乘客的行为违反道路交通安全、工商行政、质量技术监督、价格、税务、环保、劳动与社会保障等管理规定的，由有关部门依法处理；构成犯罪的，依法追究其刑事责任。

第五十三条 交通行政主管部门、出租汽车管理机构、其他管理部门及其工作人员有下列行为之一的，依法给予行政处分；造成他人经济损失的，应当依法承担赔偿责任；构成犯罪的，依法追究刑事责任。

（一）不按照法定的条件、程序和期限实施行政许可的；

（二）参与或者变相参与出租汽车经营的；

（三）发现违法行为不及时查处的；

（四）不按照规定受理、处理乘客投诉的；

（五）违法扣留出租汽车或者车辆运营证的；

（六）不按法律规定实施行政处罚的；

（七）索取、收受他人财物或者谋取其他利益的；

（八）违反法律、法规规定的其他行为的。

第六章 附 则

第五十四条 本办法自2008年9月1日起施行。1996年9月市人民政府发布的《合肥市客运出租汽车管理办法》（市人民政府令第50号）和《合肥市客运出租汽车经营权有偿使用暂行规定》（市人民政府令第51号）同时废止。

福州市客运出租汽车管理办法

（2001年福州市政府第17次常务会议审议通过

2001年6月17日福州市人民政府文件榕政［2001］16号公布，自2001年6月17日起施行）

第一章　总　　则

第一条　为加强客运出租汽车的管理，保障乘客、经营者的合法权益，促进客运出租汽车行业的健康发展，根据本市实际，制定本办法。

第二条　本办法所称客运出租汽车（以下简称出租车），是指经营者取得出租车经营使用权，按照乘客意愿提供客运服务，按照里程和时间收费的五座以下小轿车。

本办法所称经营者是指从事出租车经营的企业、个体业户。

第三条　本办法适用于本市市区出租车的经营和管理活动。

第四条　出租车行业的发展应当纳入本市国民经济和社会发展总体规划。出租车的发展规模和车辆档次由市人民政府根据社会经济发展需要和城市道路交通状况实施宏观调控。

第五条　福州市交通行政主管部门是出租车行业的主管部门，负责本办法的组织实施；福州市交通运政管理机构负责对出租车经营活动实施日常监督和管理。

市公安交通、建设、物价、环保、技术监督、工商行政管理等部门应当按照各自职责，协同交通行政主管部门做好出租车行业的管理工作。

第六条　经营者和驾驶员应当依法经营，公平竞争，安全行车，文明服务。

市交通运政管理机构和经营出租车的企业应建立投诉处理制度，接受有关部门和乘客的监督。

第七条 国家机关及其工作人员应当依法管理，维护乘客、经营者和驾驶员的合法权益。

第八条 出租车行业协会是经营者自愿参加的自我教育、自我管理、自我监督的社会团体，应当依照协会章程，充分发挥行业自律、协调、服务的积极作用，配合有关部门做好出租车行业经营管理工作，并依法维护会员的合法权益。

第二章 经营资质管理

第九条 从事出租车经营的企业和个人必须通过有偿方式取得出租车经营使用权。出租车经营使用权有偿使用具体办法，按《福州市客运出租汽车经营使用权出让和转让办法》执行。

第十条 从事出租车经营的企业应当具备下列条件：

（一）有符合规定要求的客运车辆和相应的资金；

（二）有符合规定要求的停车场地和经营场所；

（三）有与经营规模相适应的组织机构、管理制度和从业人员。

第十一条 从事出租车经营的个体业户应当具备下列条件：

（一）有符合规定要求的客运车辆和相应的资金；

（二）有符合规定要求的停车场地；

（三）有市交通行政主管部门认可的出租车经营企业出具的接受委托管理的证明。

第十二条 出租车驾驶员应当具备下列条件：

（一）有本市常住或者暂住户口；

（二）持有 C 类以上机动车驾驶证，驾龄 2 年以上；

（三）经出租车职业培训合格，取得交通行政主管部门核发的服务资格证。

第十三条 出租车服务资格证实行记分制管理，每年由市交通运政管理机构按照职务资格证管理规定进行一次审验；违章分值超过规定的，应重新参加岗位培训并考试合格后方可重新申办。

第十四条 出租车应当符合下列规定：

（一）车辆技术性能完好，车辆尾气排放符合国家标准；

（二）车容整洁卫生，号牌清晰齐全；

（三）安装合格有效的里程计价器，配备防劫装置；

（四）车顶放置标志灯，车身颜色为专用颜色，两侧标明经营单位名称和监督电话；

（五）规范放置服务资格证，张贴里程运价表，配备车座垫套；

（六）其他法律、法规及规章规定配置的设施。

第十五条 出租车安全性能和尾气排放不符合国家标准或者城市环境保护要求，经修理或调整仍达不到要求的，应当强制报废。

第十六条 新增或者更新的出租车车辆应当符合车辆档次要求。车辆档次要求由市交通行政主管部门每年公布一次。

第十七条 经营者不得将营运证件、出租车经营专用装置和标志租借、转让、倒卖给他人。

第十八条 出租车企业必须建立健全管理规章制度，有效实施对所属车辆、驾驶员和通讯指挥设施系统的管理。

市交通运政管理机构对出租车企业实行管理目标考核，并按管理目标考核规定实施奖惩。

第三章 客运服务管理

第十九条 出租车按等级标准收费。经营者及驾驶员必须执行物价部门批准的收费标准，正确使用里程计价器，出具税务部门统一监制的收费票据。

第二十条 经营者应当为乘客提供方便、及时、安全、卫生文明的服务，对老、弱、病、残、孕以及急需抢救的人员优先供车。

遇有抢险救灾、主要客运集散点供车严重不足、重大活动等特殊情况时，经营者应当服从市交通运政管理机构的统一指挥调度。

第二十一条 经营者不得将出租车交给无服务资格证的人员营业。

第二十二条 出租车驾驶员不得以不正当的手段招揽乘客。

第二十三条 出租车载客应当选择最便捷或乘客要求的路线行驶。因故确需绕道时，应当如实向乘客说明情况。未经乘客同意，不得再承载其他乘客。

载客途中无正当理由不得中断服务或将乘客转由他人运载。

第二十四条 除下列情形外，出租车驾驶员不得拒绝载客：

（一）乘客患精神病或酗酒，无正常人陪伴的；

（二）乘客要求进入禁行路段或要求超载行驶的；

（三）乘客携带易燃、易爆、有毒等危险品或其他管制物品的；

（四）乘客利用出租车进行违法犯罪活动的；

（五）乘客要求不按规定使用计价器付租费的。

第二十五条 出租车暂停载客的，应当事先在驾驶室前明显处放置“暂停载客”标志。

第二十六条 出租车驾驶员必须自觉遵守交通管理法规，不得闯红灯，不得违规停车、超车、转弯或调头。

第二十七条 出租车驾驶员人身安全受法律保护。乘客夜间需出市区或去偏僻地区时，出租车驾驶员应当到就近的公安治安岗或报警点办理登记手续。

第二十八条 非本市市区出租车不得从事起点在市区的营运活动。

第二十九条 乘客应当文明乘车，不乱扔废弃物，不吸烟，不污损车辆。

第三十条 乘客应当按照规定的标准支付租费。但遇有下列情况之一的，可以拒绝支付租费：

（一）不使用计价器或不按规定使用计价器的；

（二）不出具收费票据的；

（三）车辆在起步费里程内发生故障或事故，无法完成运送服务的；

（四）未经乘客同意而承载其他乘客的。

第三十一条 市公安交通管理部门应当根据方便乘客的原则和道路交通条件，对出租车通行线路和停靠站点进行设置并适时调整。

机场、港口、火车站、长途汽车站和旅游景点等乘客比较集中的公共场所，应当设置方便乘客的出租车停车场地。

出租车不得停靠公交站点接送乘客。

第三十二条 市交通行政主管部门依法检查出租车时，执法人员应佩戴标志、出示有效证件。

第三十三条 国家机关及其工作人员不得有下列侵犯经营者合法权益的行为：

（一）摊派或收取非法定费用；

（二）颁发非法定证、照、卡；

（三）利用职便无偿乘坐出租车；

（四）滥用职权扣留出租车或证照；

（五）强制购买非法定的或指定单位的物品；

（六）其他侵犯经营者合法权益的行为。

第三十四条 乘客、经营者和驾驶员的合法权益受到侵犯的，有权向交通运政管理机构或有关部门投诉。乘客投诉时应提供车费发票、车型、车辆牌号及乘车情况等有关证据。接受投诉的机构、部门应当在受理投诉之日起15 日内将处理结果告知投诉人。

第三十五条 乘客与出租车驾驶员对供车、收费有争议时，可当即要求驾车到交通运政管理机构处理；租车时起至受理时止的全部车费由责任者承担。

乘客投诉计价器失准，须交付校验押金，并当即封存计价器及其附设装置。计价器经技术监督部门校验合格的，校验费及由此造成经济损失由乘客支付；校验不合格的，校验费由经营者或者驾驶员支付。

第四章　法 律 责 任

第三十六条 未取得出租车经营使用权的车辆从事营运活动的，可以由交通行政主管部门出具扣押证明，扣押车辆，并处以 10000 元罚款。

第三十七条 假冒、伪造出租车营运牌证、标识从事营运活动的，可以

由交通行政主管部门出具扣押证明，扣押车辆，并处以20000元罚款

第三十八条 违反本办法规定，有下列行为之一的，由交通行政主管部门责令改正，并处以5000元罚款。必要时可以出具扣押证明，扣押车辆：

（一）非本市市区出租车从事起点在市区的营运活动的；

（二）不使用、不按规定使用计价器或不按计价器显示金额收费的；

（三）将出租车营运证件、经营专用装置和标志租借、转让或者倒卖给伪造出租车人员的；

（四）擅自调整计价器的。

第三十九条 违反本办法有下列行为之一的，由交通行政主管部门责令改正，并处以500~1000元罚款：

（一）未取得服务资格或持无效服务资格证从事营运的；

（二）使用失效的《道路运输证》营运的；

（三）无正当理由拒绝载客或途中无正当理由中断服务以及将乘客转由他人运载的；

（四）故意绕道运载乘客的；

（五）以不正当手段招揽乘客的；

（六）其他故意刁难乘客的行为。

第四十条 违反本办法规定，有下列行为之一的，由交通行政主管部门责令改正，并处以100~300元罚款：

（一）不按规定装置专用标识、标志的；

（二）不按规范放置车顶灯、服务资格证的；

（三）不张贴价目表的；

（四）不使用收费票据的；

（五）车容不整洁卫生的。

第四十一条 出租车驾驶员违反本办法第二十六条规定的，由公安交通部门依法予以处罚。

第四十二条 经营者、驾驶员违反道路交通、工商、物价、计量、治安、环保管理法律、法规的，由相关部门依法处罚。

第四十三条 出租车经营企业管理的驾驶员，违反本办法规定一年内被交通行政主管部门处罚的人数超过企业驾驶员总数10%的，由市交通行

政主管部门对该企业处以 5000 元罚款；被处罚的人数超过企业驾驶员总数 20% 的，由交通行政主管部门对该企业处以 10000 元以上 20000 元以下罚款。

第四十四条 违反本办法第三十三条规定，侵犯经营者合法权益的，责令改正；情节严重的，由有关部门对直接责任人员予以行政处分。

武汉市城市客运出租汽车管理条例

（1997年11月20日武汉市第九届人民代表大会常务委员会第三十六次会议通过

1998年1月10日湖北省第八届人民代表大会常务委员会第三十二次会议批准

根据2003年6月26日武汉市第十一届人民代表大会常务委员会第四次会议通过、2003年7月25日湖北省第十届人民代表大会常务委员会第四次会议批准的《武汉市人民代表大会常务委员会关于修改〈武汉市城市客运出租汽车管理条例〉的决定》修正

根据2004年6月25日武汉市第十一届人民代表大会常务委员会第十一次会议通过、2004年7月30日湖北省第十届人民代表大会常务委员会第十次会议批准的《武汉市人民代表大会常务委员会关于修改〈武汉市计划生育管理办法〉等14件地方性法规部分条款的决定》第二次修正

根据2010年11月16日武汉市第十二届人民代表大会常务委员会第二十八次会议通过、2010年12月4日湖北省第十一届人民代表大会常务委员会第十九次会议批准的《武汉市人民代表大会常务委员会关于修改〈武汉市城市道路桥梁管理办法〉等8件地方性法规部分条款的决定》第三次修正

2010年12月26日武汉市人民代表大会常务委员会公告第20号公布，自公布之日起施行）

第一章　总　　则

第一条　为了加强城市客运出租汽车管理，维护城市客运出租汽车营运

秩序，保护乘客、驾驶员和经营者的合法权益，适应本市经济、社会发展和人民生活的需要，根据有关法律、法规，结合本市实际，制定本条例。

第二条　本市城市客运出租汽车管理适用本条例。

第三条　本条例所称城市客运出租汽车（以下简称出租汽车），是指根据乘客意愿向乘客提供客运服务，按照里程和时间收费的小型客车。

第四条　市交通行政管理部门是本市出租汽车行业主管部门，负责本条例的组织实施，市出租汽车管理机构对本市出租汽车行业实施具体监督和管理。

工商行政管理、税务、公安、财政、物价、规划、质量技术监督等部门，按照各自职责依法行使相关管理职能。

第五条　依法成立的市出租汽车行业协会根据协会章程开展活动。

市出租汽车行业协会制定行业职业规范，教育和督促协会成员遵守法律、法规和行业职业规范；加强行业自律，提高行业服务质量，接受社会监督，促进和维护公平的市场秩序；按协会章程为协会成员提供相关服务，向有关行政管理部门反映协会成员的意见和建议，维护协会成员的合法权益；协助行业主管部门办理有关事项。

市人民政府及有关行政管理部门对出租汽车行业的发展和管理作出重要决策前，应当征求市出租汽车行业协会的意见。

第六条　本市出租汽车行业的发展，应当与本市经济、社会发展相适应与城市建设和其他公共交通行业的发展相协调，按市场需求实行总量控制，鼓励出租汽车经营企业实行规模经营。

出租汽车行业发展规划和计划，由市出租汽车行业主管部门编制，报市人民政府批准后实施。

第七条　出租汽车营运，应当遵循合法经营、公平竞争、优质服务、安全营运的原则。

出租汽车经营权可实行有偿出让、转让。具体办法由市人民政府另行制定。

第八条　出租汽车经营企业应当依法经营，建立和完善产权明晰、权责明确的经营机制，提高管理水平和服务质量。

出租汽车经营企业应当与驾驶员签订合同，依法明确双方的权利与义务。

市出租汽车管理机构应当对经营企业与驾驶员签订和履行合同的行为进行监督。

出租汽车驾驶员的社会保险按国家有关规定办理。

第九条 出租汽车行业主管部门和有关管理部门及工作人员，应当依法管理，秉公办事，文明服务。

市出租汽车行业主管部门应当在出租汽车行业开展优质服务、创建文明行业等活动，对出租汽车经营者和驾驶员在安全营运、文明行车、热情服务等方面成绩显著和拾金不昧、救死扶伤、见义勇为等方面事迹突出的，予以表彰和奖励。

第十条 乘客、驾驶员和经营者，对侵犯其合法权益的行为，有权向出租汽车行业主管部门和其他管理部门举报、投诉。

第二章 资质管理

第十一条 申请从事出租汽车营运的企业，必须具备下列条件：

（一）有经营场所、符合规定数量及要求的车辆和车辆停放场地；

（二）有安全、机务、服务质量、治安保卫等管理人员；

（三）有健全的管理制度；

（四）有与经营规模相适应的资金。

第十二条 申请从事出租汽车营运的个人，必须具有符合规定的身份证明、车辆和车辆停放场地。

第十三条 申请从事出租汽车营运的企业和个人，取得出租汽车经营权后，应当依法办理相关手续，领取市出租汽车管理机构核发的道路运输证，方可营运。

第十四条 非本市出租汽车不得用于起点和终点均在本市的营运。摩托车和未取得出租汽车道路运输证的其他机动车不得用于客运出租营运。

第十五条 出租汽车驾驶员必须具备下列条件：

（一）有符合规定的身份证明，取得中华人民共和国机动车驾驶证两年以上；

（二）有初中以上文化程度；

（三）身体健康，无传染性疾病；

（四）参加符合国家规定条件的职业培训机构的培训；

（五）经市出租汽车管理机构考试合格，取得驾驶员从业资格证。

第十六条 市出租汽车管理机构对出租汽车经营者和驾驶员的资质每年审验一次，审验合格的，方可继续经营；未经审验或审验不合格的，不得经营。

第十七条 出租汽车经营者更新车辆，应当到市出租汽车管理机构、公安交通管理部门、质量技术监督部门办理更新手续。

出租汽车经营者停业、歇业，应当报市出租汽车管理机构审核，再按规定办理其他手续。

第三章 营运服务与管理

第十八条 出租汽车经营者应当遵守下列规定：

（一）按规定公布并执行物价部门核定的收费标准，使用税务部门监制的车费发票；

（二）不得将出租汽车交给无驾驶员从业资格证的人员营运；

（三）不得非法转让出租汽车经营权；

（四）不得利用出租汽车进行违法犯罪活动，发现乘客、驾驶员有违法犯罪行为及时举报。

第十九条 出租汽车经营者应当制定服务规范和车辆检修、安全行车、治安防范、投诉受理等制度，加强对驾驶员的管理和职业道德教育。

第二十条 出租汽车经营者应当为乘客提供方便、及时、安全、文明的服务，对老、弱、病、残、孕及急需抢救的人员优先供车。

遇有抢险救灾、突发事件等特殊情况时，出租汽车经营者应当服从市出租汽车管理机构的统一调度和指挥。

第二十一条 出租汽车除符合公安交通管理部门对机动车辆的要求外，还应当符合下列要求：

（一）车身、车厢和行李厢整洁卫生，安全防范设施完好；

（二）装有“出租”和“TAXI”字样的顶灯和空车待租标志灯；

（三）车门印有经营者名称和投诉电话号码；

（四）车内装有经市质量技术监督部门周期检定合格的计价器；计价器的标准和更换，按国家有关规定执行。

第二十二条 出租汽车驾驶员在营运中应当遵守下列规定：

（一）文明礼貌，服务规范，遵守交通规则；

（二）携带出租汽车道路运输证，在车内规定的位置置放驾驶员从业资格证和张贴由市物价部门监制的标价签；

（三）载客不得故意绕道行驶，载客途中无正当理由不得终止服务，未经乘客允许不得另载他人；

（四）使用计价器，向乘客如实出具车费发票，不得破坏计价器准确度，伪造结算数据；

（五）发现乘客遗失物品，应当主动交还失主或上交有关管理部门，不得据为己有。

第二十三条 出租汽车驾驶员无正当理由不得拒绝运送乘客。

第二十四条 出租汽车驾驶员运送乘客，经过依法收费的设施和路段所支付的费用由乘客承担。

第二十五条 机场、火车站、客运码头、长途客运汽车站、旅游景点和其他主要客运集散点，应当设置出租汽车营业站。营业站必须向所有出租汽车开放，任何单位和个人不得收费，不得垄断客运业务。进站营运的出租汽车应当服从管理单位的管理。市出租汽车管理机构有权对营业站的管理进行指导和监督。

统一规划、建设的出租汽车营业站，不得擅自关闭或改变用途。

第二十六条 出租汽车驾驶员在营业站候客时，应当服从站点管理人员的调配，依次排队，按序发车，不得强行拉客。

第二十七条 出租汽车驾驶员可以根据乘客意愿，按照规定临时停车，方便乘客上下。

在公安交通管理部门规定禁止停车的道路应当设置出租汽车停靠点。停靠点由市出租汽车管理机构和市公安交通管理部门共同确定，并设立明显标志。

第二十八条 市出租汽车管理机构应当加强对出租汽车营运活动的监督检查。工作人员执行监督检查公务，应当出示执法证件。确需在道路上实施检查的，按国家有关规定进行。

市出租汽车管理机构发现出租汽车经营者和驾驶员有违反本条例规定行为的，有权暂扣出租汽车道路运输证和驾驶员从业资格证，责令其在规定期限内到市出租汽车管理机构接受处理。

第四章 权益保障与投诉受理

第二十九条 乘客租乘出租汽车对有下列情形之一的，有权拒绝支付车费，并向市出租汽车管理机构投诉：

（一）无计价器或有计价器不使用的；

（二）驾驶员不出具车费发票的；

（三）在起步费里程内车辆发生故障，无法完成运送服务的；

（四）未经允许另载他人的。

第三十条 出租汽车驾驶员对有下列情形之一的乘客，有权拒绝提供服务：

（一）在禁止停车的路段招手示意租车的；

（二）携带易燃、易爆、毒品等违禁物品及污损车辆物品乘车的；

（三）醉酒者、精神病患者在无人监护下乘车的；

（四）不告知目的地的；

（五）要求驾驶员作出违法行为的。

第三十一条 乘客与出租汽车驾驶员对供车、收费有争议的，可到市出租汽车管理机构接受调处。租乘时起至受理时止的车费由责任方承担。

第三十二条 出租汽车经营者和驾驶员对有下列行为之一的，有权予以拒绝，并向有关行政管理部门投诉：

（一）非法收取费用的；

（二）要求携带省人民政府规定之外证件的；

（三）要求提供无偿服务的；

（四）非法扣缴、注销证照或强令停业的；

（五）其他违法行为。

第三十三条 市出租汽车管理机构应当建立健全投诉受理制度。对乘客、驾驶员和经营者的投诉应当自受理之日起十日内调查处理完毕；情况复杂的，可延长十日。依法应当由其他部门调查处理的，及时移送其他部门。

出租汽车驾驶员违反本条例有关规定被投诉后，应当在市出租汽车管理机构规定期限内连同车辆到市出租汽车管理机构接受查询；属有关出租汽车经营企业的驾驶员，所在企业应当派人陪同。

对超过标准收费、故意绕道行驶、强行拉客等行为的投诉，市出租汽车管理机构查实后对投诉人给予奖励。

第三十四条 任何单位和个人发现未取得出租汽车道路运输证的其他机动车用于客运出租营运、非本市出租汽车用于起点和终点均在本市运营的，可以向市出租汽车管理机构举报；发现摩托车用于客运出租营运的，可以向公安交通管理部门举报。

第五章　法律责任

第三十五条 非本市出租汽车用于起点和终点均在本市营运的，由市出租汽车管理机构没收其违法所得；情节严重的，处以五千元以上一万元以下罚款。

利用摩托车从事客运出租营运的，由公安交通管理部门暂扣车辆，没收其违法所得，处以三千元罚款，并吊销驾驶证、注销车辆牌证。

未取得出租汽车经营权和道路运输证，从事出租汽车营运的，由市出租汽车管理机构暂扣车辆，没收其违法所得，按每辆处以五千元以上一万元以下罚款，并由公安交通管理部门吊销驾驶证、注销车辆牌证。

第三十六条 违反本条例规定，有下列行为之一的，由市出租汽车管理机构责令出租汽车经营者改正，并予处罚：

（一）将出租汽车交给无驾驶员从业资格证的人员营运的，以五百元以上一千元以下罚款；

（二）不按规定装置计价器的，处以一千元罚款；

（三）非法转让出租汽车经营权的，按每辆车处以一万元罚款。

在一个月内，出租汽车经营企业的驾驶员违反本条例受到处罚的人次累计达到该企业出租汽车总数百分之三的，由市出租汽车管理机构对该企业处以一千元以上三千元以下罚款，并对其主要负责人处以五百元以上一千元以下罚款。

第三十七条 违反本条例规定，有下列行为之一的，由市出租汽车管理机构责令出租汽车驾驶员改正，并予处罚：

（一）车身、车厢和行李厢不整洁卫生，拒不改正的，处以五十元罚款；

（二）不按规定装置空车待租标志灯、顶灯、车门未印有经营者名称或投诉电话号码的，处以二百元罚款；

（三）营运中不携带出租汽车道路运输证、驾驶员从业资格证、不按规定在车内置放驾驶员从业资格证的，处以二百元罚款；

（四）载客故意绕道行驶、未经乘客允许另载他人的，责令退还车费，并处以五十元以上二百元以下罚款；

（五）无驾驶员从业资格证驾驶出租汽车营运的，处以三百元以上五百元以下罚款；

（六）强行拉客、拒载乘客、无正当理由中途终止服务的，处以三百元以上五百元以下罚款；

（七）不使用计价器的，处以五十元以上二百元以下罚款。

出租汽车驾驶员不在车内张贴标价签，不执行物价部门核定收费标准的，由市物价部门委托市出租汽车管理机构处以一千元以下罚款。

第三十八条 经营者违反本条例情节严重的，由市出租汽车管理机构责令其部分或者全部车辆停止营运三日至十五日，直至取消其出租汽车经营资格。

驾驶员违反本条例情节严重的，由市出租汽车管理机构责令其停止营运三日至十五日，直至吊销其驾驶员从业资格证。被吊销从业资格证的驾驶员，自从业资格证被吊销之日起五年内不得从事出租汽车营运。

停止营运期间，车辆按市出租汽车管理机构指定的地点停放。

本条规定处罚的实施细则，由市人民政府另行制定。

第三十九条 市交通行政管理部门、市出租汽车管理机构和其他管理部门及其工作人员有下列行为之一的，由所在单位或上级主管部门给予行政处分：

（一）不按规定办理出租汽车营运有关审批手续的；

（二）不按规定履行监督管理职能，不文明执法的；

（三）不按规定受理投诉的；

（四）不按法律规定实施行政处罚的；

（五）非法集资或摊派的；

（六）滥用职权、徇私舞弊的。

市交通行政管理部门、市出租汽车管理机构和其他管理部门及其工作人员有前款所列行为，造成他人经济损失的，依法承担赔偿责任；构成犯罪的，依法追究刑事责任。

第六章 附 则

第四十条 本条例自公布之日起施行，1987 年 11 月 30 日武汉市人民政府发布的《武汉市客运出租汽车管理规定》同时废止。

广州市出租汽车客运管理条例

（2009 年 6 月 11 日广州市第十三届人民代表大会常务委员会第二十次会议通过

2009 年 9 月 24 日广东省第十一届人民代表大会常务委员会第十三次会议批准

2009 年 10 月 12 日广州市第十三届人民代表大会常务委员会公告第 55 号公布，自 2009 年 12 月 1 日起施行）

第一章 总　　则

第一条 为规范出租汽车客运管理，提高出租汽车客运服务质量，保障乘客、驾驶员和经营者的合法权益，根据有关法律、法规，结合本市实际，制定本条例。

第二条 本条例所称的出租汽车，是指依法取得运营资格，设置客运服务标志，按照乘客意愿提供客运服务，并且按照政府规定的收费项目和标准收费的核定载客量（含驾驶员）为五人的小型客车。

第三条 本条例适用于本市行政区域内的出租汽车客运经营、管理以及其他相关活动。

第四条 出租汽车客运经营应当诚实信用、公平竞争、安全便捷、服务规范。

出租汽车客运管理应当遵循公平、公正、公开和便民原则。

第五条 市交通行政主管部门负责本市出租汽车客运行业的管理工作，组织实施本条例。

区、县级市交通行政主管部门依照本条例规定的权限负责本行政区域内出租汽车客运行业的管理工作。

交通行政主管部门可以委托符合法定条件的机构对违反本条例的行为实施行政处罚。

公安、物价、劳动、质量技术监督、市政、安全生产监督管理、环境保护、经济贸易、工商、税务、城乡规划等有关行政管理部门应当依照有关法律、法规的规定，在各自的职责范围内协同实施本条例。

第六条 市交通行政主管部门应当根据城乡规划和经济社会发展需要，编制出租汽车客运行业发展规划，报市人民政府批准后实施。

第七条 市人民政府应当建立出租汽车运力总量调控机制，合理投放出租汽车运力指标。出租汽车运力指标的投放计划，由市交通行政主管部门根据出租汽车客运行业发展规划、市场供求状况和城乡交通状况拟定，报市人民政府批准。

市交通行政主管部门拟定出租汽车运力指标的投放计划时，应当进行听证，听取公众意见。

第八条 出租汽车运力指标由市交通行政主管部门通过招标等公平竞争的方式投放。投标者应当具有本市出租汽车经营资格证；未取得本市出租汽车经营资格证的，应当有符合市人民政府规定数量要求的可用于出租汽车客运的车辆或者相应的车辆购置金。

第九条 交通行政主管部门、出租汽车客运行业协会和出租汽车经营者应当依法采取措施推广、使用环保节能车辆和先进技术、设备。

第二章　经营许可

第十条 从事出租汽车经营的，应当依法取得市交通行政主管部门核发的出租汽车经营资格证、车辆运营证；出租汽车驾驶员应当依法取得市交通行政主管部门核发的驾驶员客运资格证。

第十一条 取得出租汽车车辆运营证，应当具有相应的出租汽车运力指标，车辆应当具备下列条件：

（一）具有本市公安部门核发的有效机动车号牌和行驶证，并在机动车交通事故责任强制保险和机动车安全技术检验的有效期内；

（二）取得行驶证未满一年；

（三）符合国家关于使用清洁能源的要求，排气污染物符合本市依法执行的排放标准；

（四）配置具备公共交通电子收费、全球卫星定位、调度管理、电召、语音翻译、车辆防盗、车辆防伪等功能的技术设备；

（五）设置经法定计量检定机构检定合格的税控计价器；

（六）设置顶灯和防劫装置等设施；

（七）配置消防器材；

（八）设置或者张贴价目表、告示帖、企业名称、监督电话和其他服务标志；

（九）外观颜色和服务标志的样式符合市交通行政主管部门的规定。

第十二条 出租汽车自取得车辆运营证之日起满五年的，应当退出运营，由市交通行政主管部门注销车辆运营证。

第十三条 取得出租汽车驾驶员客运资格证应当具备下列条件：

（一）男性年龄在六十周岁以下，女性年龄在五十五周岁以下，初中毕业以上文化程度，身体健康的公民；

（二）具有本市公安部门核发的机动车准驾车型的驾驶证和一年以上驾龄，无重大交通事故责任记录；

（三）经市交通行政主管部门考试合格；

（四）法律、法规规定的其他条件。

被吊销出租汽车驾驶员客运资格证的，从吊销之日起五年内，不予核发驾驶员客运资格证。

第十四条 具备下列条件的企业申请出租汽车经营资格证的，市交通行政主管部门应当予以核发：

（一）有符合市人民政府规定数量要求并已取得出租汽车车辆运营证的车辆；

（二）有相应数量的已取得出租汽车驾驶员客运资格证的驾驶员；

（三）有完备的管理机构和运营管理、安全生产等方面的管理制度；

（四）有相应的经营场所、车辆停放地和管理人员；

（五）法律、法规规定的其他条件。

第十五条 申请出租汽车经营资格证、车辆运营证、驾驶员客运资格证的，应当按照本条例第十一条、第十三条、第十四条的规定，持相应的材料向市交通行政主管部门申请。

市交通行政主管部门应当自收到申请材料之日起二十日内审查完毕，符合条件的，向申请人核发相应的证件；不符合条件的，不予许可，并书面向申请人说明理由。

第三章 运营管理

第十六条 市交通行政主管部门应当根据城乡规划和经济社会发展需要，划分出租汽车客运经营区域，报市人民政府批准后实施。本市出租汽车应当在市人民政府指定的区域内经营，不得提供起点、终点均不在指定区域内的客运服务。

非本市出租汽车不得提供起点、终点均在本市行政区域内的客运服务，需在本市运载回程旅客的，应当在交通行政主管部门和公安部门指定的地点载客。交通行政主管部门应当向社会公布指定的地点。

第十七条 市交通行政主管部门应当会同公安、市政、规划等部门在商业中心区、医院、学校、幼儿园、地铁站等公共场所和大型居住小区的周边道路，主干道和其他有必要的道路上，根据方便乘客的原则和道路条件设置出租汽车上下乘客的临时停靠点；在机场、火车站、公路客运站、客运码头、旅游景点以及其他大型公共场所等客流集散地设置出租汽车运营站点。

第十八条 公安部门应当在保障道路交通安全、畅通的条件下，按照方便群众的原则在非主干道上合理设置标志、标线，允许出租汽车临时上下客。

第十九条 市交通行政主管部门应当会同公安、市政等部门，在不影响交通的情况下根据实际需要在非主干道的适当路段及其周边划定一定区域供出租汽车驾驶员临时停车休息、用餐；具备条件的，可以建立固定的出租汽车驾驶员服务区。

第二十条 出租汽车经营者应当遵守下列规定：

（一）接受交通行政主管部门的监督检查；

（二）依法与出租汽车驾驶员签订并履行劳动合同，办理相关招用备案手续，参加社会保险，缴纳社会保险费；

（三）将出租汽车交由取得客运资格证的驾驶员运营；

（四）对驾驶员定期组织在岗教育和培训；

（五）按规定设置出租汽车的设施、设备和服务标志；

（六）在出租汽车上设置广告不得影响安全驾驶，不得覆盖服务设施、设备和服务标志；

（七）对出租汽车进行日常维护和检测，保持车况良好，并使车辆符合本市依法执行的机动车污染物排放标准；

（八）将出租汽车的税控计价器定期送检；

（九）履行出租汽车的交通安全和治安防范工作职责；

（十）法律、法规规定的其他义务。

第二十一条 以驾驶员内部承包方式经营的出租汽车经营者，除遵守本条例第二十条规定外，还应当遵守下列规定：

（一）与驾驶员签订书面承包合同，按照公平原则确定双方的权利和义务；

（二）按照政府确定的项目和标准向驾驶员收取出租汽车承包费等费用。

出租汽车经营者与驾驶员可以参照市交通行政主管部门制定的承包合同示范文本订立合同。

第二十二条 出租汽车驾驶员应当遵守下列规定：

（一）遵守道路交通安全规定，文明驾驶，礼貌服务，接受交通行政主管部门的监督检查；

（二）保持车辆容貌和车内整洁卫生，定期对车辆进行消毒；

（三）运营时随车携带驾驶员客运资格证、车辆运营证等证件；

（四）按照合理路线或者乘客要求的路线行驶，未经乘客同意不得绕道行驶；

（五）按规定使用经法定计量检定机构检定合格的税控计价器，并随车携带检定合格证；

（六）进入运营站点的，按规定上下客和停车候客；

（七）按照政府确定的项目和标准向乘客收费；

（八）保持车辆空调设备完好，按照实际需要或者乘客意愿使用车辆空调设备；

（九）发现乘客遗留物品的，主动提醒和归还；无法归还的，及时自行送交或者通过出租汽车经营者送交公安等有关部门。

第二十三条 出租汽车驾驶员不得有下列行为：

（一）擅自改动出租汽车的设施、设备和服务标志；

（二）擅自启封、拆除税控计价器签封，破坏税控计价器的准确度或者改变税控计价器中与计量有关的部位结构；

（三）除本条例第二十六条规定的情形外，中途终止载客或者在运营时间内无正当理由拒绝载客；

（四）未经乘客同意加载他人；

（五）伪造、变造、买卖、挪用、转借车辆运营证、驾驶员客运资格证，使用伪造、变造的车辆运营证、驾驶员客运资格证，使用非本企业的车辆运营证或者他人的驾驶员客运资格证；

（六）将出租汽车交给未取得驾驶员客运资格证或者非本企业的人员运营；

（七）在出租汽车内吸烟。

第二十四条 有下列情形之一的，乘客可以拒绝支付车费：

（一）出租汽车无税控计价器、不使用税控计价器或者税控计价器显示金额不清的；

（二）出租汽车在起步价里程内发生故障，无法完成运送服务的；

（三）驾驶员拒绝出具收费发票的；

（四）除本条例第二十六条规定情形外，驾驶员中途终止载客的；

（五）驾驶员未经乘客允许加载他人的。

第二十五条 乘客应当遵守下列乘车规定：

（一）不得向驾驶员提出不符合道路交通安全规定的要求；

（二）不得携带管制器具和爆炸性、易燃性、毒害性、放射性、腐蚀性危险物品；

（三）按照政府规定的收费项目和标准支付车费；

（四）携带物品不得超过车内及尾箱的容积和负荷；

（五）不得在出租汽车内吸烟、吐痰、扔杂物和损坏车内设施、设备。

第二十六条 乘客违反第二十五条第一项和第二项规定的，出租汽车驾驶员可以拒绝载客或者中途终止载客。

乘客违反第二十五条第五项规定的，出租汽车驾驶员可以予以劝阻；劝阻无效的，出租汽车驾驶员可以中途终止载客。

醉酒者、精神病患者乘车影响安全驾驶的，出租汽车驾驶员可以拒绝载客或者中途终止载客。

第二十七条 遇有抢险救灾和举办国际国内重大体育竞赛、中国进出口商品交易会等重大活动，市交通行政主管部门可以根据市人民政府的决定调度出租汽车承担疏运任务。

出租汽车驾驶员承担抢险救灾调度任务的，市人民政府应当依法给予补偿；承担重大活动调度任务造成经济损失的，重大活动举办方应当给予合理补偿。补偿的具体办法由市人民政府制定。

第四章 监督检查

第二十八条 交通行政主管部门应当依照职责分工对出租汽车经营者的经营行为、服务质量、安全生产等情况进行监督检查，并定期将监督检查情况向社会公布。

第二十九条 本市对出租汽车经营者实行评议制度，由市出租汽车客运行业协会定期对出租汽车经营者遵守法律、法规、规章的情况和客运服务质量进行评议，并向社会公布评议结果。评议结果作为出租汽车经营者是否继续取得出租汽车运力指标的依据之一。

市交通行政主管部门应当对市出租汽车客运行业协会的评议工作进行指导和监督。

第三十条 市交通行政主管部门对驾驶员违反本条例的行为实行累积记分制度。具体办法由市交通行政主管部门拟定，报市人民政府批准后实施。

市交通行政主管部门对累积记分达到规定分值的出租汽车驾驶员，扣留驾驶员客运资格证，对其进行教育培训；培训合格的，发还驾驶员客运资格证。

第三十一条 交通行政主管部门在监督检查过程中，对未取得车辆运营证从事出租汽车经营，以及非本市出租汽车违反本条例第十六条第二款规定的，可以扣押车辆，并依法作出处理决定。对其中拼装的机动车和已达到报废标准的机动车，交由公安部门强制报废。

交通行政主管部门实施扣押的期限不得超过三十日；情况复杂的，经部门负责人批准，可以延长三十日。交通行政主管部门在法定期限内未作出处理决定的，扣押措施自动解除。违法行为不成立或者不再需要采取扣押措施的，交通行政主管部门应当立即解除扣押措施。

扣押措施已被解除或者自动解除的，交通行政主管部门应当在解除之日起三日内通知当事人领回车辆。通知领回的期限届满，当事人未领回的，交通行政主管部门应当及时发布招领公告，当事人应当在发布招领公告之日起六十日内领回。因逾期未领回所造成的损失，由当事人自行承担。

第三十二条 交通行政主管部门应当建立乘客、驾驶员投诉受理制度，公布受理投诉的电话、信箱或者电子邮箱，接受乘客、驾驶员投诉和监督。

第三十三条 乘客对出租汽车驾驶员违反本条例的行为，可以向交通行政主管部门投诉，并提供以下情况：

（一）投诉人的姓名、联系方式；

（二）被投诉出租汽车的号牌或者驾驶员客运资格证号码等；

（三）投诉的事实和要求。

第三十四条 交通行政主管部门受理乘客、驾驶员投诉后应当客观、公正地进行调查处理，在受理乘客、驾驶员投诉之日起二十日内作出处理决定，并告知投诉人。因特殊情况需要延长的，经本单位负责人批准，可以延长十日。对不属于本单位职责范围的，应当告知投诉人向相关行政管理部门投诉或者在七日内移送相关行政管理部门处理。

出租汽车经营者接到交通行政主管部门要求协助调查乘客、驾驶员投诉事项的，应当在七日内书面报告办理情况。

第五章　法律责任

第三十五条　违反本条例第十条规定，未取得出租汽车经营资格证、车辆运营证从事出租汽车经营的，由市交通行政主管部门责令停止经营，没收违法所得，处以三万元以上十万元以下的罚款；未取得驾驶员客运资格证驾驶出租汽车提供客运服务的，由市交通行政主管部门责令停止经营，没收违法所得，处以一千元以上三千元以下的罚款。

第三十六条　市交通行政主管部门发现依法取得出租汽车经营资格证、车辆运营证、驾驶员客运资格证的企业、驾驶员不再具备本条例第十一条第一项和第三项至第九项、第十三条、第十四条规定条件的，应当责令限期改正；逾期未改正的，吊销相应的许可证件。

第三十七条　违反本条例第十六条第一款规定，本市出租汽车提供起点、终点均不在指定区域内的客运服务的，由交通行政主管部门对出租汽车经营者处以五千元以上一万元以下的罚款。

违反本条例第十六条第二款规定，非本市出租汽车提供起点、终点均在本市行政区域内的客运服务的，由交通行政主管部门对出租汽车经营者或者出租汽车驾驶员处以一万元以上三万元以下的罚款；非本市出租汽车不在指定地点运载回程客或者载客不回车籍地的，由交通行政主管部门对出租汽车经营者或者出租汽车驾驶员处以五千元以上一万元以下的罚款。

第三十八条　违反本条例第二十条规定，出租汽车经营者有下列行为之一的，由交通行政主管部门按照下列规定予以处罚：

（一）无正当理由拒绝接受监督检查的，责令改正；拒不改正，情节严重或者造成严重后果的，处以一千元以上三千元以下的罚款；

（二）将出租汽车交给未取得客运资格证的驾驶员运营的，责令改正，处以五千元以上一万元以下的罚款；

（三）不按规定设置出租汽车的设施、设备和服务标志或者在出租汽车上设置广告覆盖服务设施、设备和服务标志的，责令限期改正；逾期未改正的，处以二千元以上五千元以下的罚款；

（四）未履行出租汽车交通安全职责，发生生产安全事故的，依照《中华人民共和国安全生产法》等法律、法规的规定予以处理。

第三十九条 违反本条例第二十二条、第二十三条规定，出租汽车驾驶员有下列行为之一的，由交通行政主管部门按照下列规定予以处罚：

（一）无正当理由拒绝接受监督检查的，责令改正，予以警告；

（二）车辆容貌不符合要求，或者未定期对车辆进行消毒、车内卫生不符合要求的，责令改正；拒不改正的，处以一百元以上三百元以下的罚款；

（三）运营时未随车携带驾驶员客运资格证、车辆运营证的，处以一百元以上三百元以下的罚款；

（四）进入运营站点不按规定上下客和停车候客的，责令改正；拒不改正的，处以一百元罚款；

（五）不按照合理路线或者乘客要求的路线行驶、中途终止载客、未经乘客同意加载他人的，责令退还车费，处以五百元以上一千元以下的罚款，并可以暂扣驾驶员客运资格证三日以上七日以下；

（六）不按照实际需要或者乘客意愿使用车辆空调设备的，责令改正，予以警告；

（七）在运营时间内无正当理由拒绝载客的，处以五百元以上一千元以下的罚款；

（八）擅自改动出租汽车的设施、设备和服务标志，责令改正；拒不改正的，处以一百元以上三百元以下的罚款；

（九）挪用、转借车辆运营证或者驾驶员客运资格证，将出租汽车交由非本企业的从业人员运营，使用非本企业的车辆运营证或者他人的驾驶员客运资格证的，处以五百元以上一千元以下的罚款，并可以暂扣驾驶员客运资格证三日以上七日以下；

（十）将出租汽车交由未取得驾驶员客运资格证的人员运营的，处以一千元以上三千元以下的罚款，吊销驾驶员客运资格证；

（十一）在出租汽车内吸烟的，责令改正，处以二十元以上五十元以下的罚款。

第四十条 出租汽车经营者违反本条例第二十一条第一款第二项规定，

不按照政府确定的项目和标准向驾驶员收取出租汽车承包费等费用，或者出租汽车驾驶员违反本条例第二十二条第七项规定，不按照政府确定的项目和标准向乘客收费的，由物价部门依照《中华人民共和国价格法》等法律、法规的有关规定处罚。

第四十一条 违反本条例第二十二条第五项规定，出租汽车驾驶员未随车携带税控计价器检定合格证的，由质量技术监督行政管理部门责令改正；拒不改正的，处以一百元罚款。

违反本条例第二十三条第二项规定，出租汽车驾驶员擅自启封、拆除税控计价器签封，破坏税控计价器的准确度或者改变税控计价器中与计量有关的部位结构的，由质量技术监督行政管理部门处以一千元以上二千元以下的罚款，并由市交通行政主管部门吊销驾驶员客运资格证。

第四十二条 交通行政主管部门、客运交通管理机构、道路运输管理机构和其他行政机关及其工作人员有下列行为之一的，由任免机关或者监察机关按照管理权限决定对直接负责的主管人员和其他直接责任人员给予通报批评、行政处分；构成犯罪的，由司法机关依法追究刑事责任：

（一）不依照本条例规定的条件、程序和期限实施行政许可的；

（二）粗暴执法，给公民人身或者财产造成损害、给法人或者其他组织造成损失的；

（三）发现违法行为不及时查处的；

（四）帮助违法行为人逃避查处的；

（五）违法扣押出租汽车的；

（六）使用或者损毁扣押的车辆，给当事人造成损失的；

（七）违法吊销出租汽车经营资格证的；

（八）违法暂扣、吊销车辆运营证、驾驶员客运资格证的；

（九）索取、收受他人财物，或者谋取其他利益的；

（十）将没收、扣押的违法所得或者财物以及罚款截留、私分或者变相私分的；

（十一）参与或者变相参与出租汽车客运经营活动的；

（十二）要求出租汽车经营者、驾驶员购买其指定或者变相指定的车辆、设备、设施，或者要求出租汽车经营者、驾驶员到其指定或者变相指定的生产经营单位接受有偿服务的；

（十三）未在规定期限内处理乘客、驾驶员投诉的；

（十四）其他滥用职权、玩忽职守、徇私舞弊行为。

第六章　附　　则

第四十三条　本条例第十五条规定的“二十日”以工作日计算，不含法定节假日，其他条文中规定的日期以自然日计算。

第四十四条　本条例自2009年12月1日起施行。

南宁市出租汽车客运管理条例

（2006 年 12 月 30 日南宁市第十二届人民代表大会常务委员会第三次会议通过

2007 年 7 月 27 日广西壮族自治区第十届人民代表大会常务委员会第二十七次会议批准

2007 年 9 月 3 日南宁市第十二届人民代表大会常务委员会公告第 9 号公布，自 2007 年 10 月 1 日起施行）

第一章　总　　则

第一条　为加强出租汽车客运管理，提高出租汽车客运服务质量，维护运输市场秩序，保障乘客、出租汽车经营企业和从业人员的合法权益，根据有关法律法规的规定，结合本市实际，制定本条例。

第二条　本市行政区域内出租汽车客运服务的经营和管理，适用本条例。

第三条　本条例所称出租汽车，是指取得出租汽车客运经营权，根据乘客意愿提供客运服务并按照行驶里程、时间计价收费的五座以下经营性小轿车。

第四条　市交通主管部门是本市出租汽车客运行业的行政主管部门，负责本市行政区域内出租汽车客运管理工作；市辖县交通主管部门负责本辖区内出租汽车客运管理工作。

交通主管部门下设的道路运输管理机构负责出租汽车行业的日常管理工作。

公安、规划、价格、税务、工商、质量技术监督等有关部门按照各自职责及有关规定对出租汽车客运进行管理。

第五条 市出租汽车行业协会是全市出租汽车行业的自律性社团组织，负责制订出租汽车职业规范，协调行业内部关系，开展行业自律，教育和督促会员遵守法律、法规和职业规范。

第二章 出租汽车客运经营权

第六条 从事出租汽车经营的，应当依照本条例及有关规定取得出租汽车客运经营权。

第七条 出租汽车客运经营权采取招投标出让的方式投放市场。

参加出租汽车客运经营权投标的，必须具有企业法人资格。

出租汽车客运经营权出让所得上缴市财政专用账户，实行收支两条线管理，专用于出租汽车基础设施建设、科技应用以及出租汽车客运行业管理等。

第八条 出租汽车客运经营权的使用期限为十二年。

经营权期限届满的，予以收回并按规定重新投放市场。

第九条 出租汽车客运经营权的投放总量原则上按市区人口（含流动人口）每万人二十五至三十辆的比例确定，市人民政府可根据社会经济发展的需要适时调整。

第十条 采用投标有偿出让方式取得出租汽车客运经营权的中标人，应当自收到中标通知书之日起十五日内缴清出租汽车客运经营权特许经营费，并与市交通主管部门签订出租汽车客运经营权使用合同，逾期不缴清特许经营费的，取消其出租汽车客运经营权中标资格。

市交通主管部门应当自出租汽车客运经营权使用合同签订之日起二十日内向出租汽车经营权人核发出租汽车客运经营权证。

第十一条 出租汽车客运经营权人应当自与市交通主管部门签订出租汽车客运经营权使用合同之日起六个月内组织运力投放市场。逾期不投放运力的，不投放部分的出租汽车客运经营权无偿收回。

第十二条 出租汽车客运经营权二年内不得转让。

二年后确需转让出租汽车客运经营权的，应当向市交通主管部门提出申请，市交通主管部门自接到申请之日起二十日内作出是否准许的决定。准许转让的，市交通主管部门应当自批准之日起三十日内，对剩余使用期限的出租汽车客运经营权组织招标。

以有偿出让方式取得出租汽车客运经营权的，其转让所得优先支付转让招标费用。其余以原中标价按经营权使用期限折算，余额为折算数额的百分之一百一十以内的部分归转让人所得，超过部分上缴市财政专户。

第十三条 出租汽车客运经营权原则上以每一百辆出租汽车的经营权为一组进行出让、转让。

第十四条 出租汽车客运经营权不得出租。

任何人不得涂改、伪造出租汽车客运经营许可证件。

第三章 经营企业、驾驶人与乘客

第十五条 从事出租汽车经营的，应当具备下列条件：

（一）取得出租汽车客运经营权；

（二）经营的出租汽车必须是法人财产，车辆达一百辆以上，配备与经营规模相适应的固定办公场所和工作必备场所；

（三）注册资金一千万元以上，有不少于车辆总价值百分之五的流动资金；

（四）有完善的企业章程和组织机构，配备符合要求的驾驶人、质检、安全管理人员，建立健全经营和安全管理各项制度。

第十六条 出租汽车经营企业应当遵守下列规定：

（一）建立健全车辆及驾驶人档案，实行驾驶人亮证服务等管理制度，依法申领道路运输证，并向市交通主管部门报送有关资料和信息；

（二）不得将出租汽车交给无从业资格证的人员营运或承包；

（三）依法与所聘用的驾驶人签订劳动合同，并办理社会保险；

（四）建立健全企业员工教育培训制度，定期对管理人员及驾驶人进行法制、安全、业务等方面的教育培训；

（五）每日营运车辆不少于本企业出租汽车总量的百分之八十，不得无故停运。

第十七条 出租汽车经营企业对驾驶人收费，应当执行国家、自治区和本市有关规定，公开收费项目和标准，开具收费凭证。采取承包经营方式收取车辆承包金的，应当向道路运输管理机构备案。

禁止违反规定向出租汽车驾驶人收取抵押金、保证金、手续费或变相收取其他费用。

第十八条 出租汽车经营企业需停业、歇业的，应当提前三十日报市交通主管部门批准，并依法办理相应手续。

出租汽车经营企业变更名称、地址等，应当自变更之日起十日内向市交通主管部门备案。

第十九条 出租汽车经营企业应当组织制定并实施本单位的客运安全事故和突发公共事件的应急救援预案。

遇到抢险救灾、突发公共事件等特殊情况的，出租汽车经营企业应当服从交通主管部门的统一调度和指挥。

承担前款运输任务所发生的费用，由政府给予相应补偿。

第二十条 出租汽车驾驶人应当符合下列条件，并取得从业资格证：

（一）取得相应驾驶资格二年以上；

（二）六十周岁以下，身体健康；

（三）有本市户口或暂住证；

（四）三年内无重大以上交通事故责任记录；

（五）经市道路运输管理机构对有关客运法律法规、机动车维修和旅客急救基本知识考试合格。

出租汽车驾驶人因违反本条例规定被吊销从业资格证的，从被吊销之日起三年内不得从事出租汽车客运驾驶服务。

第二十一条 出租汽车经营企业查询拟聘用的驾驶人三年内有无重大以上交通事故责任记录的，公安交通管理部门应当予以配合并提供有关资料。

第二十二条 出租汽车驾驶人应当遵守下列规定：

（一）随车携带道路运输证、从业资格证，实行亮证服务；

（二）正确使用计价器，按收费标准收费，给付乘客出租汽车客运发票；计价器达到检定周期或计价器失准时，应当暂停载客，并及时申请报检、报修；

（三）按乘客要求的路线行驶，乘客未提出要求的，应当选择最短路线行驶，确需绕道的，应当向乘客说明，不得无故绕行；

（四）按乘客要求提供车内设施的使用服务，未经乘客同意，不得同载他人；

（五）安全行车，礼貌待客，使用文明语言，保持车内整洁；乘客遗忘在车上的物品，应当归还失主；

（六）在出租汽车站点候客时，应当按序排队、顺序走车，不得欺行霸市，不得强行拉客；

（七）夜间营运应当开启顶灯，载客离开市区或到偏僻地点的，应当按有关规定进行登记；

（八）法律、法规的其他规定。

第二十三条 出租汽车驾驶人不得有下列行为：

（一）异地经营；

（二）将出租汽车交给无从业资格证的人员营运；

（三）无正当理由拒载、中断服务。

第二十四条 乘客有下列情形之一的，驾驶人有权拒载、中断运送服务或送交有关部门处理：

（一）携带易燃、易爆、有毒等危险品或者违禁品、污染物品、动物乘车的；

（二）无人监护的精神病人、醉酒者要求乘车的；

（三）要求在禁行路段行驶或在禁停路段停车的；

（四）要求超载的；

（五）拒绝按收费标准支付车费的；

（六）提出违反道路交通管理、治安管理规定或其他违法要求的。

第二十五条 驾驶人有下列情形之一的，乘客可以拒付车费：

（一）不使用计价器或不按收费标准收费的；

（二）不按规定给付出租汽车客运发票的；

（三）因车辆或驾驶人原因无法完成运送服务的。

第四章　车辆、站点、运价

第二十六条　出租汽车应当符合下列要求：

（一）符合市、县交通主管部门规定的车辆类型和车身颜色；

（二）在车前门两侧喷印经营企业名称、监督电话等服务标志；

（三）在车身两侧规定位置张贴收费标准；

（四）按规定安装卫星定位、通讯调度装置和报警装置；

（五）安装符合规定的计价器、空车待租标志、出租汽车顶灯；

（六）车辆技术状况保持良好，服务设施齐全有效；

（七）以出租汽车为载体设置广告的，必须按规定设置，不得遮挡驾驶人视线、灯光、号牌及影响车容车貌；

（八）车辆座套应当定期换洗，保持整洁。

第二十七条　出租汽车车辆应当定期进行二级维护及技术等级评定，符合一级技术等级要求。

第二十八条　出租汽车计价器应当符合质量技术监督部门和税务部门规定的要求和标准，经法定计量技术机构检定合格安装使用并按时进行周期检定，不得私自安装、改装和维修。

第二十九条　出租汽车营运期限为六年，从车辆注册登记之日起计算。

出租汽车营运期限届满，或者车辆不符合一级技术等级要求等不适合营运的，必须停止营运；出租汽车经营企业应当到市交通主管部门办理退出市场手续，交回出租汽车客运经营证件并到公安车辆管理部门办理相应手续。

需更新车辆的，出租汽车经营企业应当到市交通主管部门办理相关手续。新车辆可在原车剩余的经营权期限内继续经营。

第三十条　出租汽车的营运证件丢失的，应当在市级以上报刊刊登遗失声明后向市交通主管部门提出补办申请。市交通主管部门自接到补办申请之日起十五日内予以补办。

第三十一条　市公安部门应当会同规划、交通等部门根据车流量、人流量等因素合理规划和设置出租汽车停靠站和上下客站。

市区主、次干道两侧设出租汽车上下客站，供出租汽车上下客即停即走；宾馆、大型商场、娱乐场所、医院、大型住宅小区等公共场所应当设置二个以上出租汽车专用停靠站；确因地域条件等因素限制无法设置的，有关部门应当在前述公共场所附近道路设置出租汽车停靠站，专供出租汽车临时停靠候客。

出租汽车上下客站、停靠站应当免费向所有出租汽车开放，任何单位和个人不得阻挠。

第三十二条 机场、铁路客运站、公路客运站、港口等旅客集散地和其他人流集散地应当设置出租汽车停靠站，免费向所有出租汽车开放，不得限制出租汽车停靠候客。

第三十三条 出租汽车客运收费标准由市价格主管部门会同市交通主管部门制定，报市人民政府批准。

建立出租汽车客运运价与成品油价格联动机制。根据经济发展、运输市场需要和成品油价格变化情况，市价格主管部门应当会同市交通主管部门进行市场调查，适时调整燃油附加费或运价标准。

调整出租汽车客运运价标准，应当举行价格听证会。

第三十四条 出租汽车经营企业及其从业人员必须执行规定的收费标准，使用税务部门监制的发票，发票应当专车专用。

第五章　监督检查

第三十五条 道路运输管理机构的工作人员在监督检查过程中，对违反本条例规定的行为不能当场处理的，可暂扣其营运证件。对没有车辆营运证件又无法当场提供其他有效证明的出租汽车车辆可以予以暂扣。当事人应当在十五日内到指定的道路运输管理机构接受处理。当事人履行行政处罚决定或者接受相关处理后，道路运输管理机构应当及时退还暂扣的证件或车辆。

道路运输管理机构暂扣车辆的，应当妥善保管，不得使用，并不得收取或者变相收取保管费用。

第三十六条 乘客认为其合法权益受到出租汽车经营企业及其从业人员

侵犯的，可以向县级以上道路运输管理机构投诉。投诉时应当提供如下材料：

（一）投诉人的真实姓名、联系电话、通讯地址；

（二）被投诉人的姓名或车牌号、出租汽车发票等；

（三）情况复杂的，投诉人还应当提供书面材料。

第三十七条 县级以上道路运输管理机构受理乘客投诉后，应当及时调查处理，并在受理之日起七日内将调查处理结果书面答复投诉人；情况复杂的，应当在二十日内书面答复投诉人。

第六章 法律责任

第三十八条 对违反本条例的行为，吊销经营许可证件的行政处罚权由市交通主管部门行使；本章规定的其他行政处罚权和行政措施，由县级以上道路运输管理机构行使。

第三十九条 违反本条例第六条规定，未经许可擅自从事出租汽车客运经营的，责令停止违法行为，没收违法所得，并处三万元以上十万元以下罚款。

第四十条 违反本条例第十二条第一款、第十四条第一款规定，非法转让、出租出租汽车客运经营权的，责令停止违法行为，没收违法所得，并处三万元以上十万元以下罚款。

第四十一条 违反本条例第十四条第二款规定，涂改、伪造出租汽车客运经营许可证件的，收缴有关证件，没收违法所得，并处五百元以上三千元以下罚款。

第四十二条 违反本条例第十五条第二项规定，出租汽车经营企业使用不属其法人财产的出租汽车营运的，处以二千元以上二万元以下罚款；情节严重的，吊销经营许可证件。

第四十三条 出租汽车经营企业有下列行为之一的，按以下规定处罚：

（一）违反本条例第十六条第一项规定，未按规定建立健全车辆及驾驶人档案，不实行驾驶人亮证服务等管理制度，或不报送有关资料和信息的，责令限期改正；逾期不予改正的，处以一千元以上五千元以下罚款；

（二）违反本条例第十六条第二项规定，将出租汽车交给无从业资格证的人员营运或承包的，处以一千元以上五千元以下罚款；

（三）违反本条例第十六条第五项规定，每日营运车辆少于本企业出租汽车的百分之八十或无故停运的，处以二千元以上二万元以下罚款；情节严重的，吊销其经营许可证件；

（四）违反本条例第二十六条规定，出租汽车不符合本条例规定要求的，处以一百元以上五百元以下罚款；

（五）违反本条例第十六条第一项、第二十九条第二款规定，使用无营运证件的出租汽车，或者出租汽车不适合营运仍继续营运的，处以三千元以上一万元以下罚款。

第四十四条　违反本条例第十七条第二款规定，出租汽车经营企业向出租汽车驾驶人收取抵押金、保证金、手续费或变相收取其他费用的，责令退还所收费用，并处以二千元以上二万元以下罚款。

第四十五条　违反本条例第二十二条第一项规定，出租汽车驾驶人未随车携带道路运输证或从业资格证，或不实行亮证服务的，处以警告或者一百元罚款。

第四十六条　出租汽车驾驶人有下列行为之一的，责令改正，并处以二百元以上二千元以下罚款：

（一）违反本条例第二十条规定，未取得从业资格证从事出租汽车营运的；

（二）违反本条例第二十二条第二项规定，不给付乘客出租汽车客运发票的；计价器达到检定周期或计价器失准时，不按规定暂停载客，并及时申请报检、报修的；

（三）违反本条例第二十二条第四项规定，未按乘客要求提供车内设施的使用服务的；

（四）违反本条例第二十二条第六项规定，驾驶人在出租汽车站点候客时，不按序排队、顺序走车，或欺行霸市，强行拉客的；

（五）违反本条例第二十三条第二项规定，将出租汽车交给无从业资格证的人员营运的。

违反前款第二项至第五项规定，情节严重的，吊销其从业资格证。

第四十七条 违反本条例第三十二条规定，机场、铁路客运站、公路客运站、港口不设置出租汽车停靠站，或者阻挠出租汽车在停靠站免费停靠候客的，责令有关单位限期改正，并可对责任单位处二千元以上一万元以下的罚款。

第四十八条 违反本条例其他规定的，依照有关法律、法规的规定予以处理。

第四十九条 市交通主管部门、道路运输管理机构的工作人员玩忽职守、滥用职权、徇私舞弊的，由其所在单位或上级行政主管部门按规定权限依法给予行政处分。构成犯罪的，依法追究刑事责任。

第七章 附 则

第五十条 市辖县出租汽车客运经营的条件、经营权投放总量由各县人民政府规定，报市人民政府批准。

第五十一条 本条例自 2007 年 10 月 1 日起施行。

海口市出租汽车客运管理条例

（2008 年 8 月 29 日海口市第十四届人民代表大会常务委员会第十四次会议通过

2008 年 9 月 19 日海南省第四届人民代表大会常务委员会第五次会议批准

2008 年 10 月 14 日海口市第十四届人民代表大会常务委员会公告第 5 号公布，自 2008 年 12 月 1 日起施行）

第一章　总　　则

第一条　为了加强本市出租汽车的客运管理，提高服务质量，规范市场秩序，维护乘客、经营者及从业人员的合法权益，根据有关法律、法规的规定，结合本市实际，制定本条例。

第二条　本条例所称的出租汽车，是指依法取得出租汽车运营资格，根据乘客要求提供运送服务，并按照行驶里程和时间收费的客运车辆。

本条例所称经营者是指依法从事出租汽车客运经营活动的企业和个体工商户。

第三条　本市行政区域内出租汽车客运经营和管理适用本条例。

第四条　出租汽车客运的经营和管理应当遵循统一管理、公平竞争、安全运营、规范服务、便利乘客的原则。

第五条　市交通行政管理部门（以下简称市交通部门）是本市出租汽车客运行业的主管部门，负责本条例的组织实施。市公交客运管理机构具体实施出租汽车客运的日常监督管理工作，并依照本条例的授权实施行政处罚。

公安、工商、规划、建设、价格、环境保护、质量技术监督等政府有关部门按照各自职责，协同做好出租汽车客运的管理工作。

第六条 出租汽车是城市公共交通的组成部分。出租汽车客运行业的发展，应当与本市经济社会发展相适应，与其他公共交通客运方式相协调。市人民政府应当将发展出租汽车客运行业列入城市公共交通客运专项规划和城市综合交通体系规划。

第七条 出租汽车客运行业应当提高科学管理水平，推广使用环保、节能车辆，建立完善先进的指挥调度和监督管理系统。

鼓励出租汽车经营者通过兼并、重组等方式，组建符合现代企业制度要求的出租汽车经营企业，实行规模化、集约化经营。

第八条 出租汽车经营者可以依法组建行业协会，制定行业规范及相关管理制度，按照协会章程开展活动，维护会员的合法权益，并接受市交通部门的业务指导。

第二章 资质管理

第九条 出租汽车客运经营实行行政许可制度。实施行政许可应当遵循公开、公平、公正和合理配置资源的原则。

从事出租汽车营运，应当依照国家有关规定和本条例规定，经行政许可取得出租汽车经营资格证、车辆运营证和驾驶员客运资格证。禁止无出租汽车经营资格证、车辆运营证和驾驶员客运资格证从事出租汽车客运活动。

第十条 申请从事出租汽车经营的企业应当具备下列条件：

（一）具备企业法人资格且注册资本达到规定标准；

（二）有与经营规模相适应、符合本条例第十二条规定条件的客运车辆、配套设施和设备或者相应的资金；

（三）有与经营规模相适应的停车场地和经营场所；

（四）有良好的银行资信、财务状况及相应的偿债能力；

（五）有与经营规模相适应的技术、财务和经营管理人员及管理制度；

（六）有与经营业务相适应并取得客运资格证的出租汽车驾驶员；

（七）法律、法规规定的其他条件。

第十一条 申请从事出租汽车经营的个体工商户应当具备下列条件：

（一）有独立承担民事责任的能力；

（二）有符合本条例第十二条规定条件的客运车辆；

（三）有固定停车场所及相应的设备、设施；

（四）符合本条例第十九条规定的条件；

（五）符合法律、法规规定的其他条件。

第十二条 出租汽车客运车辆应当符合下列条件：

（一）车辆技术性能完好，尾气排放等符合国家和地方规定的标准；

（二）车辆设施依照国家和地方有关规范配置；

（三）车顶安装出租汽车标志灯；

（四）外观颜色和服务标志的样式符合市交通部门的规定；

（五）安装符合规定要求的计价器及无线调度报警装置，张贴价格标签和监督电话号码；

（六）车容整洁卫生，运营标志完好、证牌齐全；

（七）新投入或更新的出租汽车，应当是出厂新车；

（八）法律、法规规定的其他条件。

第十三条 市人民政府应当按照本市出租汽车客运市场的供求状况，对出租汽车许可经营数量实行总量控制。

新增出租汽车数量，由市交通部门广泛征求意见，提出方案，报市人民政府批准后实施。在本市出租汽车年平均有效里程利用率低于60%的情况下，一般不再新增出租汽车数量。新增出租汽车方案应当经过充分论证，必要时，应当进行听证，听取乘客代表、出租汽车经营者和从业人员以及有关部门的意见。

第十四条 市交通部门应当采取招投标等公平竞争方式确定经营者。

市交通部门应当制定出租汽车客运经营权招投标方案和招标文件，报市人民政府批准后实施。出租汽车客运经营权招投标方案应当向社会公布。

出租汽车客运经营权招标书中应当载明出租汽车经营许可数量、许可对象、许可期限，运营车辆车型、更新年限、质量要求，服务质量承诺等内容。

第十五条 参加出租汽车客运经营权招投标的投标人应当向市交通部门

提供下列证明和材料：

（一）营业执照；

（二）本条例第十条或者第十一条规定条件的相关证明材料；

（三）招标文件规定的其他证明和材料。

经营者在竞标前2年内发生过两次以上重大或者重特大交通责任事故，或者有两次以上限期整改记录的，不得参与竞标。

第十六条 竞标中标人应当在中标后3个月内，持中标通知书向市交通部门申领出租汽车经营资格证和车辆运营证。中标人逾期未申领出租汽车经营资格证和车辆运营证的，丧失中标资格。

市交通部门应当自接到申请之日起10日内对中标人核发出租汽车经营资格证；对符合本条例第十二条条件的出租汽车核发车辆运营证，不予核发证件的，应当书面说明理由。车辆运营证实行一车一证。

出租汽车经营资格证、车辆运营证的有效期限，最长不得超过其中标取得的经营许可期限。

第十七条 经营者不得利用出租汽车客运经营权，以一次性卖断或者分期卖断、收取风险抵押金和运营收入保证金等方式向驾驶员转嫁投资和经营风险，牟取暴利。

出租汽车经营企业应当将投入运营的车辆列入企业固定资产和会计核算。运营车辆的购置发票、银行资金流动单据、购车协议所载明的车辆所有权人应当与企业名称一致。运营车辆的机动车行驶证和车辆运营证应当与企业名称一致。

出租汽车个体工商户应当对运营车辆拥有所有权，并亲自从事驾驶客运服务；根据经营情况可以聘用1至2名符合本条例第十九条规定条件的驾驶员协助客运服务。

本条例施行前违反本条第一款规定的，由市交通部门按照有关法律、法规和本条例的规定进行清理规范，具体办法由市人民政府另行规定。

第十八条 出租汽车客运经营权许可期限最长为10年。经营权期限届满，经营者应当终止运营，并办理车辆运营注销手续。

本条例施行前合法取得的出租汽车经营权许可，在原批准期限内继续有效。

在出租汽车客运经营权期限内，按照国家有关规定应当报废的出租汽车应当报废，并由市交通部门注销其车辆运营证。经营者更新车辆的，可以申请核发更新车辆的运营证，但新的车辆运营证的有效期限不得超过出租汽车客运经营权的剩余年限。

出租汽车客运经营权招标书有车辆更新要求的，经营者应当按照要求更新车辆，但确有充分证据证明未达到国家汽车报废标准，且符合本条例第十二条规定条件的除外。

第十九条 从事出租汽车客运驾驶服务，应当具备下列条件：

（一）有依法取得的相应的准驾机动车驾驶证，有3年以上驾龄，3年内无重大以上交通责任事故记录；

（二）男性年龄在60周岁以下，女性年龄在55周岁以下，初中毕业以上文化程度，身体健康；

（三）经培训考试合格；

（四）被吊销出租汽车客运资格证的驾驶员，从吊销之日起已经满5年。

从事出租汽车驾驶业务，应当向市交通部门申请出租汽车驾驶员客运资格证。市交通部门应当自收到申请之日起20日内，对符合前款规定条件的申请人核发出租汽车驾驶员客运资格证；不予核发的，应当书面通知申请人并说明理由。

第三章　运营管理

第二十条 经营者应当依法与所招聘的驾驶员签订劳动合同和运营任务承包合同，并依法为驾驶员缴纳养老、医疗、工伤、失业、生育等社会保险费。

经营者与驾驶员约定采取运营任务承包方式的，应当签订运营任务承包合同，并根据市交通部门制定的运营承包收费指导标准确定承包费额。

市交通部门应当会同有关部门制定劳动合同与运营任务承包合同示范文本，确定合理的运营收费定额指导标准。

第二十一条 经营者停业、歇业，应当报经市交通部门批准；发生合并、分立、改制以及变更名称、地址等事项，应当向市交通部门申请办理变更、注销手续。

第二十二条　本市出租汽车经营者应当按照经营资格证核定的经营范围从事客运活动。

非本市出租汽车不得从事起点和终点均在本市行政区域内的客运活动；载客进入本市行政区域的，乘客下车后不得显示空车待租标志或者重新载客。法律、法规和省人民政府规章另有规定的，从其规定。

第二十三条　经营者或者驾驶员不得转让、出租、出借出租汽车经营资格证、车辆运营证或者驾驶员客运资格证。

第二十四条　经营者或者驾驶员不得将出租汽车交给无出租汽车驾驶员客运资格证的人员从事客运经营活动。

第二十五条　经营者应当遵守下列规定：

（一）按规定组织驾驶员参加业务培训，接受职业道德、交通安全和治安防范知识教育；

（二）建立健全安全管理制度，定期检查各项安全防范措施落实情况，保证运营安全；

（三）依法办理车辆注册登记和机动车交通事故责任强制保险以及国家规定的其他强制保险；

（四）按时向市交通部门报送运营报表及其他统计资料；

（五）建立完善车辆和驾驶员的档案及台账；

（六）定期维护、消毒和检测运营车辆，保持运营车辆技术性能和设施完好，车容整洁卫生；

（七）建立并执行出租汽车运营交接班制度，在上下班高峰时段不得进行运营交接班；

（八）法律、法规的其他规定。

第二十六条　经营者应当为乘客提供方便、及时、安全、文明的客运服务，对老、弱、病、残、孕及急需抢救的人员优先提供客运服务。

遇有突发公共事件、重大活动等特殊情况时，经营者应当服从市交通部门对车辆的统一调度、组织疏运。

第二十七条　驾驶员运营时应当遵守下列规定：

（一）遵守道路交通安全法律、法规，服从经营者的管理，规范操作，文明服务；

（二）携带、佩戴相关证件；

（三）按规定使用计价器，按计价器显示的金额收费，主动出具出租汽车专用发票；

（四）下班途中、接受预约前往提供服务途中或者有其他不能运营的情况，应使用暂停运营标志；空车或者停车候客时应显示空车标志且不得拒载；

（五）上、下客时按照规定停车，在运营站点候客时，应当服从调度、依序载客，不得在站外揽客或者组织从事乘车中介活动；

（六）按乘客选择的线路或距离最短的线路行驶，确需绕道的，应事先向乘客说明；

（七）不得强迫他人乘车或无故中途甩客；

（八）按照乘客要求使用空调；

（九）未经乘客同意，不得招揽他人同乘；

（十）乘客下车时应当提示其携带随身物品，对遗失在运营车辆上的物品应当及时归还，无法归还的，及时上交所在经营企业或者市交通、公安部门。

第二十八条 经营者应当使用经法定计量检定机构检定合格的出租汽车计价器，不得使用未经法定计量检定机构检定、检定不合格或者超过检定周期的计价器。法定计量检定机构以外的任何单位或个人不得擅自拆动计价器铅封，不得在计价器本体上私自加装附属装置、开关或者连接线。

第二十九条 出租汽车客运车辆实行年度审验制度。未经年度审验，或者经年度审验不合格且又未按要求整改或整改后仍不符合运营条件的，由市交通部门吊销其车辆运营证。

第三十条 市交通部门应当会同公安、规划、建设等部门规划、建设出租汽车营业站点。

机场、火车站、客运码头、长途汽车站以及宾馆、医院等单位应当设置出租汽车候客车位或营业站点，向出租汽车开放运营；其管理单位不得向出租汽车驾驶员收取费用，法律、法规和规章另有规定的除外。

第三十一条 市公安部门应当根据道路条件和方便乘客的原则，会同市交通部门在城市主干道和繁华路段合理划定出租汽车临时停靠点。

第三十二条 市交通部门及其公交客运管理机构应当依法对出租汽车客运市场实施监督检查，及时查处违法行为。被检查的单位和个人应当配合。

第三十三条 市交通部门和公交客运管理机构的执法人员在监督检查过程中，对未取得出租汽车经营资格证、车辆运营证或者驾驶员客运资格证从事出租汽车经营，以及非本市出租汽车从事起点、终点均在本市行政区域内的出租汽车经营的，可以暂扣车辆，并依法作出行政处罚决定。对暂扣车辆应当妥善保管，不得使用，不得收取或者变相收取保管费用。对违反本条例第二十二条、二十三条、二十五条、二十七条、二十八条规定的经营车辆，可以暂扣其车辆运营证；没有车辆运营证又无法当场提供其他有效证明的，可以暂扣其经营车辆，并出具暂扣凭证。

市交通部门和公交客运管理机构依法进行处理后，应当及时通知当事人领回有关车辆或证件。

第三十四条 市交通部门应当制定服务质量考核制度，定期组织有关部门、专家和乘客代表对经营者运营服务状况进行考核，评定服务质量等级。

市交通部门应当将服务质量考核标准和考核结果向社会公布。

在经营期限内，其年度服务质量考核连续四年获得优秀等次或者全部为良好以上等次的经营者，在新一轮出租汽车经营权招投标中在同等条件下享有优先权。对考核不合格的经营者，由市交通部门责令限期改正或者停业整顿；经整顿仍达不到要求的，可以吊销其出租汽车经营资格证和车辆运营证。

第四章 权益保障

第三十五条 驾驶员有下列情形之一的，乘客可以拒付车费：

（一）不使用计价器或者不按计价器显示金额收费的；

（二）不出具出租汽车专用发票的；

（三）基价里程内因车辆或驾驶员原因无法完成运送服务的；

（四）不按照本条例第二十七条第（八）项的规定使用空调的；

（五）无故绕行的。

第三十六条 乘客应当文明乘车。有下列规定情形之一的，驾驶员有权拒载或者要求乘客下车，但法律、法规另有规定的除外：

（一）携带管制刀具、武器或者易燃、易爆、有毒等危险物品，或无安全、卫生防护措施的动物；

（二）无人监护、陪同的精神病人、醉酒者要求乘车的；

（三）故意损坏车辆设施；

（四）提出违反交通安全、治安管理规定的要求或有其他违法行为的。

第三十七条 出租汽车载客在0时至5时驶离城市建成区的，出租汽车驾驶员可以要求乘客随同到就近的公安机关办理验证登记手续，乘客应当予以配合；乘客不予配合的，驾驶员有权拒绝提供运送服务。

第三十八条 市交通部门和公交客运管理机构应当建立健全投诉受理制度。对出租汽车运营过程中违反本条例行为的投诉，市交通部门和公交客运管理机构的工作人员应当及时到现场调查处理；不能到现场调查处理的，应当说明理由，并记录投诉事项。

市交通部门和公交客运管理机构对乘客、驾驶员和经营者的投诉应当自受理之日起10日内调查处理完毕；情况复杂的，经单位负责人批准可延长10日。依法应当由其他部门调查处理的，及时移送其他部门。

出租汽车驾驶员违反本条例有关规定被投诉后，驾驶员及其所属出租汽车经营企业或者个体工商户经营者应当在市交通部门规定的期限内到市公交客运管理机构接受查询。

对超过标准收费、故意绕道行驶、中途甩客、违反规定拒载等行为的投诉，市公交客运管理机构查实后对投诉人给予奖励。

第三十九条 任何单位与个人发现未取得出租汽车经营资格证和车辆运营证的其他机动车用于客运出租运营，非本市出租汽车从事起点和终点均在本市行政区域内的客运活动以及载客进入本市行政区域，乘客下车后显示空车待租标志和重新载客的，可以向市交通部门或者公交客运管理机构举报，市交通部门或者公交客运管理机构应当及时查处。

市交通部门和公交客运管理机构应当将投诉举报电话向社会公布。

第五章　法律责任

第四十条　违反本条例第九条规定，无出租汽车经营资格证、车辆运营证从事出租汽车客运经营活动的，由市公交客运管理机构责令停止经营，没收违法所得，处2万元以上10万元以下的罚款。

违反本条例第九条规定，无驾驶员客运资格证从事出租汽车客运活动的，由市公交客运管理机构责令改正，处400元以上2000元以下罚款。

第四十一条　取得出租汽车经营资格证的经营者有下列情形之一的，由市公交客运管理机构责令停止违法行为，没收违法所得，处1万元以上5万元以下罚款；情节严重的，由市交通部门吊销出租汽车经营资格证和车辆运营证：

（一）违反本条例第十七条规定，利用出租汽车客运经营权，以一次性卖断或者分期卖断、收取风险抵押金和运营收入保证金等方式牟取暴利的；

（二）违反本条例第二十三条规定，转让、出租、出借出租汽车经营资格证或车辆运营证的。

第四十二条　违反本条例第二十二条第二款规定，非本市出租汽车从事起点和终点均在本市行政区域内的客运活动的，由市公交客运管理机构责令停止经营，处1000元以上5000元以下的罚款；载客进入本市行政区域，乘客下车后显示空车待租标志或者重新载客的，由市公交客运管理机构责令改正，处400元以上2000元以下的罚款。

第四十三条　经营者或驾驶员违反本条例规定，有下列情形之一的，由市公交客运管理机构责令改正，处400元以上2000元以下罚款；情节严重的，由市交通部门吊销有关证件：

（一）违反本条例第二十三条规定，出租、出借驾驶员客运资格证的；

（二）违反本条例第二十四条规定，将出租汽车交给无驾驶员客运资格证的人员从事客运经营活动的。

第四十四条　违反本条例规定，经营者有下列情形之一的，由市公交客运管理机构责令改正，并按照以下规定给予处罚：

（一）违反本条例第二十一条规定，未经批准擅自停业、歇业或者终止经营的，处1万元以上5万元以下罚款；情节严重的，由市交通部门吊销其出租汽车经营资格证。发生工商登记变更等事项而未向市交通部门申请办理变更、注销手续的，处600元以上3000元以下罚款；

（二）违反本条例第二十五条第（一）、（四）、（五）、（七）、（八）项规定从事经营活动的，处200元以上1000元以下罚款；

（三）违反本条例第二十五条第（二）、（六）项规定的，处1000元以上5000元以下罚款；情节严重的，处5000元以上2万元以下的罚款，并可由市交通部门吊销其出租汽车经营资格证、车辆运营证。

第四十五条　驾驶员违反本条例第二十七条第（一）、（三）、（六）、（七）项规定的，由市公交客运管理机构处400元以上2000元以下罚款；情节严重的，由市交通部门吊销其客运资格证。违反本条例第二十七条其他规定的，由市公交客运管理机构处100元以上500元以下的罚款。

第四十六条　违反本条例第三十六条规定，乘客不遵守有关乘车规定的，由市公交客运管理机构责令改正，可以处50元以上200元以下罚款。

第四十七条　违反本条例第二十条规定，经营者不依法与所招聘的驾驶员签订劳动合同或者不依法为驾驶员缴纳社会保险费的，由人事劳动和社会保障行政主管部门依照劳动和社会保障法律、法规予以处罚。

违反本条例其他规定，依法应当由公安、工商、价格、环境保护、质量技术监督等行政主管部门处罚的，由相关行政主管部门依法处理。

第四十八条　市交通部门、公交客运管理机构及其他相关管理部门工作人员在执行职务时有下列行为之一的，由其所在单位或上级有关部门给予行政处分；给他人造成经济损失的，依法赔偿；构成犯罪的，依法追究刑事责任：

（一）非法侵犯出租汽车客运经营者及其从业人员人身、财产权利的；

（二）违法实施行政许可的；

（三）违法实施行政处罚的；

（四）使用或损毁扣押财物的；

（五）违反投诉受理制度的；

（六）索取或收受他人财物，或谋取其他非法利益的；

（七）其他滥用职权、徇私舞弊、玩忽职守的行为。

第六章　附　　则

第四十九条　本条例自 2008 年 12 月 1 日起施行。《海口市出租汽车定线汽车客运管理条例》同时废止。

昆明市客运出租汽车管理条例

（1999年2月23日昆明市第十届人民代表大会常务委员会第十八次会议通过

1999年4月2日云南省第九届人民代表大会常务委员会第八次会议批准

根据2003年5月31日昆明市第十一届人民代表大会常务委员会第十四次会议通过、2003年9月28日云南省第十届人民代表大会常务委员会第五次会议批准的《关于修改〈昆明市客运出租汽车管理条例〉决定》第一次修正

根据2004年6月16日昆明市第十一届人民代表大会常务委员会第二十二次会议通过、2004年6月29日云南省第十届人民代表大会常务委员会第十次会议批准的《关于修改、删除和停止执行涉及行政许可的地方性法规有关条文的决定》第二次修正

2008年10月10日昆明市第十二届人民代表大会常务委员会第二十次会议修订

2008年11月28日云南省第十一届人民代表大会常务委员会第六次会议批准

2008年12月3日昆明市第十二届人民代表大会常务委员会公告第16号公布，自2009年1月1日起施行）

第一章　总　　则

第一条　为规范客运出租汽车的管理，提高服务质量，保障乘客和经营者及其从业人员的合法权益，根据有关法律、法规，结合本市实际，制定本

条例。

第二条 凡在本市行政区域内的客运出租汽车管理部门、经营者及其从业人员、乘客以及与客运出租汽车营运相关的单位和个人，应当遵守本条例。

第三条 昆明市人民政府根据城乡经济社会发展实际和市场需求，制定客运出租汽车发展规划，并组织实施。

昆明市人民政府应当支持和鼓励采用先进科学技术，合理配置资源，促进客运出租汽车行业发展。

第四条 昆明市客运出租汽车行政主管部门负责本市行政区域内客运出租汽车行业的管理。其所属的客运出租汽车管理机构负责市辖区（不含东川区）范围内客运出租汽车的具体管理工作。

其他各县（市、区）客运出租汽车管理工作由同级人民政府的行政主管部门负责，业务上接受市客运出租汽车行政主管部门的监督指导。

公安、交通、市政公用、环保、规划、价格、旅游、工商、税务、质量技术监督等有关部门，应当依据各自职责，做好客运出租汽车相关的管理工作。

第五条 市客运出租汽车行政主管部门的主要职责是：

（一）执行昆明市人民政府制定的客运出租汽车发展规划；

（二）对客运出租汽车、经营者及其从业人员进行监督检查；

（三）对公共突发事件、自然灾害以及其他特殊情况，按照应急预案处置要求做好工作；

（四）负责客运出租汽车营运资质审查，核发营运证；

（五）对客运出租汽车经营者及其从业人员进行行业培训；

（六）按照城乡规划，会同相关部门共同设定客运出租汽车营运场站及营运线路；

（七）设置、管理客运出租汽车车辆专用设施和专用标志；

（八）受理投诉及依法查处违法营运行为，维护客运出租汽车正常营运秩序；

（九）对在客运出租汽车管理和服务中成绩显著的单位和个人进行表彰和奖励。

第二章　经营资质管理

第六条　经营客运出租汽车应当符合经营条件并有偿取得经营权，领取经营许可证件。

经营权出让采取公开竞拍方式确定。经营权的出让收入只能用于城乡客运出租汽车行业的建设和管理。

对取得经营权但在经营期限内确需转让的，经营权人应当按规定到市客运出租汽车行政主管部门办理有关手续。

经营权的使用期限和出让、转让的具体办法，由市人民政府另行制定。

第七条　客运出租汽车经营企业应当具备下列条件：

（一）具有独立承担民事责任的权利能力和行为能力；

（二）有50台以上的客运出租汽车和相应的固定经营管理场所、停车场地及信息化管理等必要设施；

（三）有与经营业务相适应的票据、安全技术、调度、驾驶、售票、车辆管理等专职人员；

（四）有与经营方式相配套的安全技术、财务、保险、劳动人事等管理制度；

（五）法律、法规、规章规定的其他条件。

第八条　客运出租汽车个体经营者应当符合下列条件：

（一）具有独立承担民事责任的权利能力和行为能力；

（二）有符合规定的客运出租汽车；

（三）有具备资质的客运出租汽车经营企业出具的接受委托管理的协议和证明；

（四）法律、法规、规章规定的其他条件。

第九条　客运出租汽车驾驶员应当符合下列条件：

（一）有本地公安机关交通管理部门核发的机动车驾驶证，有三年以上汽车驾龄，无重大责任交通事故记录；

（二）有本地户口或者居住证；

（三）具有完全民事行为能力；

（四）具备初中以上文化程度，女性年龄五十五周岁、男性年龄六十周岁以下，身体健康；

（五）经本市客运出租汽车行业培训合格。

第十条 客运出租汽车经营者及驾驶员，应当向客运出租汽车行政主管部门申请核发车辆营运证和驾驶员客运资格证。

第十一条 客运出租汽车经营者及驾驶员应当按规定参加客运出租汽车行政主管部门组织的对客运出租汽车经营者所具备的条件、驾驶员客运资格、客运出租汽车服务设施等的年度复核。复核合格的方可继续营运。

第三章 营运管理

第十二条 客运出租汽车应当符合下列规定：

（一）新增和报废更新客运出租汽车应当采用排气量1.6升以上车型和规定的标志色；

（二）在规定位置粘贴营运标识，放置驾驶员客运资格证，使用统一的座垫套，保持车况良好，车容整洁；

（三）车辆必须按规定设置顶灯、计价器、安全装置等设施；设置广告的，按照《昆明市户外广告管理条例》的有关规定办理。

第十三条 客运出租汽车停业30日以上的，应当在停业前向客运出租汽车行政主管部门提出申请，办理有关手续；退出营运的，应当按照客运出租汽车行政主管部门和公安等管理部门的规定办理注销或者变更手续。

第十四条 禁止伪造、涂改、转借营运证和驾驶员客运资格证。

禁止在非客运出租汽车车辆上设置、安装、使用客运出租汽车营运标识及设施。

第十五条 客运出租汽车计价器的使用应当遵守下列规定：

（一）按照指定的位置安装经质量技术监督部门鉴定合格的计价器，并实行定期检定和经常性查验；

（二）正确使用计价器，不得利用计价器作弊欺骗乘客；

（三）不得私拆计价器铅封、改变质量技术监督部门设定的参数或者车辆有关部位的结构，影响计价器的准确度；

（四）计价器出现故障，应当立即停止营运，并及时修复，经质量技术监督部门检定合格后方可营运；

（五）车辆上路营运无人乘坐和待租时，应当竖立空车标志牌，有人乘坐时必须放下标志牌，使用计价器。

第十六条 客运出租汽车经营企业应当遵守下列规定：

（一）宣传贯彻执行客运出租汽车管理的相关法律、法规、规章和政策；

（二）每六个月对所属从业人员进行业务培训，加强职业道德和道路交通安全教育；

（三）认真做好票务管理工作，建立驾驶员、车辆档案和有关登记台账；

（四）依法办理客运出租汽车有关业务；

（五）组织所属驾驶员及车辆的年度复核工作，协助有关部门做好驾驶员交通行车事故的处理及保险索赔；

（六）协助管理部门做好日常监督检查和投诉处理、失物查找以及营运车辆调度；

（七）依法经营，依法纳税，及时、准确地报送有关统计表；

（八）执行价格主管部门核定的收费标准，不得擅自提高收费标准和增加收费项目；

（九）完成客运出租汽车行政主管部门要求的公益性事务。

第十七条 客运出租汽车驾驶员应当遵守下列规定：

（一）自觉维护营运秩序，随车携带相关证照，并接受客运出租汽车行政主管部门的监督检查；

（二）按照乘客的要求及合理的路线行驶，未经乘客同意，不得绕道行驶，不得违背乘客意愿合乘载客；

（三）严格按照标准收费并给付有效车票；

（四）不得将车辆交给无客运资格证的人员营运；

（五）不得索要回扣、小费或者计价器显示金额以外的返程放空费；

（六）衣着整洁，礼貌待客，文明行车，载客时不得吸烟，不得在临时停靠站点停车候客；

（七）按要求对车辆进行消毒；

（八）发现乘客遗失在车辆内的物品，应当妥善保管并及时向客运出租汽车管理机构或者公安部门报告；

（九）执行国家有关劳动时间的规定，合理安排休息，不得疲劳和带病驾驶。

第十八条 客运出租汽车经营者及驾驶员应当按照政府的应急决定和措施，执行抢险、救灾等涉及国家利益和社会公共利益的特殊任务，服从相关部门的调度和对车辆的征用。

因执行前款规定征用车辆的，征用部门应当给予补偿。

第十九条 乘客应当遵守下列规定：

（一）不得向客运出租汽车驾驶员提出违反交通管理法规和本条例的要求；

（二）严禁携带易燃易爆等违禁物品乘坐客运出租汽车；

（三）文明乘车，不得吸烟和抛置废弃物，爱护车辆卫生、设施和标志；

（四）醉酒者和精神病患者乘车应当有人陪护；

（五）按照规定支付车费及租乘客运出租汽车途中所经路段发生的合法征收的道路、桥梁费。

违反前款规定的，客运出租汽车驾驶员有权拒绝服务。

第二十条 乘客遇有下列情况之一，可拒绝支付车费：

（一）不使用计价器收费或者不按核定运价收费的；

（二）不给付专用车票的；

（三）由于驾驶员的原因、基价里程内车辆发生故障或者交通事故，中断运送服务的。

第二十一条 客运出租汽车驾驶员从事营运活动时，不得拒载。

客运出租汽车上路行驶或者停在机场、车站、码头、宾馆、饭店、风景名胜区等公共场所、居住小区及其他客运集散地待租时，属于从事营运活动。

客运出租汽车遇乘客招呼停车后不载客、在营运场站不服从调派、待租时拒绝运送乘客的，属于拒载行为。

第二十二条 定线营运的客运出租汽车，应当按照核准的路线、站点和时间从事营运。不得串线营运和挤占公共汽车站点候客。遇有包租需离开专营线路或者因特殊原因需转线营运的，应当到客运出租汽车行政主管部门办理手续。

第二十三条 任何单位和个人未办理客运出租汽车营运手续，不得从事客运出租汽车营运活动。

第二十四条 客运出租汽车应当在核准的区域内营运。进入非核准营运区域的客运出租汽车，可以在指定的场、站候客，不得沿路招揽乘客或者停车候客，不得从事起点载客和终点下客都在非核准营运区域的客运活动。

第四章 场站管理

第二十五条 客运出租汽车营运场、站及配套服务设施的建设，采取多渠道、多形式的投资方式。

按规划建设并投入使用的客运出租汽车场、站及专用泊位，不得擅自改作他用。

第二十六条 机场、车站、码头、宾馆、饭店、风景名胜区等公共场所或者其他客运集散地，应当设置客运出租汽车停放场、站，并向客运出租汽车开放。进入场、站的客运出租汽车，应当服从统一调度和管理。

任何单位和个人不得向客运出租汽车经营者、驾驶员非法收费或者阻挠其正常营运。

第二十七条 市客运出租汽车行政主管部门应当会同公安等有关部门，在一、二级城市道路和繁华商业街道设置有明显标志的客运出租汽车上、下乘客的临时停靠站点及专用泊位。

在没有设置临时停靠站点的其他城市道路上，按照不影响交通和方便乘客的原则，选择路边安全位置临时停靠，上、下乘客。

第二十八条 城乡客运出租汽车营运线路、场、站的设立或者调整，由客运出租汽车行政主管部门会同规划、公安、交通、市政公用管理部门共同批准实施。

第五章　监督和服务

第二十九条　市客运出租汽车行政主管部门应当建立长期、动态的跟踪管理机制，制定记分管理办法，对客运出租汽车经营者、驾驶员进行监督管理。

第三十条　客运出租汽车执法人员应当持证上岗。在执行检查任务时，对证据可能灭失或者以后难以取得的，依法采取证据保全措施；对不出示全省统一执法证件的，被检查者有权拒绝检查。

第三十一条　市客运出租汽车行政主管部门及其工作人员在管理和服务时应当做到：

（一）对申办营运证、驾驶员客运资格证，符合条件、材料齐全的，在3个工作日内办结。对不符合申办条件的，应当书面说明情况；

（二）履行客运管理职责，文明执法、秉公办事、热情服务；

（三）不得违反规定罚款、收费，不得滥用职权、徇私舞弊；

（四）公开办事制度和接受社会监督。

第三十二条　客运出租汽车行政主管部门应当设立投诉受理机构，并公布投诉受理机构的名称和电话。在受理投诉时应当认真登记投诉者的基本情况、投诉事实和要求，并按下列程序进行处理：

（一）自受理投诉之日起3个工作日内，将投诉的事实和理由书面通知被投诉者；

（二）被投诉者自收到通知之日起7个工作日内，向客运出租汽车行政主管部门提出答辩意见和有关证据材料；

（三）自受理投诉之日起20个工作日内处理完毕，特殊情况不得超过30个工作日，并将处理情况告知投诉者。

投诉人投诉应当自权益被侵害之日起10日内提出，并提供客运出租汽车专用票据或者其他证据。

第三十三条　乘客与客运服务驾驶、售票人员因收费或者客运服务事宜发生争议时，由客运出租汽车行政主管部门或者价格主管部门协调处理，乘租客运出租汽车时起至受理时止的车费，由责任者承担。乘客对计价器有异议的投诉，由质量技术监督部门检查处理。由此产生的直接费用，由责任者承担。

第六章　法律责任

第三十四条　在本市未取得客运经营许可证件、伪造客运经营许可证件、超出客运经营许可范围从事非法客运经营行为的，由客运出租汽车行政主管部门予以取缔，没收违法所得，同时向社会公布非法经营者及其车辆号牌；对行为人由公安机关交通管理部门依法吊销机动车驾驶证及车辆的相关牌证；对专门用于非法客运经营的车辆，由客运出租汽车行政主管部门按照国务院《无照经营查处取缔办法》予以没收；构成犯罪的，依法追究刑事责任。

第三十五条　客运出租汽车经营者和驾驶员有下列情形之一的，由客运出租汽车行政主管部门予以处罚：

（一）擅自转让经营权的，责令改正，并处3000元罚款；

（二）取得经营权但未办理营运证和驾驶员客运资格证从事营运活动的，责令改正，并处500元至1000元罚款；

（三）未按时参加年度复核或者年度复核不合格从事营运活动的，责令改正，并处500元至1000元罚款，逾期不改的，吊销其营运证和驾驶员客运资格证；

（四）违反第十六条第（二）、（三）、（四）、（五）、（六）项规定之一的，处以1000元至3000元罚款；情节严重的，责令停业整顿1至3个月。

第三十六条　违反第十四条第一款规定的，由客运出租汽车行政主管部门没收违法所得，对单位处以5000元至1万元罚款，对个人处以500元至2000元罚款；构成犯罪的，依法追究刑事责任。

第三十七条　客运出租汽车驾驶员有下列情形之一的，由客运出租汽车行政主管部门予以处罚：

（一）违反第十二条规定之一，第十五条第（五）项，第十七条第（九）项规定的，责令改正，并处100元至300元罚款；

（二）违反第十五条第（一）、（二）、（四）项规定之一，第十七条第（一）至（五）项规定之一和第二十二条规定的，责令改正，并处500元至1000元罚款；

（三）违反第十五条第（三）项，第十七条第（八）项，第二十一条第一款规定的，责令改正，并处1000元至2000元罚款；

（四）违反第十七条第（六）、（七）项规定之一的，责令改正，并处50元罚款。

驾驶员违反前款规定，情节严重的，吊销其驾驶员客运资格证，五年内不得重新申办。

第三十八条 违反第二十五条第二款、第二十六条第一款规定的，由客运出租汽车行政主管部门责令改正，并处500元至2000元罚款。

第三十九条 违反第二十六条第二款规定的，由客运出租汽车行政主管部门责令改正，并处1000元至3000元罚款。

第四十条 对个人罚款1000元以上、吊销驾驶员客运资格证、责令停业整顿的，在作出行政处罚决定前，应当告知当事人有要求举行听证的权利。

第四十一条 作出行政处罚决定时，应当制作《行政处罚决定书》。收缴罚没款时，应当开具财政部门统一制发的罚没款收据，罚没款一律上缴国库。

第四十二条 客运出租汽车行政主管部门的工作人员违反第三十一条第（一）、（二）、（三）项和第三十二条第（一）、（三）项规定之一的，由其所在单位或者上级行政主管部门予以批评教育，责令改正；情节严重的，给予行政处分、调离工作岗位；构成犯罪的，依法追究刑事责任。

第四十三条 当事人对客运出租汽车行政主管部门作出的行政处罚决定不服的，可以依法申请行政复议或者提起行政诉讼。当事人逾期不申请复议、不提起诉讼又不履行行政处罚决定的，由作出处罚决定的部门申请人民法院强制执行。

第七章　附　　则

第四十四条 本条例自2009年1月1日起施行。

西安市出租汽车管理条例

（2002年7月30日西安市第十三届人民代表大会常务委员会第二次会议通过

2002年9月29日陕西省第九届人民代表大会常务委员会第三十二次会议批准

根据2004年6月30日西安市第十三届人民代表大会常务委员会第十五次会议通过、2004年8月3日陕西省第十届人民代表大会常务委员会第十二次会议批准的《关于修改〈西安市出租汽车管理条例〉的决定》修正

2010年9月21日西安市第十四届人民代表大会常务委员会第二十四次会议修订通过

2010年11月25日陕西省第十一届人民代表大会常务委员会第十九次会议批准

2010年12月13日西安市人民代表大会常务委员会公告第63号公布，自2011年1月1日起施行）

第一章　总　　则

第一条　为了加强本市出租汽车行业管理，提高出租汽车服务质量，保障乘客、经营者、驾驶员及其从业人员的合法权益，根据有关法律、法规的规定，结合本市实际，制定本条例。

第二条　本条例适用于本市行政区域内出租汽车的经营和管理活动。

第三条　本条例所称出租汽车，是指取得营运资格，根据乘客意愿提供客运服务，按照行驶里程、时间计价收费的五座小型客车。

本条例所称经营者包括从事出租汽车经营的企业和个体工商户。

第四条 本市出租汽车行业实行统一管理、合法经营、公平竞争、规范服务。

第五条 市人民政府应当将本市出租汽车行业发展纳入城市综合交通体系发展规划，促进城市交通科学发展。

阎良区、临潼区、长安区及各县人民政府负责本辖区出租汽车行业发展规划的制定，报市人民政府批准后实施。

第六条 市人民政府应当建立出租汽车行业监管综合协调机制，实现部门联动、信息共享。

市交通行政管理部门是本市出租汽车行业行政主管部门，其所属的市出租汽车行业管理机构负责具体日常行政管理工作。

阎良区、临潼区、长安区及各县交通行政管理部门主管本辖区出租汽车行业的行政管理工作。其所属的出租汽车行业管理机构负责本辖区出租汽车日常行政管理工作，并接受市出租汽车行业管理机构的监督指导。

公安、工商、价格、质量技术监督、市政、规划、财政、税务等行政管理部门，应当按照各自的职责协同管理。

第七条 市交通行政主管部门应当建立出租汽车运力总量调控机制。根据出租汽车行业发展规划、市场供求和城乡交通状况，广泛征求社会各界意见，拟定出租汽车运力指标的投放计划，报市人民政府批准后实施。

第八条 鼓励、支持出租汽车行业实行科学管理，推广使用环保节能车辆和先进技术设备，建立完善的指挥调度和监督管理系统。

鼓励发展无障碍出租汽车，为特殊需求市民的出行提供服务。

第九条 市、区、县出租汽车行业管理机构应当加强对出租汽车经营者、驾驶员的管理，定期进行法制教育、职业道德教育和业务素质教育，增强文明服务、规范服务的意识。

第二章　经营权管理

第十条 出租汽车经营权实行有偿、有期限使用制度。

出租汽车经营权有偿使用费应当全额上缴财政，按照有关规定专款专用。

出租汽车经营权使用期限由市人民政府依照有关规定确定。

第十一条　出租汽车经营权通过招投标方式取得。

出租汽车经营权招投标应当遵循公开透明、公正有序的原则。

交通行政主管部门依照法定程序组织出租汽车经营权招投标。

第十二条　申请出租汽车经营权应当具备下列条件：

（一）具备企业法人资格且注册资本达到招投标规定的标准；

（二）有良好的企业信誉、银行资信、财务状况及相应的偿债能力；

（三）有与经营规模相适应的经营方案；

（四）有服务质量综合考核达标方案和承诺书；

（五）法律、法规规定的其他条件。

第十三条　服务质量综合考核达标的出租汽车经营企业，参与出租汽车经营权招投标，在同等条件下，可以优先获得出租汽车经营权。

第十四条　出租汽车经营权使用期限届满，经营者申请继续经营的，经服务质量综合考核合格后，可以重新取得出租汽车经营权。

第十五条　取得出租汽车经营权的，凭出租汽车经营权证书，办理车辆牌照、道路运输经营许可证和出租汽车道路运输证等相关营运手续。

第十六条　出租汽车经营权不得擅自转让。转让出租汽车经营权，应当报出租汽车行业管理机构审核批准。

受让人应当具备出租汽车经营条件，经出租汽车行业管理机构审核后，签订转让合同，自合同签订之日起十五日内到出租汽车行业管理机构办理经营权变更登记。

第十七条　出租汽车经营者在经营权使用期限内更新车辆的，应当到出租汽车行业管理机构办理相关手续。

第十八条　出租汽车经营者在经营权使用期限内，有下列行为之一的，交通行政主管部门可以收回经营权：

（一）非法转让和倒卖出租汽车经营权的；

（二）超出经营权使用期限发包的；

（三）违规经营造成恶劣影响的；

（四）服务质量综合考核不合格的；

（五）违反其他法律、法规规定，应当收回出租汽车经营权的。

第十九条 出租汽车经营权使用期限届满，未重新办理经营许可手续，不得从事出租汽车营运活动。

第二十条 出租汽车经营权招投标、经营权收回和服务质量综合考核办法由市人民政府依照有关规定制定。

第三章 经营者管理

第二十一条 经营出租汽车的企业，应当具备下列条件：

（一）有与其经营规模相适应的停车场地和固定的经营场所；

（二）有相应的管理制度、经营管理人员和驾驶员；

（三）有符合规定质量、数量要求的出租车辆、配套设施、设备。

第二十二条 经营出租汽车的个体工商户，应当具备下列条件：

（一）有符合行业规定的出租车辆和相应资金；

（二）有本市常住户口或者暂住证；

（三）取得出租汽车驾驶员从业资格证；

（四）符合出租汽车行业管理机构规定的其他条件。

第二十三条 出租汽车驾驶员，应当具备下列条件：

（一）年龄在60周岁以下，初中以上文化程度，身体健康；

（二）有本市公安机关核发的机动车辆驾驶证，并有两年以上驾龄，无重大以上交通责任事故记录；

（三）有本市常住户口或者暂住证；

（四）取得出租汽车驾驶员从业资格证。

第二十四条 出租汽车营运车辆应当符合下列条件：

（一）公安机关审查检验合格；

（二）符合行业规定的车型和车体装饰；

（三）按照行业规定安装质量合格的标志灯、空车待租标志和经质量技术监督部门检定合格的计价器；

（四）按照规定张贴或喷印营运标志、租价标签、经营企业名称和监督电话等，不得粘贴、悬挂遮挡物；

（五）按照有关规定安装行业监管服务设备及安全防范装置。

第二十五条 出租汽车经营者应当定期对车辆进行检修、保养，保证车辆行驶安全。

燃气出租汽车的气瓶和燃气系统，应当按照有关规定进行定期检验和安全检测。

出租汽车改装燃气系统的，应当由具有资质的企业改装。

第二十六条 出租汽车行业管理机构应当对出租汽车经营者所具备的条件、出租汽车驾驶员从业资格证和出租汽车服务设施等进行年度复审。年度复审合格的方可继续营运。

第二十七条 出租汽车驾驶员因违法被吊销从业资格证的，五年内不得从事出租汽车客运服务。

第二十八条 经营者变更工商登记事项或者停业、歇业的，自变更或者停业、歇业之日起十日内，持工商、税务部门的证明文件，到出租汽车行业管理机构办理有关手续。停业、歇业的，应当交回道路运输经营许可证和出租汽车道路运输证。

第二十九条 出租汽车经营者、驾驶员不得伪造、涂改出租汽车经营权证书、道路运输经营许可证、出租汽车道路运输证和出租汽车驾驶员从业资格证。

第三十条 鼓励出租汽车经营企业通过兼并、重组、吸收出租汽车个体工商户入股等方式，组建符合现代企业制度要求的出租汽车经营企业，实行规模化、集约化经营。

第四章　营运管理

第三十一条 出租汽车经营者应当遵守下列规定：

（一）遵守法律、法规和有关规定，接受出租汽车行业管理机构的监督、检查和指导；

（二）定期对出租汽车驾驶员进行业务素质、安全营运、规范服务教育；

（三）按照规定到质量技术监督部门对计价器进行年度检定；

（四）依法缴纳税费；

（五）按时向出租汽车行业管理机构报送有关报表；

（六）承包经营或者聘用驾驶员，应当依法签订合同；

（七）不得将出租汽车交由无出租汽车驾驶员从业资格证者营运；

（八）不得随意在出租汽车车体上设置、张贴或者悬挂广告；

（九）配合出租汽车行业管理机构做好乘客投诉的调查处理工作。

第三十二条 出租汽车行业管理机构对出租汽车个体工商户实行委托管理。出租汽车个体工商户应当与受委托的出租汽车经营企业签订服务管理协议。

第三十三条 出租汽车驾驶员营运服务时应当遵守下列规定：

（一）符合行业规范服务标准，文明礼貌、规范服务；

（二）符合行业车容车貌标准，保持车辆整洁卫生；

（三）服从管理和调度，做到安全行车、文明驾驶；

（四）选定最佳行驶路线，不得在营运途中故意绕行；

（五）正确使用计价器，按照计价器显示金额收费，并主动出具清晰可辨的专用票据；专用票据不得转借、撕毁、混用，丢失应立即上报所属经营企业；

（六）提醒乘客不要遗忘携带的物品；发现乘客遗失物品的，应当归还失主或者交出租汽车行业管理机构，不得隐匿、丢弃；

（七）不得拒绝载客，交接班或者暂停营运时，应当使用交接班导向牌或者停运牌；

（八）未经乘客同意不得招徕其他乘客；

（九）遇抢险救灾、重大活动等特殊情况时，应当服从出租汽车行业管理机构的统一调度和指挥。

第三十四条 有下列情形之一的，出租汽车驾驶员可以谢绝或者中断服务：

（一）乘客在禁止停车的路段或者遇红灯停驶时拦车的；

（二）乘客携带易燃易爆危险物品及其他危害公共安全物品的；

（三）乘客携带宠物及其他污损车辆物品的；

（四）醉酒者、精神病患者在无人陪同时乘车的；

（五）乘客有违反道路交通管理、治安管理或者其他违法行为的。

第三十五条 乘客要求驶往偏远地区的，出租汽车驾驶员认为必要时，可以要求乘客随同到就近的出租汽车治安管理机关办理验证登记手续；乘客不予配合的，驾驶员有权拒绝提供运送服务。

第三十六条 出租汽车经营者、驾驶员应当保证出租汽车营运证件和服务监督卡、计价器、标志灯等服务设施的齐备、完好。损坏或者遗失的，应当及时向出租汽车行业管理机构报告，并按规定补办。

计价器发生故障、失准或者专用票据用完时，不得营运；载客途中计价器发生故障或者失准的，应当立即告知乘客并与乘客协商，合理解决收费。

第三十七条 乘客应当遵守下列规定：

（一）文明乘车，不乱扔废弃物、不污损车辆；

（二）按计价器显示金额付费，支付乘车途中的过桥、过路及停车费用；

（三）不携带易燃易爆等危害公共安全和环境卫生的物品上车；

（四）不向驾驶员提出违反道路交通管理、治安管理规定的要求。

第三十八条 有下列情形之一的，乘客有权拒绝支付乘车费用：

（一）无计价器或者有计价器借故不用的；

（二）不向乘客出具出租汽车专用票据的；

（三）由于驾驶员的过错，不能及时将乘客送达目的地的。

第三十九条 本市出租汽车不得在规定的营运范围以外驻地营运。

非本市出租汽车不得在本市行政区域驻地营运。

第五章　服务与监督

第四十条 出租汽车行业管理机构应当建立先进的服务管理信息系统，完善服务质量综合考核体系，为出租汽车经营者、驾驶员提供文明、高效服务。

第四十一条 出租汽车行业管理机构工作人员在管理和服务时应当做到：

（一）公开办事制度，接受社会监督；

（二）对申办或者补办出租汽车道路运输证、出租汽车驾驶员从业资格证等有关证件，符合条件、材料齐全的，在五个工作日内办结。对不符合条件的，应当说明情况；

（三）履行服务和管理职责，热情服务、秉公办事、文明执法。

第四十二条 出租汽车行业管理机构应当建立出租汽车经营者及驾驶员从业服务档案，实行记分管理，进行服务质量综合考核。

第四十三条 出租汽车行业管理机构应当对出租汽车营运情况进行监督、检查。工作人员执行公务时，应当出示执法证件。

第四十四条 乘客对出租汽车经营者、驾驶员侵犯其合法权益的行为，可以向出租汽车行业管理机构投诉。乘客投诉应当自权益被侵犯之日起十日内提出，投诉时应当提供真实姓名、联系电话、通讯地址、车辆牌号、出租汽车专用票据或者其他能够证明其被侵权的证据。

出租汽车行业管理机构受理乘客投诉后，应当及时调查处理，自受理之日起十五个工作日内将处理结果答复投诉人。

出租汽车行业管理机构、出租汽车经营企业应当对投诉人个人信息保密。

第四十五条 出租汽车经营者、驾驶员被投诉的，应当接到出租汽车行业管理机构通知后，在规定的期限、指定的地点接受调查处理。

第四十六条 乘客与驾驶员因乘车、收费发生争议的，可以请求出租汽车行业管理机构予以处理。乘坐时起到受理时止的车费以及检测费用由责任方承担。

第四十七条 交通行政主管部门会同公安、市政、规划部门，设置、划定出租汽车停车点、停车场地或者营运站。

在城市繁华地区和主要路段应当设置方便乘客上下的出租汽车停车点。

在航空港、火车站、长途汽车站、文体场馆、展览馆、旅游景点、宾馆、大型商场、医院等场所，应当合理设置、划定出租汽车停车场地或者营运站。

已经设置和新建的停车场地，应当划定出租汽车停车位。营运站具体管理办法由市人民政府制定。

第四十八条 公安机关应当按照有关规定做好出租汽车行业相关资料的登记备案工作，建立和完善出租汽车行业治安管理制度，指导和监督出租汽车经营者、驾驶员做好安全防范工作。

第四十九条 出租汽车行业管理机构应当对经营管理、文明服务成绩显著的和拾金不昧、救死扶伤、扶残助残、见义勇为等方面事迹突出的，予以表彰奖励。

第六章 法律责任

第五十条 违反本条例规定，有下列行为之一的，由出租汽车行业管理机构暂扣非法营运车辆，没收违法所得，并处1万元以上5万元以下的罚款，向社会公布非法经营者及其车辆号牌：

（一）未取得出租汽车经营权非法营运的；

（二）未依法取得道路运输经营许可证和出租汽车道路运输证，从事出租汽车营运的；

（三）伪造、涂改出租汽车经营权证书、道路运输经营许可证、出租汽车道路运输证的。

出租汽车行业管理机构决定暂扣车辆的，应当向当事人出具暂扣单并妥善保管被扣车辆。当事人应当在十五日内到指定地点接受处理。当事人接受处理的，出租汽车行业管理机构应当立即归还车辆；超过九十日不接受处理的，依法拍卖被扣车辆，拍卖所得抵缴罚款；抵缴罚款后有剩余的，应当退还当事人。

第五十一条 违反本条例规定，非法转让和倒卖出租汽车经营权的，由出租汽车行业管理机构没收违法所得，并对转让人或者倒卖人处违法所得1倍以上3倍以下的罚款。

第五十二条 违反本条例规定，在出租汽车道路运输证划定的营运范围以外驻地营运的，由出租汽车行业管理机构暂扣出租汽车道路运输证，没收违法所得，并处1000元以上1万元以下的罚款；情节严重的，可以暂扣违法营运车辆。

第五十三条 违反本条例规定，有下列行为之一的，由出租汽车行业管理机构责令改正、停业整顿，对第（一）、（二）、（三）项行为可以处1000元以上5000元以下的罚款；情节严重的，并处吊扣出租汽车道路运输证一个月以上三个月以下或者吊销出租汽车驾驶员从业资格证：

（一）遇抢险救灾等特殊情况，不服从出租汽车行业管理机构统一调度和指挥的；

（二）伪造、涂改出租汽车驾驶员从业资格证的；

（三）拒绝、阻碍出租汽车行业管理机构检查，不配合调查处理乘客投诉的；

（四）利用出租汽车进行违法犯罪活动，或者为违法犯罪活动提供方便，被公安机关依法处理的。

第五十四条 违反本条例规定，出租汽车经营者、驾驶员有下列行为之一的，由出租汽车行业管理机构责令改正，处300元以上1000元以下的罚款；情节严重的，责令停业整顿，可以并处吊扣出租汽车道路运输证一个月以上三个月以下或者吊销出租汽车驾驶员从业资格证：

（一）未按规定进行年度复审或年度复审不合格继续营运的；

（二）将车辆交无出租汽车驾驶员从业资格证者营运的；

（三）无故拒绝载客或者中断服务的；

（四）拒不出具出租汽车专用票据或者专用票据用完后继续营运的；

（五）不按规定标准收费或者在营运途中故意绕行的；

（六）未经乘客同意招徕其他乘客的；

（七）未按规定安装、使用计价器或者计价器发生故障、失准，继续营运的；

（八）交接班或者暂停营运时，未按规定使用交接班导向牌或停运牌，乘客投诉的；

（九）未按有关规定安装、使用行业监管服务设备的。

第五十五条 违反本条例规定，出租汽车经营者、驾驶员有下列行为之一的，由出租汽车行业管理机构责令改正，给予警告，可以并处300元以上500元以下的罚款：

（一）擅自在出租汽车车体上设置、张贴或者悬挂广告的；

（二）未按规定张贴或喷印营运标志、租价标签、经营企业名称和监督电话的；

（三）载客途中计价器发生故障或者失准，未立即告知乘客的；

（四）转借、撕毁、混用专用票据，打印票据不清晰可辨或者票据丢失不向出租汽车行业管理机构上报的；

（五）扰乱营运秩序，不服从管理和调度的。

第五十六条 违反本条例规定，有下列行为之一的，由出租汽车行业管理机构责令改正，给予警告，可以并处20元以上200元以下的罚款：

（一）营运车辆车容车貌不符合行业标准的；

（二）驾驶员营运服务不符合行业规范服务标准的；

（三）不按规定向出租汽车行业管理机构报送有关报表的。

第五十七条 违反本条例规定，有下列行为之一的，由公安机关责令改正，并可以处50元以上200元以下的罚款：

（一）在营运车辆上粘贴、悬挂违反治安管理要求的遮挡物的；

（二）未按照有关规定安装安全防范装置的。

第五十八条 违反有关社会治安、交通安全、质量技术监督、税务、价格、工商行政管理等法律、法规的行为，由有关行政管理部门依法处理。

第五十九条 拒绝、阻碍出租汽车行业管理机构工作人员执行公务的，由公安机关依照《中华人民共和国治安管理处罚法》进行处罚；构成犯罪的，依法追究刑事责任。

第六十条 出租汽车行业管理机构作出停业整顿、吊销出租汽车道路运输证或者对个人作出5000元以上罚款、对单位作出2万元以上罚款处罚决定的，应当告知当事人有要求举行听证的权利。

第六十一条 当事人对行政处罚决定不服的，可以依法申请行政复议或者提起行政诉讼。

当事人逾期不申请复议、也不起诉、又不履行处罚决定的，出租汽车行业管理机构可以依法申请人民法院强制执行。

第六十二条 违反本条例规定，出租汽车行业管理机构工作人员有下列行为之一的，由交通行政主管部门责令改正，拒不改正的，对直接负责的主管人员和其他直接责任人员依法给予行政处分：

（一）不按规定办理出租汽车道路运输证、出租汽车驾驶员从业资格证等有关证件的；

（二）执行公务时，不依法出示执法证件的；

（三）受理乘客投诉后，不按时将处理结果答复投诉人或者不对投诉人个人信息保密的。

第六十三条 交通行政主管部门、出租汽车行业管理机构、出租汽车场站工作人员，滥用职权、玩忽职守、徇私舞弊的，由其所在单位或者监察机关给予行政处分；构成犯罪的，依法追究刑事责任。

第七章 附 则

第六十四条 本条例自 2011 年 1 月 1 日起施行。

西宁市出租汽车客运管理条例

（1996 年 3 月 28 日西宁市第十一届人民代表大会常务委员会第二十八次会议通过

1996 年 5 月 31 日青海省第八届人民代表大会常务委员会第二十四次会议批准

2002 年 8 月 30 日西宁市第十三届人民代表大会常务委员会第四次会议修订

2002 年 12 月 3 日青海省第九届人民代表大会常务委员会第三十三次会议批准修订

2002 年 12 月 16 日西宁市人民代表大会常务委员会公告公布，自 2003 年 2 月 1 日起施行）

第一章　总　　则

第一条　为了加强出租汽车客运管理，维护正常的运营秩序，保障经营者、从业人员和乘客的合法权益，促进出租汽车客运市场的健康发展，根据有关法律、法规的规定，结合本市实际，制定本条例。

第二条　凡在本市行政区域内从事出租汽车客运的经营者、从业人员和乘客均应遵守本条例。

本条例所称的出租汽车客运，是指经依法批准，按照乘客意愿提供客运服务，并按行驶里程和时间收费的经营活动。

第三条　市、县交通行政主管部门负责本行政区域内出租汽车客运的监督和管理，其所属的道路运输管理机构具体负责本行政区域内出租汽车客运的监督和管理工作，对违反本条例的行为实施行政处罚。

公安、工商、税务、价格、质量技术监督等有关行政主管部门，按照各自的职责，协同做好出租汽车客运管理工作。

第四条 出租汽车客运的发展应当与城市经济社会发展水平和城市道路交通状况相适应，与城市公共交通客运相协调，坚持统一管理，宏观调控、合法经营、公平竞争、方便群众的原则。

第二章 经营资质管理

第五条 公民、法人和其他组织申请从事出租汽车客运的，客运经营权通过以下方式取得：

（一）公开拍卖；

（二）依法转让；

（三）法律、法规规定的其他方式。

依照前款规定的方式取得出租汽车客运经营权的，应到当地市、县交通行政主管部门申请领取出租汽车客运经营权证。

第六条 出租汽车客运经营权期限自取得经营权之日起为8年。出租汽车客运经营权期满后，由市、县交通行政主管部门收回经营权，重新拍卖。

从事出租汽车客运的车辆应当符合技术等级标准和市人民政府规定的要求。

第七条 从事出租汽车客运的企业应当具备下列条件：

（一）有符合规定数量的客运车辆；

（二）流动资金不少于车辆总价值的5%；

（三）有自己的名称、组织机构和固定的经营场所、停车场地；

（四）有相应的经营、安全管理人员和管理制度。

第八条 个人从事出租汽车客运应当具备下列条件：

（一）有符合规定要求的客运车辆；

（二）有必要的经费和固定住所；

（三）有独立承担民事责任的能力；

（四）法规、法规规定的其他条件。

第九条　出租汽车驾驶人员应当具备下列条件：

（一）具有合法有效的驾驶证和从业资格证；

（二）具有独立承担民事责任的能力。

第十条　客运出租汽车除应符合公安部门对机动车辆的统一规定外，还应符合交通行政主管部门的下列规定：

（一）符合规定的车型、车身颜色；

（二）按照规定安装客运出租汽车标志灯、空车待租标志和计价器；

（三）车身两侧规定位置标设出租汽车统一标识、所属企业名称和监督电话号码；

（四）在车内规定位置设置收费标准、车公里租价表、计价器有效合格证；

（五）按规定的里程和时间对计价器、车辆进行检测和技术维护；

（六）保持车辆整洁卫生。

第十一条　申请从事出租汽车客运的企业和个人，应当在取得出租汽车客运经营权后 30 日内，向所在地市、县交通行政主管部门申请领取道路运输经营许可证。交通行政主管部门应当自接到申请之日起 20 日内，审查核发道路运输经营许可证，不批准的应当给予书面答复。

申请从事出租汽车客运的企业和个人，在领取道路运输经营许可证并到工商、税务、公安、保险等部门办理相关手续后，到市交通行政主管部门领取道路运输证和营运标志。

道路运输经营许可证和道路运输证实行年审制度。

未经交通行政主管部门许可的车辆，不得从事出租汽车客运经营。

第十二条　个人从事出租汽车客运的，其车辆应当纳入到具有出租汽车客运经营资质的企业实行统一管理。

第十三条　从事出租汽车客运的安全管理人员和驾驶人员应当经专业培训后，持证上岗。

第十四条　出租汽车经营者应当按照道路运输证核定的区域经营。

第十五条　出租汽车易主过户以及出租汽车客运经营者变更登记事项的，

应在变更前 20 日到原核准部门和公安、工商、税务等部门办理变更登记手续。

第十六条 出租汽车客运经营者歇业、停业的，应向所在地市、县交通行政主管部门办理歇业、停业手续。

歇业的，应当在 30 日前向交通行政主管部门递交申请，交通行政主管部门应在 10 日内予以批准，缴销有关道路运输证件和票据，并由工商行政管理部门缴销营业执照，税务部门注销税务登记。

停业的，应当在 10 日前到交通行政主管部门办理停业手续，交回有关道路运输证件和票据。经营者每次申请停业期不得超过 3 个月，3 个月后仍需停业的，应在到期前 10 日办理续停手续。复业时，应在期满前 10 日办理复业手续。

第三章　营运服务管理

第十七条 出租汽车客运经营者应当遵守下列规定：

（一）按照国家和省人民政府的规定缴纳规费；

（二）依法经营，规范服务；

（三）定期对驾驶员进行法制教育、职业道德教育和安全业务培训；

（四）不得将出租汽车交给无从业资格证和上岗服务证的人员从事经营活动；

（五）履行法律、法规规定和合同约定的义务。

第十八条 出租汽车驾驶员应当遵守下列规定：

（一）遵守交通规则，安全营运；

（二）服饰整洁，礼貌待客，恪守职业道德，为乘客提供方便、及时、安全的服务，对老、弱、病、残、孕及急需救治的人员优先提供服务；

（三）随车携带有效的道路运输证件；

（四）按合理的路线或乘客要求的路线行驶；

（五）按计价器显示的金额或约定的标准收费，并开具由税务部门监制的车费票据；

（六）发现计价器失准后，应及时到质量技术监督部门核准的维修点修复，不得擅自调、拆计价器；

（七）车辆无人租乘时应显示空车待租标志，不得拒载乘客；

（八）发现乘客遗失在车上的物品，应当及时归还失主，无法交还失主的，应当及时上交交通行政主管部门、公安部门或所在企业；

（九）严禁利用出租汽车运载违禁物品、赃物和进行违法犯罪活动；

（十）发现犯罪嫌疑人，应及时报告公安部门。

第十九条 乘客应文明乘车，并应遵守下列规定：

（一）不得携带易燃、易爆、有毒等危险品和法律法规规定的其他违禁物品乘车；

（二）不得向驾驶员提出违反交通管理规定的要求；

（三）醉酒者、精神病和重病患者乘车，须有陪乘人员；

（四）按计价器显示的金额支付租车费，但包车等双方另有约定的除外；

（五）不得向车内外乱扔废弃物或污损车辆。

第二十条 出租汽车客运服务实行预订、站点租乘、计时或计程包租、扬手招车等方式。

第二十一条 遇有防汛抗洪、抢险救灾等特殊情况，出租汽车客运经营者和驾驶员应服从县级以上人民政府的统一调度。

第二十二条 任何单位和个人均不得伪造、涂改、非法转让道路运输经营许可证、道路运输证、出租汽车经营权证和出租汽车票据。

第二十三条 乘客在车上遗失物品时，凭当次车费票据向交通行政主管部门和公安部门登记、寻查。

第二十四条 乘客遇有下列情形之一的，有权拒付车费：

（一）客运出租汽车无计价器或驾驶员不使用计价器的；

（二）驾驶员不开具车费票据的；

（三）租乘的出租汽车在基价里程内发生故障，无法完成运送服务的。

第二十五条 乘客需要去远郊或偏僻地区时，应当配合出租汽车驾驶员到就近的公安机关办理登记手续。

第二十六条 出租汽车驾驶员对不遵守本条例第十九条、第二十五条规定的乘客，有权拒绝提供运送服务。

第四章　法律责任

第二十七条　违反本条例规定，法律、法规有处罚规定的，从其规定。

第二十八条　违反本条例规定，有下列行为之一的，由市、县道路运输管理机构责令改正，暂停车辆运营，视其情节分别给予警告、暂扣道路运输证或50元以上300元以下的罚款：

（一）不按期参加道路运输证年度审验的；

（二）不按规定进行车辆维护或检测的；

（三）运营中不携带道路运输证的；

（四）无从业资格证或上岗服务证，从事出租汽车客运的；

（五）拒载乘客或未经乘客同意绕道行驶的；

（六）车容车貌和服务质量差，达不到规定标准的；

（七）不按规定使用或不给付车费票据的；

（八）不按规定装置顶灯、计价器、空车待租标志，喷制门徽或营运标识不全的；

（九）不使用或不正确使用空车待租标志和计价器的。

第二十九条　违反本条例规定，有下列行为之一的，由市、县道路运输管理机构责令改正，暂停车辆运营，视其情节分别给予警告、暂扣道路运输证和道路运输经营许可证、没收违法所得，并可处以300元以上1000元以下的罚款：

（一）不按规定办理歇业、停业手续或经营主体变更不办理过户手续的；

（二）经营者超出核定的经营区域或擅自变更经营项目的；

（三）使用经检测不合格的车辆从事出租汽车客运的。

第三十条　违反本条例规定，有下列行为之一的，由市、县道路运输管理机构责令改正，暂停车辆运营，视其情节分别给予警告、暂扣或吊销道路运输证和道路运输经营许可证、没收违法所得，并可处以1000元以上5000元以下的罚款：

（一）无道路运输经营许可证从事出租汽车客运的；

（二）不按期进行道路运输经营许可证年度审验的；

（三）非法运输禁运物品的；

（四）伪造、倒卖和非法转让道路运输证和道路运输票据的。

第三十一条 出租汽车客运经营者不按规定缴纳规费的，由道路运输管理机构责令限期缴纳，每逾一日收取应缴费额1%的滞纳金；逾期仍不缴纳的，处以应缴费额1至3倍的罚款，直至吊销道路运输证和道路运输经营许可证。

第三十二条 违反本条例规定，有下列行为之一的，市、县道路运输管理机构可以暂扣车辆，并责令当事人限期到指定地点接受处理：

（一）未经批准从事出租汽车客运的；

（二）非法运输禁运物品的；

（三）逃缴、拒缴、抗缴交通规费的。

暂扣当事人车辆的，必须经市、县道路运输管理机构负责人批准，并出具暂扣凭证。当事人接受处理后，应当及时退还暂扣的车辆。

道路运输管理机构对暂扣的车辆应妥善保管，不得使用。因管理不当，造成车辆及随车物品遗失、损坏的，应予赔偿。当事人不在规定期限内到道路运输管理机构接受处理的，逾期发生的费用和被暂扣车辆的自然损失，由当事人自行承担。

第三十三条 出租汽车经营者在经营活动中，违反本条例规定，造成他人财产损失或人身伤害的，依法承担赔偿责任；构成犯罪的，依法追究刑事责任。

第三十四条 交通行政主管部门及道路运输管理机构的工作人员违反本条例规定，玩忽职守、滥用职权、徇私舞弊、索贿受贿的，由其所在单位或上级主管部门给予行政处分；构成犯罪的，依法追究刑事责任。

第三十五条 当事人对行政处罚决定不服的，可依法申请行政复议或提起行政诉讼。行政复议或诉讼期间，行政处罚不停止执行。

第五章　附　　则

第三十六条 本条例应用中的具体问题由西宁市人民政府负责解释。

第三十七条 本条例自2003年2月1日起施行。

西宁市人大常委会关于废止和修改部分地方性法规的决定

（2010年4月28日西宁市第十四届人民代表大会常务委员会第二十七次会议通过

2010年5月27日青海省第十一届人民代表大会常务委员会第十五次会议批准）

西宁市第十四届人民代表大会常务委员会第二十七次会议决定，废止和修改下列地方性法规：

……

二、修改下列地方性法规

（一）删除西宁市出租汽车客运管理条例第三十一条：“出租汽车客运经营者不按规定缴纳规费的，由道路运输管理机构责令限期缴纳，每逾一日收取应缴费额1%的滞纳金；逾期仍不缴纳的，处以应缴费额1至3倍的罚款，直至吊销道路运输证和道路运输经营许可证。”

删除第三十二条第三项：“逃缴、拒缴、抗缴交通规费的”。

……

此外，根据本决定对上述条例的顺序作相应顺延。

本决定自公布之日起施行。

乌鲁木齐市客运出租汽车管理条例

（1998 年 2 月 23 日乌鲁木齐市第十一届人民代表大会常务委员会第三十九次会议通过

1998 年 4 月 2 日新疆维吾尔自治区第九届人民代表大会常务委员会第二次会议审议通过

2003 年 12 月 19 日乌鲁木齐市第十三届人大常委会第七次会议决定修改

2004 年 5 月 28 日自治区第十届人大常委会第九次会议批准

2004 年 6 月 3 日乌鲁木齐市人民代表大会常务委员会公告公布，自 2004 年 7 月 1 日起施行）

第一章 总 则

第一条 为加强本市客运出租汽车管理，维护乘客、用户和经营者的合法权益，促进客运出租事业的发展，根据国家有关法律、法规，结合本市实际，制定本条例。

第二条 本条例所称客运出租汽车是指提供客运服务和车辆租赁服务的客运车辆及按规定的线路提供营运服务的城市小公共汽车。

客运服务是指按照乘客意愿提供运送服务，并且按照里程、时间或行驶线路收费的出租汽车经营活动。

车辆租赁服务是指向用户出租不配备驾驶员的客运车辆，并且按照合同收费的出租汽车经营活动。

第三条 本市行政区域内的客运出租汽车经营者、从业人员和乘客、用户应遵守本条例。

第四条 市人民政府城市交通行政主管部门负责对本市客运出租汽车行业实施管理，具体管理工作由其所属的市城市客运统管办公室（以下简称客运管理机构）负责。

公安、建设、工商、税务、发展计划、质量技术监督、劳动和社会保障等有关行政管理部门应按各自职责做好客运出租汽车行业的管理工作。

第五条 本市客运出租汽车行业的发展和管理应坚持统一管理，协调发展、公平竞争、方便群众的原则。鼓励和引导客运出租汽车经营者进行规模化经营。

第六条 客运出租汽车经营所有权属国家所有，本市客运出租汽车经营使用权实行有偿使用。

第七条 客运出租汽车行业管理机构及其工作人员应当依法管理、秉公办事。文明服务。

第八条 客运出租汽车经营者及其从业人员应依法经营、文明服务。合理收费，自觉接受客运出租汽车管理机构的管理和社会监督；乘客和用户应当文明乘、用车，按规定支付租费。

第二章　经营资质管理

第九条 从事客运出租汽车经营或租赁的单位必须具备下列条件：

（一）有符合规定要求的客运车辆和资金；

（二）有与经营规模相适应的经营场所和停车场地；

（三）有符合规定的专业技术人员和管理人员；

（四）有与经营方式相配套的经营管理制度。

第十条 从事客运出租汽车经营的个人应当提供法律法规规定的有关证件。

第十一条 客运出租汽车驾驶人员应持有车辆管理机关核发的机动车驾驶证；年龄不得超过60周岁；经客运出租汽车职业岗位培训取得客运出租汽车服务资格证，并办理从业登记手续。

第十二条 申请从事客运出租汽车经营的单位和个人经客运管理机构审

查符合本条例第九条、第十条规定条件的，可按照有关法律法规规定通过市场竞争机制取得客运出租汽车经营使用权，领取营运证件，并依法办理其他有关手续后方可营运。

个人从事客运出租汽车经营的，其委托管理单位应符合法律法规规定的条件，取得客运管理机构核发的资格证书。

客运出租汽车经营权受国家法律保护，任何单位和个人不得侵害。

第十三条 有偿转让客运出租汽车经营使用权的，应向客运管理机构提出申请，经审核申请真实合法后在指定的场所交易，并按规定办理客运出租经营使用权变更手续。

第十四条 未办理客运出租汽车营运证件的车辆不得使用客运出租汽车专用标志和设备，不得从事客运经营和车辆租赁经营。

非本市客运出租汽车从事起点在本市区域内客运经营的，须经本市客运管理机构批准；本市的区域营运车辆不得从事起点超出本区域的营运活动。

第十五条 客运管理机构对客运出租汽车经营者的经营资质实行年审制度。

第三章 营运服务管理

第十六条 客运出租汽车经营者应对其从业人员进行职业道德教育，开展精神文明建设活动，并遵守下列规定：

（一）依法交纳有关费用；

（二）不得将客运出租汽车交给不具备客运出租汽车驾驶条件的人员驾驶；

（三）营运车辆需更新或报停的，应按规定办理手续，报停期间不得营运；

（四）遵守客运出租汽车管理的其他规定。

第十七条 营运的客运出租汽车应车容整洁，设备齐全；安装客运出租汽车标志灯、计价器、安全防护设施和消防器材，并按规定设置经营单位和名称、营运证副本、服务资格证、收费标准、监督电话号码等服务标志。

客运出租汽车应装置由客运管理机构批准的，并经技术监督部门鉴定合格的计价器。

第十八条 客运出租汽车驾驶员在营运中应遵守下列规定：

（一）遵守交通管理的法律、法规，安全营运，规范服务；

（二）携带营运证件和机动车辆驾驶证；

（三）按乘客要求的路线行驶，乘客未提出要求的，应选择距目的地最近的路线行驶，确需绕道的，应如实向乘客说明理由；

（四）按计价器显示的金额收费并主动出具租费发票；

（五）不得拒载乘客或未经乘客要求另载他人；

（六）不得驾驶报停或不符合环保要求的客运出租汽车营运；

（七）营运车辆停止载客时，应在空车标志上放置停运显示标志；

（八）城市小公共汽车应按规定的线路行驶，不得串线、压站、甩客、中途掉头、不按站点停车或强行拉客；

（九）接受客运管理机构检查人员的检查，服从客运出租车营业场（站）的调度和管理。

客运出租汽车违反前款第（三）、（四）（五）、（六）、（七）、（八）、（九）项规定的，客运管理机构应在其服务资格证上予以记载。

第十九条 除下列情形外，客运出租汽车驾驶员不得以任何理由拒绝载客或中途终止客运服务：

（一）醉酒或患精神病的乘客要求租车且无正常人陪伴的；

（二）乘客携带违禁和易燃、易爆、有毒等危险物品以及污损车辆的物品乘车的；

（三）乘客在禁止上客路段要求租车的；

（四）乘客出本市或夜间去远郊时，不按规定随驾驶员到公安机关设立的报警点办理登记手续的；

（五）乘客有其他违反出租汽车管理、道路交通管理、治安管理规定要求的。

第二十条 对无计价器及有计价器不使用、不出具租车费发票或营运中发生故障不能完成运送服务以及未经乘客要求另载他人的，乘客可以拒绝支付租车费。

第二十一条 用户租赁客运服务车辆，应向经营者提交有关证明并依法签订车辆租赁合同，提供相应的财产抵押或由具有代偿能力者提供担保；不得转租或利用租赁车辆从事客运经营活动。

第四章 场（站）管理

第二十二条 飞机场、火车站、长途汽车站和其他客流集散的公共场所的客运出租汽车公共服务场（站）和市区主干道两侧乘客上下停靠点的设置，应由客运管理机构会同有关部门提出方案，报市人民政府批准后实施。

第二十三条 客运出租车辆应当服从场（站）统一调度，依次候客、发车。

第二十四条 客运出租汽车场（站）管理人员应佩戴统一服务标志，衣着整洁、文明服务，维护场（站）的秩序，对违反管理规定的行为进行制止和纠正。

第五章 检查与投诉

第二十五条 客运管理机构执法人员对营运的客运出租汽车检查时，应出示执法证件；扣留车辆或驾驶员的有关证件的，应说明理由和法律依据，并为当事人出具凭据。

客运管理机构执法人员违反前款规定的，客运出租汽车经营单位和驾驶员有权拒绝。

第二十六条 客运管理机构应当建立投诉受理制度，接受对违反本条例行为的投诉和社会监督。

投诉者应说明投诉的事实和理由，并提供有关证据。

第二十七条 客运管理机构接受投诉后，应在5日内书面通知被投诉人，被投诉人应在接到通知书之日起7日内到客运管理机构接受调查或答辩。客运管理机构应当自接受投诉之日起30日内处理完结，情况复杂的，经其主管部门批准可延长30日。

第二十八条 乘客与客运出租汽车驾驶员因计价、收费及其他客运服务问题发生争议，可以到客运管理机构接受调查处理，乘客对计价器有异议的投诉，客运管理机构应送质量技术监督部门鉴定。因争议发生的直接费用由责任方承担。

第六章 法律责任

第二十九条 违反本条例有下列行为的，由客运管理机构按以下规定处罚：

（一）本办理客运出租汽车营运证从事客运出租汽车经营活动的，扣留其车辆，没收非法所得，并处5000元以上30000元以下的罚款；

（二）擅自转让营运证或超过规定的年审期限30日以上仍不年审的，责令限期改正，对责任人没收非法所得，并处3000元罚款；

（三）非客运出租汽车使用客运出租汽车专用标志和设备的，没收其使用的标志和设备，并处2000元罚款；

（四）非本市客运出租汽车未经本市客运管理机构批准从事起点在本市的经营活动，或本市区域运营车辆从事起点超出本区域营运活动的，责令改正，没收非法所得；情节严重的，可以并处1000元罚款。

市交通行政管理部门对前款第（二）项违法行为，又逾期拒不改正的，可收回出租经营使用权，并退还剩余经营期有偿使用费。

客运管理机构按本条例规定扣留车辆的，应当妥善保管，当事人接受处罚后，应当及时返回车辆；因客运管理机构保管不善，造成车辆毁损或丢失的，应当依法承担赔偿责任。

第三十条 客运出租汽车经营单位违反本条例将营运车辆交给不具备客运出租汽车驾驶条件的人员驾驶或将报停车辆继续用于营运的，由客运管理机构责令限期改正，没收非法所得，并处以每辆车500元以上3000元以下罚款。

第三十一条 客运出租汽车驾驶员违反本条例有下列行为的，由客运管理机构按以下规定处罚：

（一）未按本条例规定安装设备、设置营运标志或未携带营运证件的，责令改正；拒不改正的，处50元以上100元以下罚款；

（二）未经乘客同意，另载他人或违反第十九条规定而拒绝载客的，处以500元以上至1000元以下罚款；

（三）不使用计价器、使用不合格计价器、超标准收费或故意绕道行驶的，责令退还租费，并处500元以上1000元以下罚款；

（四）驾驶报停客运出租汽车营运的，没收非法所得，并处以500元以上3000元以下罚款；

（五）城市小公共汽车不按规定线路行驶、压站、甩客、中途掉头、不按站点停车或强行拉客的，责令改正，并处以200元以上1000元以下的罚款。

第三十二条 客运出租汽车驾驶员一年内服务资格证上记载违规三次的，由客运管理机构吊销其服务资格证。

第三十三条 违反本条例应当受到行政处罚的其他行为，由有关部门依照法律、法规规定予以处罚，造成损失的依法承担赔偿责任。

第三十四条 客运出租汽车经营者、驾驶员及乘客、用户违反本条例规定，触犯《中华人民共和国治安管理处罚条例》的，由公安机关依法予以处罚；构成犯罪的，依法追究刑事责任。

第三十五条 交通行政主管部门和客运管理机构工作人员有下列行为之一的，由其所在单位或上级部门给予行政处分；构成犯罪的依法追究刑事责任：

（一）不依法履行职责的；

（二）违法行政造成后果的；

（三）对当事人的各类申请故意刁难拖延，不依法办理的；

（四）履行公务不按规定出示有关证件的；

（五）其他滥用职权，徇私舞弊，玩忽职守的行为。

第三十六条 当事人对行政处罚决定不服的，可依法申请复议或提起行政诉讼。

第七章　附　　则

第三十七条　本条例自公布之日起施行。

大连市客运出租汽车管理条例

（1997 年 6 月 25 日大连市第十一届人民代表大会常务委员会第三十四次会议通过

1997 年 9 月 27 日辽宁省第八届人民代表大会常务委员会第三十次会议批准

根据 2004 年 5 月 12 日大连市第十三届人民代表大会常务委员会第十一次会议通过、2004 年 7 月 29 日辽宁省第十届人民代表大会常务委员会第十三次会议批准的《大连市人大常委会关于修改〈大连市客运出租汽车管理条例〉的决定》修正

2010 年 10 月 27 日大连市第十四届人民代表大会常务委员会第十九次会议修订

2010 年 11 月 26 日辽宁省第十一届人民代表大会常务委员会第二十次会议批准

2010 年 12 月 13 日大连市人民代表大会常务委员会公告第 6 号公布，自 2011 年 2 月 1 日起施行）

第一章　总　　则

第一条　为了加强客运出租汽车管理，提高服务质量，保障乘客、驾驶员和经营者的合法权益，根据有关法律、法规，结合本市实际，制定本条例。

第二条　本条例适用于本市行政区域内的客运出租汽车经营和管理活动。

第三条　本条例所称客运出租汽车，是指依法取得经营许可，按照乘客意愿提供客运服务，以行驶里程和时间收费的客运车辆。

第四条 市交通主管部门负责全市客运出租汽车行业的管理工作，其所属的客运出租汽车管理机构履行具体管理职责，并对中山区、西岗区、沙河口区客运出租汽车行业实施管理。

旅顺口区、金州区和县（市）交通主管部门负责本行政区域内客运出租汽车行业的管理工作，其所属的客运出租汽车管理机构履行具体管理职责。

市客运出租汽车管理机构和甘井子区交通主管部门所属的客运出租汽车管理机构，按照职责分工对甘井子区客运出租汽车行业实施管理。

第五条 市交通主管部门应当根据本市经济、社会发展情况和城乡客运状况，编制客运出租汽车行业发展规划和年度计划，对客运出租汽车行业规模和客运出租汽车及其停车场（站）、乘降点等的数量实施调控。

客运出租汽车行业发展规划和年度计划经市人民政府批准后实施。

第六条 鼓励和支持客运出租汽车行业实行集约化、规模化经营，推广使用安全、环保、节能车辆，建立先进的指挥调度和管理系统，创建优秀品牌客运出租汽车企业。

第七条 客运出租汽车管理应当遵循公平、公正、公开和便民的原则。

客运出租汽车经营者及驾驶员应当依法经营、诚实守信、公平竞争、文明服务。

第八条 鼓励依法成立客运出租汽车行业协会。客运出租汽车行业协会应当加强行业指导和行业自律，规范经营行为，调解行业内部争议，维护会员合法权益，向交通主管部门和客运出租汽车管理机构反映客运出租汽车经营者及驾驶员的意见和要求，促进行业健康发展。

第九条 交通主管部门应当组织客运出租汽车行业开展优质服务，创建文明行业、文明单位、文明个人等活动，并会同有关部门和新闻媒体宣传客运出租汽车行业的先进典型。

第十条 市及区（市）县人民政府或者交通主管部门对遵纪守法、表现突出的客运出租汽车经营者和驾驶员，应当给予表彰和奖励。

第二章　经营许可

第十一条 从事客运出租汽车经营的单位和个人，应当取得市客运出租汽车管理机构核发的营运号牌和经营资格证、车辆营运证和准运标志；客运出租汽车驾驶员应当取得市客运出租汽车管理机构核发的从业资格证。

第十二条 申请客运出租汽车营运号牌和经营资格证，应当具备下列条件：

（一）有与经营规模相适应的资金；

（二）在营运区域有与经营规模相适应的经营场所和停车场地；

（三）有与经营业务和规模相适应的管理人员；

（四）有健全的客运服务、行车安全等经营管理制度；

（五）法律、法规规定的其他条件。

第十三条 市客运出租汽车管理机构负责客运出租汽车营运号牌和经营资格证的核发，具体办法由市人民政府根据法律、法规的规定制定。

市客运出租汽车管理机构在为经营者核发营运号牌和经营资格证时，应当与其签订经营协议，明确经营期限、服务质量要求、违约责任等内容。

第十四条 客运出租汽车营运号牌和经营资格证的有效期为五年。客运出租汽车经营者需要延续客运出租汽车营运号牌和经营资格证有效期的，应当在营运号牌和经营资格证有效期届满三十日前向市客运出租汽车管理机构提出申请。

市客运出租汽车管理机构根据对经营者的经营信誉考核等情况，在营运号牌和经营资格证有效期届满前决定是否准予延续。决定准予延续的，应当与经营者重新签订经营协议，并换发经营资格证；决定不予延续的，应当书面说明理由。逾期未作出决定的，视为准予延续。

经营者在规定期限内未申请延续客运出租汽车营运号牌和经营资格证有效期的，视为放弃营运号牌和经营资格证。

第十五条 客运出租汽车经营者在营运一年后可以转让营运号牌和经营资格证，受让方应当符合本条例第十二条规定的条件。

客运出租汽车经营者转让营运号牌和经营资格证的，应当与受让方共同向市客运出租汽车管理机构提出申请。市客运出租汽车管理机构应当自受理之日起二十日内作出决定。受让方符合规定条件的，准予转让并发给转让方和受让方准予转让通知书，由转让方和受让方持准予转让通知书到市客运出租汽车管理机构指定的场所办理转让手续；受让方不符合条件的，不准予转让，向转让方和受让方书面说明理由。

客运出租汽车营运号牌和经营资格证转让的，其有效期不变。

第十六条 客运出租汽车经营者停业或者歇业的，应当到市客运出租汽车管理机构办理相关手续。

第十七条 客运出租汽车经营者投入营运的车辆，应当符合市人民政府规定的标准车型、车身色饰及其他条件。

第十八条 客运出租汽车经营者申请车辆营运证和准运标志，应当持营运号牌和经营资格证、购车发票、公安机关交通管理部门核发的机动车行驶证，向市客运出租汽车管理机构提出申请，并交验车辆。

市客运出租汽车管理机构应当自受理申请之日起五日内作出决定。交验的车辆符合规定条件的，发给车辆营运证和准运标志；不符合规定条件的，不予核发，并书面说明理由。

第十九条 客运出租汽车经营者在营运号牌和经营资格证有效期内需要更新车辆的，应当向市客运出租汽车管理机构报告，并在车辆更新后五日内到市客运出租汽车管理机构办理车辆营运证和准运标志变更手续。

市客运出租汽车管理机构应当自受理申请之日起五日内作出决定。更新车辆符合规定条件的，变更车辆营运证和准运标志；不符合规定条件的，不予变更，并书面说明理由。

因更新退出营运的车辆，按照市人民政府有关规定处理。

第二十条 申请客运出租汽车驾驶员从业资格证的，应当具备下列条件：

（一）有本市户籍或者居住证；

（二）年龄在六十周岁以下，身心健康，无职业禁忌症，具有初中以上文化程度；

（三）取得本市公安机关交通管理部门核发的机动车驾驶证三年以上，三年内无重大以上交通责任事故记录；

（四）法律、法规规定的其他条件。

第二十一条 申请客运出租汽车驾驶员从业资格证的，应当持居民身份证或者居住证、机动车驾驶证，向市客运出租汽车管理机构提出申请。经审核符合条件的，由市客运出租汽车管理机构组织业务培训和考试，合格后发给从业资格证；经审核不符合条件的，应当书面说明理由。

被吊销从业资格证的驾驶员，自吊销从业资格证之日起五年内不得重新取得客运出租汽车驾驶员从业资格证。

第二十二条 客运出租汽车营运号牌和经营资格证、车辆营运证和准运标志、驾驶员从业资格证，不得出租、出借、涂改和伪造。

第三章 营运管理

第二十三条 客运出租汽车经营者及驾驶员应当在营运号牌和经营资格证规定的区域内营运，但运送跨区域直达和返程搭载乘客的除外。

客运出租汽车管理机构可以根据需要设立异地客运出租汽车返程搭载站点，为乘客、经营者及驾驶员提供方便。

第二十四条 在火车站、码头、机场、汽车客运站、城市主要道路及其他人员集中场所应当设置客运出租汽车停车场（站）或者乘降点。

设置在火车站、码头、机场、汽车客运站的客运出租汽车停车场（站）由客运出租汽车管理机构统一管理。

客运出租汽车管理机构应当制定客运出租汽车场（站）管理制度并监督执行。

第二十五条 客运出租汽车经营者及驾驶员应当保证出租汽车符合下列规定：

（一）在前部和尾部的中间位置安装营运号牌，车顶安装统一的标明经营者简称的标志灯，前风挡玻璃右上角粘贴准运标志，在规定位置粘贴租价标签；

（二）车内安装符合国家技术标准的出租汽车计价器、车载收费设施和空车待租标志，以及电子识别装置、营运服务数据信息采集传输系统和卫星定位终端等装置；

（三）在车内规定位置设置客运出租汽车管理机构统一制发的服务卡、粘贴禁烟标识，保持车容整洁，设备设施完好；

（四）设置车体广告应当符合法律、法规和出租汽车行业营运安全、服务管理的规定；

（五）法律、法规的其他规定。

市客运出租汽车管理机构应当每年对客运出租汽车是否符合前款规定进行审验。

第二十六条 出租汽车计价器失灵的车辆不得营运。

出租汽车计价器的安装、维修，由依法设立的有资质的单位承担。

出租汽车计价器的管理办法由市计量主管部门会同市交通主管部门制定。

第二十七条 客运出租汽车经营者应当遵守下列规定：

（一）接受市交通主管部门的管理和业务培训，协助客运出租汽车管理机构处理投诉、举报；

（二）执行市价格主管部门规定的租价标准，按规定使用税务部门制发的票据，依法缴纳有关税费；

（三）依法办理乘客意外伤害保险；

（四）保证车辆技术状况完好，建立单车技术档案，按时接受车辆审验和车辆检测；

（五）对驾驶员进行安全教育、职业道德教育，确保营运安全和规范；

（六）收取承包费、日收班费等费用执行市人民政府规定的标准；

（七）法律、法规的其他规定。

第二十八条 客运出租汽车驾驶员应当遵守下列规定：

（一）营运时携带客运出租汽车驾驶员从业资格证和车辆营运证，按照客运出租汽车管理机构的规定着装，仪表整洁；

（二）保持车辆号牌齐全清晰，按照客运出租汽车管理机构的规定及时更换坐椅套并定期消毒；

（三）礼貌待客、文明服务、安全行车，按照合理路线或者乘客要求的路线行驶；

（四）按照乘客合理要求使用空调、音响，按规定使用对讲通信设施；

（五）按照规定使用出租汽车计价器和车载收费设施，按出租汽车计价器显示金额收费，并按规定使用票据；

（六）不得拒绝载客，不得采取欺骗、威胁等方式招揽他人同乘；

（七）遵守停车场（站）、乘降点、返程搭载站点秩序，服从调度管理；

（八）发现有违法犯罪嫌疑的人员及时报告公安机关；

（九）接受市交通主管部门的管理和岗位培训；

（十）执行法律、法规和国家、省、市人民政府其他有关客运服务的规定。

第二十九条 客运出租汽车经营者及驾驶员对侵犯其合法权益的行为，可以向交通主管部门、客运出租汽车管理机构或者客运出租汽车行业协会反映和投诉，交通主管部门、客运出租汽车管理机构或者客运出租汽车行业协会对反映或者投诉应当及时处理。

第三十条 客运出租汽车经营者及驾驶员应当优先为老、弱、病、残和孕妇以及急需抢救的人员提供服务，遇有突发公共事件、重大活动等情形时，应当按照政府的统一指挥、调度承担疏运任务。

客运出租汽车经营者及驾驶员承担突发公共事件或者重大活动疏运任务造成损失的，政府或者活动主办方应当给予合理补偿，补偿的具体办法由市人民政府制定。

第三十一条 乘客遇有下列情形之一的，可以拒绝支付车费：

（一）驾驶员不按照规定使用出租汽车计价器或者出租汽车计价器失灵的；

（二）驾驶员不出具本次车费发票的；

（三）租乘的汽车在起步费里程内发生故障，无法完成运送服务的。

第三十二条 乘客应当文明乘车，按照规定支付车费。

乘客有下列情形之一的，客运出租汽车驾驶员应当劝阻并拒绝为其服务：

（一）携带易燃、易爆、有毒等危险物品的；

（二）醉酒者、精神病患者乘车无人陪同的；

（三）离开城区不按照规定配合驾驶员到公安机关设立的检查处登记的。

第三十三条 乘客与客运出租汽车驾驶员因收费、服务等发生争议时，可以当即到客运出租汽车管理机构请求处理，所需车费由责任者承担。

第四章 监督检查

第三十四条 客运出租汽车管理机构应当加强对客运出租汽车经营活动

的监督检查，建立、健全经营者的经营信誉考核制度和驾驶员的服务记分考核制度。

客运出租汽车管理机构对经营者的经营信誉考核结果应当定期向社会公布。

第三十五条 客运出租汽车管理机构应当建立、健全投诉、举报制度，公开投诉、举报电话以及通讯地址、电子邮件信箱等，并设立投诉、举报接待室，配备相关工作人员。

单位和个人有权对违反客运出租汽车管理的行为进行投诉、举报。对投诉、举报属实的，由客运出租汽车管理机构给予奖励。

第三十六条 投诉、举报违反客运出租汽车管理行为，应当自违法行为发生之日起十五日内向客运出租汽车管理机构提出，并提供有关证据。客运出租汽车管理机构对能够提供有关证据的，应当受理；对未提供有关证据或者证据不足的，应当告知其提供或者补齐。

客运出租汽车管理机构处理投诉、举报，应当自受理之日起十日内办结；情况复杂十日内不能办结的，经本机构负责人批准，可以延长二十日，并应当将延期的理由告知投诉人或者举报人。

第三十七条 被投诉、被举报人应当自接到客运出租汽车管理机构通知之日起三日内到客运出租汽车管理机构接受调查；逾期不接受调查的，视为投诉属实。

客运出租汽车驾驶员被投诉、举报的，经营者应当指派人员陪同协助接受调查。

第五章 法律责任

第三十八条 违反本条例第十一条规定，未取得客运出租汽车营运号牌和经营资格证从事客运出租汽车经营活动，或者将未取得车辆营运证和准运标志的车辆投入营运的，由客运出租汽车管理机构责令停止营运，并处五千元以上三万元以下罚款。

第三十九条 违反本条例第十五条第二款、第二十二条规定，未经市客运出租汽车管理机构批准转让客运出租汽车营运号牌和经营资格证，或者出租、出借、涂改、伪造客运出租汽车营运号牌和经营资格证、车辆营运证和准运标志、驾驶员从业资格证的，由客运出租汽车管理机构责令改正，并处三千元以上一万元以下罚款，对未经客运出租汽车管理机构批准转让客运出租汽车营运号牌和经营资格证的，可以并处暂扣营运号牌和经营资格证、车辆营运证五日至十日。

第四十条 违反本条例有下列行为之一的，由客运出租汽车管理机构责令改正，处一千元以上三千元以下罚款：

（一）违反第十一条规定，未取得客运出租汽车驾驶员从业资格证从事营运的；

（二）违反第十六条规定，停业或者歇业未到客运出租汽车管理机构办理相关手续的；

（三）违反第十九条规定，更新车辆未到客运出租汽车管理机构办理车辆营运证和准运标志变更手续的；

（四）违反第二十三条规定，不在客运出租汽车营运号牌和经营资格证规定的区域内经营的；

（五）违反第二十五条第二项规定，未按照规定安装出租汽车计价器、车载收费设施和空车待租标志，以及电子识别装置、营运服务数据信息采集传输系统和卫星定位终端等装置的；

（六）违反第二十六条第一款规定，将出租汽车计价器失灵的车辆投入营运的；

（七）违反第二十七条第一项规定，不协助客运出租汽车管理机构处理投诉、举报的；

（八）违反第二十七条第四项规定，未建立单车技术档案，未按时接受车辆审验和车辆检测的；

（九）违反第二十七条第五项规定，未按照规定对驾驶员进行安全、职业道德教育的；

（十）违反第二十七条第六项规定，不执行市人民政府规定的承包费、日收班费等费用标准的；

（十一）违反第二十八条第五项规定，未按照规定使用出租汽车计价器和车载收费设施的；

（十二）违反第二十八条第六项规定，拒绝载客或者采取欺骗、威胁等方式招揽他人同乘的；

（十三）违反第二十八条第九项规定，不接受市交通主管部门的管理和岗位培训的；

（十四）违反第三十条规定，遇有突发公共事件和重大活动不服从政府统一指挥、调度的。

实施前款第六项、第十二项罚款处罚时，可以并处暂扣客运出租汽车驾驶员从业资格证五日至十日；实施前款第八项罚款处罚后，违法行为人拒不改正的，可以并处吊销车辆营运证和准运标志。

第四十一条 违反本条例有下列行为之一的，由客运出租汽车管理机构责令改正，处一百元以上五百元以下罚款：

（一）违反第二十五条第一项规定，未按照规定安装客运出租汽车营运号牌、标志灯，粘贴准运标志、租价标签的；

（二）违反第二十五条第三项规定，未按照规定设置服务卡，粘贴禁烟标识，以及未保持车容整洁、设备设施完好的；

（三）违反第二十五条第四项规定，设置车体广告不符合法律、法规或者出租汽车行业营运安全和服务管理规定的。

第四十二条 违反本条例有下列行为之一的，由客运出租汽车管理机构责令改正，处五十元以上二百元以下罚款：

（一）违反第二十八条第一项规定，未携带客运出租汽车驾驶员从业资格证和车辆营运证，未按照客运出租汽车管理机构的规定着装，仪表不整洁的；

（二）违反第二十八条第二项规定，未保持号牌齐全清晰，未按照客运出租汽车管理机构的规定及时更换坐椅套，并定期消毒的；

（三）违反第二十八条第三项规定，不礼貌待客、文明服务的，未按照合理路线或者乘客要求的路线行驶的；

（四）违反第二十八条第四项规定，未按照乘客合理要求使用空调、音响，未按照规定使用对讲通信设施的；

（五）违反第二十八条第七项规定，不遵守停车场（站）、乘降点、返程搭载站点秩序，不服从调度管理的。

第四十三条 违反本条例第二十八条第五项规定，未按照出租汽车计价器显示金额收费的，由客运出租汽车管理机构责令退还多收的费用，并处二百元以下罚款；未按照规定使用票据的，由客运出租汽车管理机构处一千元以上五千元以下罚款。

第四十四条 客运出租汽车经营者在一个月内出现未按照出租汽车计价器显示金额收费、不按照规定使用出租汽车计价器、拒绝载客、不接受客运出租汽车管理机构日常检查的违法车辆台次达到其营运车辆总数百分之二十情形的，由客运出租汽车管理机构责令其停业整顿三日至七日。

客运出租汽车经营者年内出现单车未按出租汽车计价器显示金额收费、拒绝载客累计受到三次行政处罚情形的，由客运出租汽车管理机构吊销该车营运号牌。

客运出租汽车驾驶员年内出现未按照出租汽车计价器显示金额收费、拒绝载客累计受到三次行政处罚情形的，由客运出租汽车管理机构吊销其从业资格证。

第四十五条 客运出租汽车经营者的经营信誉考核不合格的，由客运出租汽车管理机构限期整改；经整改仍不合格的，吊销营运号牌和经营资格证。

客运出租汽车驾驶员服务记分考核未达到标准的，由市客运出租汽车管理机构责令参加培训，情节严重的，吊销其从业资格证。

第四十六条 对违反本条例规定不能当场处理的行为，客运出租汽车管理机构可以暂扣车辆营运证或者出租汽车驾驶员从业资格证，签发待理证作为其继续营运的凭证，并责令当事人在规定期限内到指定地点接受处理。

对拒不接受客运出租汽车管理机构监督检查，以及未取得营运号牌和经营资格证、车辆营运证和准运标志从事营运的，客运出租汽车管理机构可暂扣车辆，并出具暂扣凭证。

违法当事人应当在车辆被暂扣之日起七日内到指定地点接受处理。逾期不接受处理的，客运出租汽车管理机构可依法作出处罚决定，并将处罚决定书送达违法当事人。违法当事人无正当理由逾期不履行处罚决定的，客运出租汽车管理机构可申请人民法院强制执行。

第四十七条 违反本条例，涉及其他主管部门权限的，由有关部门依法处理；构成犯罪的，依法追究刑事责任。

第四十八条 客运出租汽车管理机构有下列行为之一的，由主管部门责令改正，给予通报批评；对直接负责的主管人员和其他直接责任人员依法给予处分；构成犯罪的，依法追究刑事责任：

（一）未按照规定办理客运出租汽车经营手续的；

（二）参与或者变相参与客运出租汽车经营活动的；

（三）未按照规定履行监督管理职能，不文明执法的；

（四）违法暂扣客运出租汽车的；

（五）违法暂扣、吊销客运出租汽车营运号牌和经营资格证、车辆营运证和从业资格证的；

（六）未按照规定受理、处理投诉或者举报，造成严重后果的；

（七）发现违法行为不及时依法查处的；

（八）其他滥用职权、玩忽职守、徇私舞弊行为。

第六章 附 则

第四十九条 本条例所称拒绝载客，是指客运出租汽车显示空车待租标志，驾驶员得知乘客需到达的目的地后拒绝服务，或者在载客营运途中无正当理由中断服务的行为。

第五十条 大连经济技术开发区管理委员会等市政府派出机构根据授权，负责管理范围内客运出租汽车行业管理工作。

第五十一条 本条例自 2011 年 2 月 1 日起施行。

青岛市出租汽车客运管理条例

（1997 年 7 月 24 日青岛市第十一届人民代表大会常务委员会第三十二次会议通过

1997 年 8 月 16 日山东省第八届人民代表大会常务委员会第二十九次会议批准

2006 年 12 月 15 日青岛市第十三届人民代表大会常务委员会第三十一次会议修订

2007 年 3 月 21 日山东省第十届人民代表大会常务委员会第二十六次会议批准修订

2007 年 3 月 21 日青岛市人民代表大会常务委员会公告公布，自 2007 年 5 月 1 日起施行）

第一章　总　　则

第一条　为了加强出租汽车客运管理，维护客运市场秩序，保障乘客、客运出租企业及其从业人员的合法权益，根据国家有关规定，结合本市实际，制定本条例。

第二条　本条例所称出租汽车，是指依法取得经营许可，按照乘客要求提供客运服务，以里程、时间计费的五至八座客运车辆。

第三条　本市行政区域内出租汽车客运经营和管理适用本条例。

第四条　市交通行政主管部门是本市出租汽车客运管理的行政主管部门。各县级市和崂山区、黄岛区、城阳区交通行政主管部门负责本辖区内的出租汽车客运管理工作。

市和各县级市、崂山区、黄岛区、城阳区道路运输管理机构、交通稽查机构按照本条例规定的职责，负责出租汽车客运的具体管理工作。

其他有关行政管理部门按照各自的职责，协同做好出租汽车客运管理工作。

第五条 市交通行政主管部门应当根据经济社会发展和城乡公共交通客运状况，组织编制出租汽车行业发展规划，报市人民政府批准后实施。

政府及有关部门应当采取措施，鼓励、推广使用环保节能出租汽车车辆。

第六条 出租汽车经营实行行政许可制度。

按照本条例取得的经营许可禁止转让，法律、法规另有规定的除外。

本条例实施前取得的出租汽车经营权尚未到期的，经营权管理按照市人民政府有关规定执行。

第二章 客运出租企业

第七条 从事出租汽车客运经营，应当具备下列条件：

（一）具备企业法人资格；

（二）有符合规定要求的车辆、停车场地和流动资金；

（三）有与经营业务相适应的管理和驾驶人员，其中经营管理、技术和安全管理等岗位至少各有一名具有中级以上相关专业技术职称的人员；

（四）有良好的资信和财务状况；

（五）有完善的经营管理制度。

第八条 需从事出租汽车客运经营的，应当向道路运输管理机构提出申请。道路运输管理机构应当自收到申请之日起三十日内，根据本市出租汽车行业发展规划和申请者的条件作出行政许可决定。准予许可的，发给道路运输经营许可证（以下简称经营许可证）并签订经营合同；不予许可的，书面告知申请人。

第九条 客运出租企业应当按照道路运输管理机构的要求配备出租汽车车辆，并到有关部门办理相关手续后，到道路运输管理机构办理道路运输证和领取票据。

出租汽车车辆除符合公安机关对车辆的统一规定外，还应当符合下列要求：

（一）使用规定的车型、车辆颜色，标明客运出租企业名称和行业徽标，安装出租汽车标志灯；

（二）车内装置空车待租及暂停营运标志，贴有运价标签，安装统一选型的计价器。

第十条 客运出租企业应当遵守下列规定：

（一）按照行政许可的期限、范围经营，接受道路运输管理机构、交通稽查机构的监督管理和社会公众的监督；

（二）规范驾驶员着装；定期对驾驶员进行法制、职业道德、文明礼仪、安全和治安防范等教育培训；

（三）按照规定审查出租汽车驾驶员的服务资格；

（四）检查车辆技术状况、安全设施和车容卫生，定期检查计价器及有关标志；

（五）及时协助乘客查找遗失物品；对不能及时返还失主的物品，予以登记并妥善保管；

（六）设置并公布投诉电话，实行二十四小时服务；

（七）按照道路运输管理机构的要求报送相关资料；

（八）遇有抢险、救灾等特殊客运任务时，服从道路运输管理机构和公安机关的统一调度使用和指挥；

（九）法律、法规、规章的其他规定。

客运出租企业应当组织协调本企业出租汽车驾驶员的交接班时间，避免集中交接班。

第十一条 出租汽车车辆归个人所有的，客运出租企业应当与出租汽车车辆所有者签订管理服务合同，按照约定提供服务，并按照规定的标准和项目收取费用，实行收费公示。出租汽车车辆所有者应当遵守管理服务合同，服从客运出租企业的管理，按时缴纳管理费和有关税费。

交通行政主管部门应当组织制定管理服务合同示范文本，并协同价格主管部门制定管理费指导标准。

第十二条 客运出租企业合并、分立、迁移以及变更其他登记事项的，应当向道路运输管理机构申报，并按照规定到有关部门办理登记手续。

第十三条 客运出租企业应当按照核准的车辆数量投入营运，不得擅自暂停或者终止营运。

客运出租企业需要暂停营运的，应当经过道路运输管理机构批准，并办理相关手续后方可暂停车辆营运。

客运出租企业需要终止营运的，应当提前三个月向道路运输管理机构申报。经批准终止营运的，应当按照规定缴销经营许可证、道路运输证、计价器、标志灯及未用出租汽车客票，并到有关部门办理手续。

第十四条 任何单位和个人不得伪造、涂改、冒用、倒卖、转让出租汽车经营许可证、道路运输证、标志灯和出租汽车客票，不得套用、伪造出租汽车号牌。

第十五条 鼓励客运出租企业通过依法收购出租汽车车辆产权和兼并、重组等方式，实现规模化经营。

第三章 出租汽车驾驶员

第十六条 出租汽车驾驶员应当取得服务资格证。申领服务资格证，应当符合国家规定的条件，并经道路运输管理机构考试合格。

第十七条 出租汽车驾驶员在营运中应当遵守下列规定：

（一）遵守道路交通安全法律、法规；服从客运出租企业的管理；

（二）营运时携带道路运输证，按照规定放置服务资格证，夜间营运时开启标志灯；

（三）保持车辆整洁，定期换洗座套和对车辆消毒，保持车辆技术状况良好，安全设施齐全有效；

（四）按照行业规范和企业要求着装，使用文明用语，礼貌待客、热情服务；

（五）车内无客时显示空车待租标志，交接班、约定候客等暂停营运时，显示暂停营运标志，不得无故拒载、中途甩客；

（六）按照乘客指定到达地点选择合理线路行驶，未经乘客同意不得招揽他人同乘；

（七）在每年的七月一日至九月三十日期间和十二月一日至次年三月三十一日期间，按照乘客要求使用空调；

（八）按照规定操作计价器，按照计价器显示金额和价格主管部门有关规定收费，主动给付乘客当次出租汽车客票；

（九）提醒下车乘客带好随身物品，及时归还乘客遗失物品，无法归还的，及时上交客运出租企业或者公安机关；

（十）在营运站点候客时，应当进站排队、服从调度、按序待客；

（十一）接受道路运输管理机构和交通稽查机构的检查。

出租汽车驾驶员应当对老人、儿童、病人、残疾人、孕妇等乘客提供必要的帮助。

第十八条 出租汽车必须在批准的经营区域内经营，不得超出经营区域异地经营。

出租汽车进入非批准经营区域后，不得显示空车待租标志或者承接客人。

第四章 乘 客

第十九条 乘客应当文明乘车，有下列情形之一的，出租汽车驾驶员有权拒绝或者终止提供营运服务：

（一）携带易燃、易爆、有毒等危险品或者违禁品、宠物以及可能污损车辆的物品乘车的；

（二）不告知目的地或者前往目的地所经道路无法行驶的；

（三）精神病患者或者醉酒者丧失自控能力且无人陪同的；

（四）实施或者要求出租汽车驾驶员实施违法行为的。

第二十条 对要求驶离出租汽车经营区域范围或者前往偏僻地区的乘客，出租汽车驾驶员可以要求其随同到就近的公安派出所登记，并报告客运出租企业。

乘客应当配合出租汽车驾驶员办理登记手续。乘客不配合的，出租汽车驾驶员可以拒绝或者终止提供营运服务。

第二十一条 乘客应当按照规定的标准支付车费。途经收费路、桥（含渡口、隧道等）的，由乘客支付过路、过桥费用，但出租汽车驾驶员应当在乘客乘车时提前说明。

有下列情况之一的，乘客可以拒绝支付车费：

（一）计价器不能正常使用或者不使用计价器的；

（二）出租汽车驾驶员不给付当次出租汽车客票或者出租汽车客票打印不清无法辨认的；

（三）出租汽车驾驶员不按照规定使用空调的；

（四）出租汽车发生故障或者交通事故不能将乘客送至目的地的。

第五章 监督和奖励

第二十二条 市交通行政主管部门应当制定出租汽车客运行业管理服务规范，建立对客运出租企业的考核评估制度。

对年度考核不合格的客运出租企业，限期整改；对连续两年考核不合格的，由道路运输管理机构注销其经营许可证。

第二十三条 交通行政主管部门应当建立投诉受理制度，设置投诉电话，接受乘客、出租汽车驾驶员和社会的投诉，并自受理投诉事项之日起七日内作出处理并回复投诉人。被投诉的单位和个人应当按照要求配合有关部门的调查。

对举报无证营运或者伪造、套用牌证营运等重大违法违章行为，经查证属实的，由交通行政主管部门按照有关规定对举报人予以奖励。

第二十四条 客运出租企业和出租汽车驾驶员有下列行为之一的，由交通行政主管部门予以表彰或者奖励：

（一）在抢险、救灾等特殊客运任务中做出突出贡献的；

（二）拾金不昧、见义勇为、救死扶伤等事迹突出的；

（三）积极参与行业文明创建、优质服务和社会公益活动的；

（四）对出租汽车行业管理提出合理化建议被采纳的。

第二十五条 机场、车站、码头等公共场所应当设置出租汽车专用停靠站点并免费开放，接受道路运输管理机构和交通稽查机构的监督管理。

第六章 法 律 责 任

第二十六条 对违反本条例有关客运管理规定的行为，由交通稽查机构处理，其中，吊销经营许可证、道路运输证、服务资格证的行政处罚，由道路运输管理机构决定。

第二十七条 客运出租企业有下列行为之一的，责令改正，处以五百元以上一千元以下罚款：

（一）违反本条例第十条第一款规定之一的；

（二）合并、分立、迁移以及变更其他登记事项未向道路运输管理机构申报的；

（三）未经道路运输管理机构批准暂停或者终止营运的。

第二十八条 客运出租企业的出租汽车驾驶员违法经营受到处罚的次数，连续三个月每月超过企业出租汽车总数百分之五的，或者在连续六个月内累计四个月每月超过企业出租汽车总数百分之五的，责令限期整改，对该企业处以五千元罚款，并对其法定代表人处以五百元罚款。

第二十九条 违反本条例第十四条规定，伪造、涂改、冒用、倒卖、擅自转让出租汽车经营许可证、道路运输证、标志灯和出租汽车客票的，没收违法所得，并处一千元以上五千元以下罚款，暂扣或者吊销道路运输证、服务资格证，同时收缴上述营运证件、标志灯和出租汽车客票。

第三十条 出租汽车驾驶员有下列行为之一的，没收违法所得，按照以下规定给予罚款，并可以暂扣或者吊销道路运输证、服务资格证：

（一）违反本条例第十七条第一款（二）、（三）、（四）、（九）项规定的，处以五十元以上一百元以下罚款；

（二）违反本条例第十七条第一款（五）、（六）项规定的，处以一百元以上五百元以下罚款；

（三）违反本条例第十七条第一款（八）、（十一）项规定的，处以五百元以上一千元以下罚款；

（四）在客运出租企业暂停营运期间擅自营运的，处以五千元以上一万元以下罚款。

第三十一条 出租汽车驾驶员超出经营区域异地经营的，没收违法所得，并处五千元以上一万元以下罚款。

第三十二条 未经许可从事出租汽车客运经营的，没收违法所得，并处一万元以上三万元以下罚款；无出租汽车驾驶员服务资格证驾驶出租汽车的，处以三百元以上一千元以下罚款，并暂扣道路运输证。

第三十三条 违反本条例，涉及违反有关社会治安、交通安全、工商行政、质量技术监督、价格、税务等管理规定的，由有关部门依法处理。其中，对有下列违法行为之一情节严重的客运出租企业、出租汽车驾驶员，由道路运输管理机构吊销其经营许可证、道路运输证和服务资格证：

（一）客运出租企业违反有关规定收取费用的；

（二）套用或者伪造出租汽车号牌从事出租汽车客运经营的；

（三）敲诈勒索、侮辱殴打乘客的；

（四）欺行霸市、强拉强运及以其他方式扰乱出租汽车客运秩序的。

第三十四条 被暂扣道路运输证、服务资格证的出租汽车驾驶员应当在规定期限内到交通稽查机构接受处理。无故逾期不接受处理的，由道路运输管理机构注销上述证件。

被吊销道路运输证的出租汽车驾驶员，同时吊销其服务资格证。出租汽车驾驶员在半年内有其他违法经营行为受到处罚三次以上的，吊销其服务资格证。被吊销服务资格证的人员，三年内不得从事出租汽车客运业务。

第三十五条 当事人对行政处罚决定不服的，可以依法申请行政复议或者提起行政诉讼；当事人逾期不申请复议、不起诉、又不履行行政处罚决定的，由作出处罚决定的机构依法申请人民法院强制执行。

第三十六条 交通行政主管部门、道路运输管理机构、交通稽查机构及其工作人员玩忽职守、滥用职权、徇私舞弊的，由上级行政机关或者监察机构依法对相关负责人、直接责任人给予行政处分；构成犯罪的，依法追究刑事责任。

第七章　附　　则

第三十七条　本条例自 2007 年 5 月 1 日起施行。

宁波市出租汽车客运管理条例

（1997年8月1日宁波市第十届人民代表大会常务委员会第三十四次会议通过

1997年11月12日浙江省第八届人民代表大会常务委员会第四十次会议批准

根据2003年5月29日宁波市第十二届人民代表大会常务委员会第二次会议通过、2003年6月27日浙江省第十届人民代表大会常务委员会第四次会议批准的《宁波市人民代表大会常务委员会关于修改〈宁波市出租汽车客运管理条例〉的决定》第一次修正

根据2004年3月30日宁波市第十二届人民代表大会常务委员会第九次会议通过、2004年5月28日浙江省第十届人民代表大会常务委员会第十一次会议批准的《宁波市人民代表大会常务委员会关于修改〈宁波市出租汽车客运管理条例〉的决定》第二次修正

2004年6月17日宁波市人民代表大会常务委员会公告第11号公布，自2004年7月1日起施行）

第一章　总　　则

第一条　为加强本市出租汽车客运管理，维护客运市场秩序，保障乘客、出租汽车经营者及其从业人员的合法权益，促进出租汽车行业的健康发展，根据国家有关规定，结合本市实际情况，制定本条例。

第二条 本条例所称的出租汽车是指从事客运出租服务的九座以下小型客车。

出租汽车客运服务是指根据乘客意愿，按照里程或时间计费，实行不定点、不定线运输的经营活动。

第三条 本市行政区域内出租汽车客运服务的管理，适用本条例。

第四条 市交通行政管理部门主管全市出租汽车行业。各县（市）、区交通行政管理部门主管本辖区内的出租汽车行业。

市和县（市）、区道路运输管理机构（以下简称运管机构）具体履行本条例规定的管理职责。

公安、工商行政、城市管理、税务、价格、质量技术监督等管理部门，按各自职责，协同做好出租汽车客运管理工作。

第五条 出租汽车行业应当合法诚信经营、公平竞争，实行统一管理。

引导、鼓励经营者对出租汽车实行规模经营。

鼓励和推进出租汽车行业的科技进步，推广使用环保节能车辆，逐步建立和完善先进的指挥调度和监督管理系统。

出租汽车营运权实行有偿使用。

第六条 市交通行政管理部门应当根据城市建设、经济社会发展的实际和公共交通发展规划，编制全市出租汽车行业发展规划，报市人民政府批准后实施。

市交通行政管理部门应当按照出租汽车行业发展规划和客运市场需求，制订新增运力投放计划，经征求区人民政府和市政府相关管理部门的意见后，报市人民政府批准实施。

县（市）交通行政管理部门应当按照出租汽车行业发展规划和客运市场需求，制订本行政区域的新增运力投放计划，经征求相关管理部门的意见后，报县（市）人民政府批准实施。

第七条 出租汽车经营者及从业人员违反本条例的行为，任何单位和个人有权向运管机构和其他有关部门举报、投诉，运管机构和其他有关部门应当及时依法查处。

第八条 出租汽车经营者可以依法组建出租汽车行业协会。市出租汽车行业协会是全市出租汽车行业的自律性组织，制定行业职业规范和信用管理制度，依法维护出租汽车经营者的合法权益，协助运管机构进行行业管理。

第二章　开业和停业

第九条　出租汽车经营者必须符合下列条件：

（一）有符合规定数量的取得有偿营运权的车辆；

（二）有与经营规模相适应的管理用房和停车场地；

（三）有符合经营客运业务要求的驾驶员和质检、安全等管理人员；

（四）有与经营方案相配套的经营管理制度；

（五）法律、法规或规章规定的其他条件。

第十条　需从事出租汽车经营业务的企业和个人，应当向县级以上运管机构提出开业申请。运管机构应当在接到申请之日起三十日内作出决定，核准的，由县级以上交通行政管理部门发给道路运输经营许可证（以下简称经营许可证）；不核准的，书面说明理由，并通知申请人。

经营许可证不得转让。

申请人应当在经营许可证颁发之日起三十日内向工商行政管理部门申办营业执照，并向税务部门办理税务登记；逾期未办理的，其经营许可证无效。

第十一条　出租汽车有偿营运权通过以下方式取得：

（一）公开拍卖或者招投标取得；

（二）原经行政审批投入营运的出租汽车，缴纳有偿使用费后取得；

（三）依法兼并、收购取得；

（四）依法转让、裁决、继承等其他方式取得。

第十二条　根据前条规定取得出租汽车有偿营运权的经营者，由交通行政管理部门发给出租汽车有偿营运权证。

出租汽车有偿营运权证按一车一证颁发。

出租汽车有偿营运权使用期限为十五年，在有效期内可以依法转让、质押、继承。

第十三条　本条例施行前已通过拍卖或其他方式取得有偿营运权的，有偿营运权使用期限自本条例实施之日起算。

本条例施行前已投入营运的出租汽车，其营运权尚未实行有偿使用的，应按市人民政府的规定实行有偿使用。

政府从出租汽车营运权有偿使用中所得的收入，应当用于出租汽车专用设施建设、行业发展以及其他城市交通基础设施建设，任何单位和个人不得挪作他用。

第十四条 出租汽车经营者凭出租汽车有偿营运权证、出租汽车上牌联系单和有关车辆资料到公安机关办理车辆入户手续，领取出租汽车专用牌照。

第十五条 出租汽车经营者在办妥车辆入户手续后，到车籍所在地运管机构领取道路运输证，以及税务部门监制的出租汽车专用发票，办理车辆保险。

第十六条 持有出租汽车有偿营运权证的经营者可以转让出租汽车有偿营运权，并向运管机构办理有关手续，由交通行政管理部门换发出租汽车有偿营运权证。拟转让的出租汽车有偿营运权价格可以经评估机构评估。

第十七条 出租汽车经营者暂停营业、合并、分立的，应当在十日前向运管机构提出申报，并按有关规定办理其他手续。

出租汽车经营者停止经营的，应当在十日前向运管机构办理缴销经营许可证手续，并按有关规定向工商行政管理、税务等部门办理注销登记手续，向公安机关缴回出租汽车专用牌照。

第三章　经　营　者

第十八条 出租汽车经营者必须制定各项规章制度和奖惩措施；对从业人员进行遵纪守法、职业道德教育，搞好专业培训，提高从业人员素质和服务质量。

出租汽车经营者必须加强车辆管理，不得将车辆交给不符合条件的人员驾驶，按照规定缴纳税费，按时向有关部门填报各类报表，遵守各项年度审验制度。

出租汽车经营者必须严格执行价格管理部门核定的统一收费标准，使用经税务机关监制的统一票据，不得擅自提价、改变收费方法或印制票据。

第十九条 出租汽车经营者必须认真履行营运、安全、教育等方面的职责，对被管理的出租汽车从业人员违反营运、安全管理规定的，依法承担相应责任。

第四章 车辆和驾驶员

第二十条 营运中的出租汽车必须保持车辆性能完好，接受定期检测，技术状况达到二级以上标准，尾气排放符合环境保护规定，车容车貌符合规定要求。

出租汽车投入使用后达到国家规定的车辆使用年限或行驶里程的，经营者必须更新车辆。提前更新的，原车辆符合有关技术标准的，允许转为非营运车辆。

有偿营运权期满的出租汽车，未达到报废标准的，可以改作其他用途。

第二十一条 出租汽车必须符合下列规定：

（一）车辆标志色符合交通行政管理部门的规定；

（二）营运资格证件和出租汽车专用牌照清晰、有效；

（三）车门两侧喷印经营者名称，车厢内按规定位置公示收费标准、监督电话号码等服务标志；

（四）安装经质量技术监督部门检定合格的收费计价器；

（五）安装必要的安全技术防范装置；

（六）安装顶灯、待租标志、语音提示器；

（七）车身、车厢和行李厢整洁，座椅套清洁，空调设施完好；

（八）客运服务规范对车辆的其他要求。

第二十二条 每辆出租汽车配备的驾驶员不得超过三人。

出租汽车驾驶员必须符合下列条件：

（一）具有本市常住户口或暂住户口；

（二）持有汽车驾驶证，并实际驾驶汽车二年以上；

（三）符合国家对出租汽车从业人员资格要求的规定。

对出租汽车驾驶员可以采用记分等方式进行管理。

第五章　营运管理

第二十三条　出租汽车驾驶员在营运时必须遵守下列规定：

（一）携带交通行政管理部门和公安机关依法颁发的有关证件；

（二）服装整洁，语言文明，不在车内吸烟；

（三）车内无客时必须显示空车待租标志，暂停营运或约定候客时必须放置运管机构统一制作的暂停营运示意牌；

（四）营运中必须使用语音提示器，夜间行驶必须打开顶灯，并按乘客意愿使用空调、音响等车内设施；

（五）对老、弱、病、残和幼儿、孕妇优先服务，对急需抢救的人员应当予以救助；

（六）按收费计价器显示金额收费，需加收空驶费、预约等候费、停车费、过路和过桥费的，应当事先向乘客说明，不得以任何方式直接或变相多收费用；

（七）按照乘客指定的到达地点，选择最合理线路行驶，未经乘客同意不得招揽他人同乘；

（八）不得在禁止停车的路段停车上下客、候客、揽客；

（九）按规定使用出租汽车专用发票，不得转让、转卖、涂改、伪造票据或使用假票、废票；

（十）在核定的经营区域内从事经营活动。

第二十四条　乘客应当文明乘车，并遵守下列规定：

（一）不得在禁止停车的路段招手拦车；

（二）不得携带管制刀具、武器或易燃、易爆等危险物品及污损车辆的物品乘车；

（三）醉酒者、精神病患者乘车须有人陪同监护；

（四）不得要求驾驶员作出违反出租汽车管理、道路交通管理、治安管理规定的行为；

（五）不在车内吸烟，不随地吐痰，不污损车辆，不乱扔废弃物。

除前款规定的情形之外，出租汽车驾驶员不得以任何理由拒绝载客。

第二十五条 乘客应当按规定的标准支付车费及有关费用。

遇有下列情形之一的，乘客可以拒付车费：

（一）租乘的出租汽车无计价器或有计价器不使用的；

（二）驾驶员不出具出租汽车专用发票的；

（三）租乘的出租汽车在起步费里程内发生故障，无法完成运送任务的。

第二十六条 乘坐出租汽车出本市或在夜间去偏僻地区时，驾驶员可以要求乘客随同到就近的出租汽车治安管理机构办理登记手续，乘客应当予以配合。

第二十七条 出租汽车驾驶员发现乘客在车辆上的遗忘物，应当及时设法归还；无法归还的，应当及时上交所在单位或运管机构、公安机关。

乘客在出租汽车内遗忘钱物的，可以向出租汽车经营单位或运管机构、公安机关报失。

第二十八条 运管机构应当加强对出租汽车的现场管理。运管机构工作人员在执行监督检查工作时，必须出示行政执法证件。

第二十九条 运管机构应当配合公安机关在商业中心地区、医院、影剧院和主要道路上，根据方便乘客的原则和道路条件，设置有明显标志的出租汽车临时停靠点。

第三十条 机场、铁路客运站、客运码头、汽车站等旅客集散地，应当向所有出租汽车开放。运管机构应当加强对旅客集散地出租汽车的营运管理。出租汽车必须服从运管机构的统一调度，按序出车，不得擅自载客或拒绝载客。

第三十一条 市区出租汽车收费标准由市交通行政管理部门提出意见，经市价格管理部门审定后实行。

县(市)出租汽车收费标准由当地交通行政管理部门提出，经当地价格管理部门审定后实行。

第六章 法律责任

第三十二条 违反本条例有关客运管理规定的，由交通行政管理部门或其委托的同级运管机构实施行政处罚。

违反本条例，涉及违反有关社会治安、交通安全、工商行政、质量技术监督、价格、税务等管理规定的，由有关部门依法处理。

第三十三条 未取得出租汽车经营许可证、有偿营运权证、道路运输证或使用伪造、涂改的经营许可证、道路运输证，从事客运出租服务，或有偿营运权使用期满继续从事营运的，责令其停止非法经营，没收违法所得，处五千元以上二万元以下的罚款。

骗取经营许可证或伪造、涂改、转让经营许可证的，吊销经营许可证；伪造、涂改、擅自转让或不按规定转让有偿营运权证、道路运输证的，吊销有关证件；并可以处二千元以上一万元以下的罚款；构成犯罪的，依法追究刑事责任。

第三十四条 参加出租汽车有偿营运权拍卖、招标投标的企业和个人在拍卖、招标投标中有违法行为的，按照《中华人民共和国拍卖法》、《中华人民共和国招标投标法》和其他有关法律、法规的规定处罚。

第三十五条 出租汽车经营者违反本条例第十八条、第十九条规定的，责令其改正，并可以处二百元以上五千元以下的罚款；情节严重的，责令停业整顿。

第三十六条 出租汽车经营者和从业人员违反本条例有关车辆管理规定的，按下列规定处罚：

（一）出租汽车不接受定期检测，责令其改正，并可以处二百元以上五百元以下的罚款；

（二）出租汽车技术状况达不到二级标准的，责令停止营运；

（三）出租汽车超过规定的使用年限或行驶里程不予更新仍然从事营运的，责令停止营运，并可以处二千元以上五千元以下的罚款；

（四）违反本条例第二十一条规定的，责令其改正，并可以处五十元以上一千元以下的罚款。

第三十七条 出租汽车驾驶员违反本条例规定的，责令其改正，并按下列规定处罚：

（一）违反本条例第二十三条第（一）、（二）、（三）、（四）项规定的，可以处二十元以上二百元以下的罚款；违反第（六）、（七）、（八）、（九）项规定的，可以处二百元以上一千元以下的罚款；违反第（十）项规定的，可以处一千元以上五千元以下的罚款，并可以责令停止营运十五日以下；

（二）对急需抢救人员拒绝提供救助和无正当理由拒绝载客的，责令改正，予以警告，并可以处二百元以上二千元以下的罚款；屡教不改的，可以责令停止营运三日以下。

出租汽车驾驶员拒绝归还乘客在车辆上的遗忘物，情节严重，构成犯罪的，依法追究刑事责任。

第三十八条 限制出租汽车驶入机场、铁路客运站、客运码头、汽车站等旅客集散地的公共停车场的，责令有关单位限期改正，并可以对责任单位处二千元以上一万元以下的罚款；出租汽车驾驶员不服从运管机构的统一调度，不按序出车或擅自载客的，可以处五百元以上一千元以下的罚款。

第三十九条 按本条例第三十六条、第三十七条规定受到处罚，情节特别严重的，对出租汽车经营者吊销道路运输证。

出租汽车经营企业在一个月内有百分之十以上驾驶员（含承包、租赁车辆的驾驶员，下同）受到处罚的，给予警告；连续二个月有百分之十以上驾驶员受到处罚的，对该经营企业处五千元以上一万元以下的罚款，并可以对其法定代表人处二千元的罚款；情节严重的，吊销经营许可证。

出租汽车被责令停止营运的，由运管机构收存其营运证件。

吊销道路运输证或有偿营运权证的，由公安机关收缴出租汽车专用牌照。

第四十条 乘客违反本条例规定，损坏车辆设施的，应当承担赔偿责任。违反其他规定的，出租汽车驾驶员可以就近请求运管机构或有关部门处理。

第四十一条 交通行政管理部门和运管机构工作人员有以权谋私、徇私舞弊、敲诈勒索等违法乱纪行为的，由其所在单位或主管部门依照规定权限给予行政处分；构成犯罪的，依法追究刑事责任。

第七章　附　　则

第四十二条 市人民政府可以根据本条例制定实施细则。

第四十三条 本条例自 1998 年 2 月 1 日起施行。市人民政府 1994 年 4 月 12 日发布的《宁波市出租汽车客运管理办法》同时废止。

厦门经济特区出租汽车营运管理条例

（2001年11月27日厦门市第十一届人民代表大会常务委员会第三十八次会议通过

根据2005年1月13日厦门市第十二届人民代表大会常务委员会第十六次会议通过的《厦门市人民代表大会常务委员会关于修改〈厦门市价格管理条例〉等四件法规的决定》修正

2005年1月20日厦门市第十二届人民代表大会常务委员会公告第18号公布，自公布之日起施行）

第一章　总　　则

第一条　为加强出租汽车营运管理，维护市场秩序，提高出租汽车服务质量，保障乘客、经营者及驾驶员的合法权益，遵循有关法律、行政法规的基本原则，结合厦门经济特区实际情况，制定本条例。

第二条　本条例所称出租汽车是指根据乘客意愿提供客运服务，并按照里程和时间收费的五座以下小轿车。

第三条　出租汽车行业应当规范管理、合法经营、公平竞争。

第四条　出租汽车行业发展规划由市交通行政管理部门根据本市城市建设和社会、经济发展的实际情况编制，报市人民政府批准后实施。

第五条　市交通行政管理部门是本市出租汽车行业的行政主管部门。道路运输管理机构具体负责出租汽车行业的行政管理。

公安、工商、税务、技术监督、物价等行政管理部门在各自的职责范围内，依法对出租汽车行业进行管理。

第六条 市出租汽车行业协会负责制定出租汽车行业职业规范，协调行业内部关系，开展行业自律，促进和维护公平的市场秩序，教育和督促会员遵守法律、法规和行业职业规范，向有关行政管理部门反映会员的意见和要求，维护会员的合法权益，并根据协会章程为会员提供相关的服务。

市人民政府及有关行政管理部门对出租汽车行业的发展和管理作出重要决策前，应当征求市出租汽车行业协会的意见。

第七条 道路运输管理机构应当建立举报投诉制度，受理对违反本条例行为的举报投诉。出租汽车经营者、驾驶员和乘客有义务协助道路运输管理机构调查举报投诉案件。举报投诉经查证属实的，可由道路运输管理机构对举报投诉人予以奖励。

第八条 道路运输管理机构及其工作人员应当做好出租汽车管理法规的宣传教育，忠于职守、公正廉洁、严格执法、文明执法、热情服务，提高管理水平和办事效率，并接受社会监督。

出租汽车经营者和驾驶员应当安全营运，文明行车，热情服务，规范收费，自觉接受道路运输管理机构的检查和监督。出租汽车经营者和驾驶员在安全营运、文明行车、热情服务等方面成绩显著和拾金不昧、救死扶伤、见义勇为等方面事迹突出的，可由道路运输管理机构予以表彰和奖励。

第二章　出租汽车经营权

第九条 拟从事出租汽车经营的单位和个人，必须依照本条例取得出租汽车经营权。

出租汽车经营权必须按照公开、公正、公平和诚实信用的原则通过招标、拍卖的方式取得。出租汽车经营权招标、拍卖的具体办法由市人民政府制定。

通过招标、拍卖取得的经营权使用期限由市人民政府规定。出租汽车经营权以单车为计算单位，每个经营权限一部车使用。在使用期限内，使用该经营权的出租汽车报废和注销《道路运输证》后，可以按照规定办理更新，不需另交经营权使用费。

第十条 出租汽车经营权招标、拍卖由市交通行政管理部门根据出租汽车行业发展规划，提出出租汽车经营权招标、拍卖总量和招标、拍卖方案，并征求相关行政管理部门和出租汽车行业协会的意见，报市人民政府批准后组织实施。

第十一条 市交通行政管理部门在组织出租汽车经营权招标、拍卖时，应当于招标、拍卖三十日前在本地新闻媒体发布招标、拍卖公告。公告应当写明招标、拍卖的时间、地点、经营权数量、保证金及报名申请的时间等内容。

第十二条 招标、拍卖成交后一个月内，买受人应当缴清出租汽车经营权使用费，并与市道路运输管理机构签订出租汽车经营权使用合同，领取出租汽车经营权确认书。出租汽车经营权确认书应当载明经营权使用期限。

买受人未缴清出租汽车经营权使用费，不签订出租汽车经营权使用合同的，该出租汽车经营权由市交通行政管理部门另行组织招标、拍卖，原保证金不予退还。

第十三条 招标、拍卖取得的出租汽车经营权可以转让、质押、继承。转让经营权必须在取得经营权之日起满二年后方可进行。

经营权转让的，转让、受让双方应当签订书面转让合同。原出租汽车经营权使用合同所载明的权利、义务随之转移。与该经营权配置的出租汽车应当一并转让，但转让时已达到更新期的车辆除外。

经营权转让、质押、继承应当向道路运输管理机构办理登记手续。

第十四条 招标、拍卖出租汽车经营权所得的款项应当上缴财政设立的专户，专项用于出租汽车行业发展和交通基础设施建设，不得挪作他用。

第三章　出租汽车经营者

第十五条 出租汽车经营权使用人从事出租汽车经营可以设立出租汽车企业，也可以设立出租汽车个体工商户。

第十六条 设立出租汽车企业的，必须具备以下条件：

（一）拥有出租汽车经营权；

（二）具备企业法人资格且注册资本达到规定标准；

（三）有符合规定质量、数量要求的出租车辆、配套设施、设备、标志；

（四）出租车辆及配套设施、设备、标志符合规定的标准；

（五）有固定的办公场所和与经营规模相适应的专用停车场；

（六）有良好的银行资信、财务状况及相应的偿债能力；

（七）有与经营业务相适应的并经培训考试合格的驾驶员，有与经营业务相适应的技术、财务和经营管理人员。

第十七条　出租汽车个体工商户可以委托出租汽车企业进行管理。

委托出租汽车企业管理的，必须签订书面合同，委托双方原有的经济性质、产权和出租汽车经营权不变。

被委托的出租汽车企业应当加强对委托管理的车辆及其驾驶员的监督管理，组织驾驶员培训，办理有关证件和车辆审验等手续，协助委托方及其驾驶员解决营运过程中出现的问题。向委托方及其驾驶员收取费用应当符合规定，不得擅自扩大收费范围、提高收费标准。

第十八条　出租汽车经营权使用人，必须按照下列程序办理有关手续后，方可经营出租汽车业务：

（一）持营业执照、税务登记证和出租汽车经营权确认书及有关资料向市道路运输管理机构申领《道路运输经营许可证》；

（二）凭《道路运输经营许可证》和出租汽车经营权确认书向有关部门办理车辆报牌入户手续；

（三）持出租汽车经营权确认书及有关车辆资料向市道路运输管理机构申领《道路运输证》。

第十九条　申领《道路运输经营许可证》、《道路运输证》的，道路运输管理机构应当自接到全部申请资料之日起十五日内予以审查，符合条件的，予以发证。不予发证的，应当书面说明理由。

第二十条　遇有抢险、救灾等特殊情况，出租汽车经营者或者驾驶员必须服从道路运输管理机构的统一调度和指挥，并由政府给予适当的经济补偿。

第二十一条　出租汽车经营者应当加强对出租汽车车辆及其驾驶员的监督管理，并按道路运输管理机构的要求填报营运统计资料。

第二十二条 出租汽车经营者和驾驶员有权拒绝非法检查、非法摊派和乱收费，并有权拒绝非法强制配备附属设施或者器具。

第二十三条 非本市籍出租汽车除在经市交通行政管理部门批准设立的出租汽车回程配载站点回程配载外，不得从事起点在本市范围内的出租汽车经营活动。

第二十四条 汽车租赁服务企业不得从事出租汽车经营活动，不得提供驾驶劳务。

第四章 驾驶员与乘客

第二十五条 出租汽车驾驶员必须符合下列条件，且取得岗位服务资格证件：

（一）男性年龄在六十周岁以下，女性年龄在五十五周岁以下，初中毕业以上文化程度，身体健康；

（二）有当地公安部门核发的机动车驾驶证并有三年以上驾龄，并安全行车，无重大交通事故责任记录；

（三）经培训考试合格。

出租汽车经营者不得聘用无岗位服务资格证件的人员驾驶出租汽车。出租汽车驾驶员不得将出租汽车交由无岗位服务资格证件的人员驾驶。

第二十六条 驾驶员应当遵守下列规定：

（一）安全、文明行车；

（二）随车携带《道路运输证》、《计价器使用证》；

（三）按规定装置岗位服务资格证件，实行亮证服务；

（四）保持车内整洁，不得在车内吸烟或者向车外乱扔废弃物、吐痰；

（五）正确使用税控计价器，按照税控计价器显示金额收取车费，主动给付出租汽车专用发票；

（六）非经乘客同意，不得另载他人；

（七）按照乘客要求的路线行驶，乘客未提出要求的，应当选择距离最短的路线行驶；确需绕道的，应当事先向乘客说明；

（八）在设有出租汽车营业站点的场所，应当在指定的营业站点内排队载客，不得在营业站点外揽客、拉客或者从事乘车中介活动；

（九）提醒下车乘客携带随身物品，及时归还或者上交乘客遗失物。

第二十七条 驾驶员无正当理由不得拒载、中断服务。

驾驶员有下列情形之一的，视为拒载：

（一）在待租状态下，问明乘客去向后，拒绝提供载客服务的；

（二）载客途中无正当理由中断服务的；

（三）在出租汽车营业站点内不服从管理人员调派的；

（四）已确认电召服务而不完成服务的。

第二十八条 出租汽车暂停载客时，驾驶员应当在空车待租标志灯上设置统一的“暂停载客”标志。

车辆需检修或者税控计价器失准失灵的，应当暂停载客。

第二十九条 乘客有下列情形之一的，驾驶员有权拒载：

（一）非法携带管制刀具、武器，携带易燃、易爆等危险物品的；

（二）精神病人无人监护的、酗酒后丧失自控能力无人陪同的；

（三）在禁停路段要求乘坐的；

（四）要求驾驶员作出违反出租汽车管理、道路交通管理、治安管理规定的行为或者其他违法行为的。

第三十条 乘客应当文明乘车，遵守下列规定：

（一）按照税控计价器显示金额支付车费和承担依法收费设施、路段的规费；

（二）不得携带管制刀具、武器或者易燃、易爆等危险物品；

（三）精神病人、酗酒者乘车须有人监护、陪同；

（四）不得在车内吸烟或者向车外乱扔废弃物，不得损坏车内设施；

（五）不得要求驾驶员作出违反出租汽车管理、道路交通管理、治安管理规定的行为或者其他不当行为。

第三十一条 驾驶员有下列情形之一的，乘客可以拒付车费：

（一）不使用税控计价器或者不按税控计价器显示金额收取车费的；

（二）不给付出租汽车专用发票的；

（三）基价里程内因车辆或者驾驶员原因无法完成运送服务的。

第三十二条 出租汽车运价实行统一标准。

市价格管理部门会同市交通行政管理部门根据运输市场和社会经济发展的实际情况，适时制定和调整运价标准。

目的地为本市范围以外的，驾驶员可以与乘客协议确定车费。

第三十三条 出租汽车专用发票由税务部门统一管理。

税务部门应当将出租汽车专用发票的发放情况及时通报道路运输管理机构。

第五章 车辆与站点

第三十四条 出租汽车必须符合下列要求：

（一）发动机排气量在一千六百毫升以上；

（二）废气、噪声排放符合国家规定的标准，本市制定的标准高于国家规定标准的应当符合本市的标准；

（三）车身统一颜色，前车门喷涂经营者名称；

（四）在指定位置装置出租汽车标志顶灯、营运标志、税控计价器和空车待租标志，并张贴统一价格标签和监督电话号码；

（五）统一安装使用卫星定位无线调度报警装置；

（六）车容整洁、车况良好，服务设施齐全、完好；

（七）车号牌齐全，字迹清晰；

（八）税控计价器状态完好，计量准确。

非出租汽车不得装置出租汽车标志顶灯、营运标志、税控计价器、空车待租标志及使用出租汽车的标志。

第三十五条 出租汽车营运期间应当保持良好技术状况，按照规定定期进行维护，并到具有出租汽车专业检测资格的车辆综合性能检测机构接受综合性能的检测、定级。

第三十六条 出租汽车税控计价器由道路运输管理机构、技术监督部门和税务部门统一选型，由符合资质条件的技术机构安装、维修、检定。

出租汽车税控计价器应当按照规定周期检定，不得私自改装、调整、维修。

第三十七条 出租汽车达到报废标准的，应当停止营运，办理报废和营运证件注销手续，拆除、缴销出租汽车有关营运标志、设施、发票。

经营权使用期满的车辆，未达到报废标准的，应当拆除、缴销出租汽车营运标志、设施，注销《道路运输证》，停止营运，但可以改作其他用途。

第三十八条 出租汽车营业站点由市交通行政管理部门会同公安、规划、土地、市政等行政管理部门统一规划、建设。

机场、火车站、码头、汽车站、旅游景点等重要客流集散场所应当设置出租汽车免费候客营业站点；三星级以上宾馆、居住小区等公共场所应当设置二个以上出租汽车专用免费候客车位。

市公安交通管理部门会同市道路运输管理机构在商业中心区和主要道路上，根据道路条件和方便乘客原则，确定出租汽车禁停路段和非禁停路段，并在禁停路段设置明显的禁停标志。

第六章　法律责任

第三十九条 竞买人在招标、拍卖时使用虚假证明文件或者采用其他欺骗手段取得出租汽车经营权的，无偿收回经营权。

违反本条例第十三条第一款规定，取得经营权未满二年进行转让的，没收违法所得，无偿收回经营权。

第四十条 有下列行为之一的，责令停止营运，没收违法所得，并处以五千元以上二万元以下罚款：

（一）未按本条例规定取得出租汽车经营权和《道路运输经营许可证》、《道路运输证》，非法从事出租汽车营运的；

（二）违反本条例第二十四条、第三十四条第二款规定，汽车租赁服务企业从事出租汽车经营活动或者提供驾驶劳务的；非出租汽车的车辆装置使用出租汽车标志顶灯、使用出租汽车标志的；

（三）违反本条例第三十七条第一款规定，车辆不办理报废和营运证件注销手续而继续营运的。

有前款（三）项行为，情节严重的，还可以吊销《道路运输经营许可证》。

第四十一条 违反本条例第二十三条规定，非本市籍出租汽车从事起点在本市范围内的出租汽车经营活动的，责令停止营运，没收违法所得，处以二千元罚款。

第四十二条 出租汽车经营者有下列行为之一的，按下列规定处罚：

（一）违反本条例第十七条第三款规定的，责令改正，拒不改正的，处以二千元罚款；其中向委托方和驾驶员多收费、乱收费的，处以多收、乱收费额三至五倍罚款；

（二）违反本条例第二十条规定，不服从统一调度和指挥的，责令改正，拒不改正的，处以二千元罚款；

（三）违反本条例第二十五条第二款规定，聘用无岗位服务资格证件的人员驾驶出租汽车的，按聘用人数每人处以五百元罚款；情节严重的，可以暂扣《道路运输证》十日。

第四十三条 有下列行为之一的，按下列规定处罚：

（一）违反本条例第三十四条第（三）项至第（七）项规定，责令限期改正；逾期不改的，处以五百元罚款；

（二）违反本条例第三十五条规定，未按照规定期限进行车辆维护和车辆综合性能检测、定级的，责令改正，并处以五百元罚款；

（三）违反本条例第三十六条第二款规定，私自改装、调整、维修税控计价器或者不按照规定检定税控计价器的，责令改正，暂扣《道路运输证》十五日；情节严重的，吊销《道路运输证》。

第四十四条 出租汽车驾驶员有下列行为之一的，按照下列规定处罚；情节严重的，可吊销岗位服务资格证件：

（一）违反本条例第二十条规定，驾驶员不服从统一调度和指挥的，责令改正；拒不改正的，处以五百元罚款；

（二）违反本条例第二十五条规定，未取得岗位服务资格证件从事营运活动或者将出租汽车交由无岗位服务资格证件的人员驾驶的，责令停止营运，并处以五百元罚款；

（三）违反本条例第二十六条第（二）项、第（三）项规定的，责令改正，并处以三百元罚款；

（四）违反本条例第二十六条第（五）项至第（八）项、第二十七条第一款规定的，暂扣岗位服务资格证件十五日，并处以五百元罚款。

第四十五条 出租汽车经营者违反本条例被处以罚款的，罚款不得转嫁给委托方或者驾驶员。

第四十六条 吊销《道路运输证》或者《道路运输经营许可证》的，责令停止营运，其经营权由市交通行政管理部门按照使用年限折价回赎，并收缴出租汽车经营权确认书。吊销《道路运输经营许可证》的，同时提请工商部门依法注销其相应的经营资格。

出租汽车驾驶员被暂扣、吊销驾驶证的，同时分别暂扣、吊销其岗位服务资格证件。

被吊销岗位服务资格证件的，五年内不得再申领。

第四十七条 有下列情形之一的，可以当场暂扣车辆：

（一）车辆、驾驶员与营运证件记载内容不符的；

（二）拒绝接受依法检查或者暂扣营运证件的；

（三）无营运证件从事营运活动，或者被暂扣营运证件后仍然继续营运的；

（四）被道路运输管理机构依照本条例规定责令停止营运的。

暂扣车辆、营运证件的，应当分别出具扣车凭证和扣证凭证。暂扣车辆的期限不得超过七日。

第四十八条 本条例规定的行政处罚和行政强制措施由道路运输管理机构作出决定。

第四十九条 当事人对行政处罚和行政强制措施决定不服的，可以依法申请行政复议或者依法向人民法院提起行政诉讼。

第五十条 道路运输管理机构工作人员有下列情形之一的，应当给予批评教育，并视情节轻重，责令其停止执行职务，按照规定给予行政处分；构成犯罪的，依法追究刑事责任：

（一）对违反本条例规定的行为不依法处理的；

（二）不按照规定核发营运证件的；

（三）暂扣车辆、营运证件不按照规定时间上交和处理的；

（四）实施处罚不出具处罚决定书，实施暂扣车辆、营运证件不出具凭证的；

（五）打骂、侮辱当事人的；

（六）故意损毁当事人证件、物品的；

（七）以权谋私、贪污受贿的；

（八）其他滥用职权、玩忽职守、徇私舞弊的行为。

第五十一条 道路运输管理机构及其工作人员违法行使职权，侵犯企业或者个人的合法权益并造成损害的，应当依法承担赔偿责任。

第七章 附 则

第五十二条 本条例的具体应用问题由市人民政府负责解释。

第五十三条 本条例自 2002 年 3 月 1 日起施行。

深圳经济特区出租小汽车管理条例

（1994年12月26日深圳市第一届人民代表大会常务委员会第二十七次会议通过

1998年12月4日深圳市第二届人民代表大会常务委员会第二十八次会议第一次修正

2000年10月24日深圳市第三届人民代表大会常务委员会第二次会议第二次修正

2002年10月25日深圳市第三届人民代表大会常务委员会第十八次会议第三次修正

2004年6月25日深圳市第三届人民代表大会常务委员会第三十二次会议第四次修正）

第一章　总　　则

第一条　为了加强深圳经济特区（以下简称特区）出租小汽车（以下简称出租车）的营运管理，促进出租车行业的健康发展，保障乘客、经营者、驾驶员的合法权益，根据特区实际，制定本条例。

第二条　本条例适用于特区出租车的经营、租用和管理。

第三条　本条例所称出租车是指依照本条例取得出租车营运牌照（以下简称营运牌照），供一名驾驶员和不超过四名乘客乘坐，由乘客按规定支付租费的小轿车。

出租车包括计程出租车、计时出租车和宾馆自用出租车。出租车实行颜色、顶灯、计费表、单据、承包合同“五统一”原则。

第四条 出租车行业发展应当纳入特区城市发展总体规划。深圳市人民政府（以下简称市政府）根据城市公共交通事业的发展需要，对出租车数量实施宏观调控，逐步提高本地出租车驾驶员的比例，引导、推进出租车行业规模经营。

第五条 市政府运输行政管理机关（以下简称市运政管理机关）应当依法管理，廉洁勤政，秉公办事，维护正常的营运秩序。

出租车经营者和驾驶员应当安全营运，文明服务，合理收费，公平竞争，自觉接受运政管理机关和群众的监督。

第二章 主管部门和行业协会

第六条 市运政管理机关为特区出租车行业的行政主管部门，行使下列职权：

（一）制订特区出租车行业发展规划；

（二）拟订营运牌照投放计划，报市政府批准后组织实施；

（三）核发出租车及驾驶员营运证照；

（四）会同市物价管理机关拟订出租车租费标准及其调整方案，报市政府批准后公布执行；

（五）制订出租车营运车况标准并实施检验；

（六）会同市公安交通管理机关确定出租车候客站；

（七）检查出租车经营者、驾驶员、乘客、专业检测机构执行本条例的情况；

（八）受理对违反本条例的行为的投诉，并进行调查处理；

（九）指导、监督市出租车行业协会工作。

第七条 公安交通管理机关及其他有关政府部门应当在各自的职权范围内依法对出租车行业的有关事项行使管理职责。

第八条 市出租车行业协会是全市出租车行业的民间社团组织，依法履行以下职责：

（一）制定行业职业规范并监督其成员遵守；

（二）根据协会章程为协会成员提供与行业业务有关的服务；

（三）教育和督促经营者及从业人员按规定纳税；

（四）协助主管部门拟订出租车行业发展规划；

（五）向政府有关部门反映协会成员的意见和要求；

（六）协助有关行政主管部门处理其成员的违法案件；

（七）办理主管部门委托的其他工作。

第九条 市运政管理部门应当每季度召集一次行业协会代表联系会议，通报政府的有关政策，听取协会代表对政府有关主管部门的意见和建议。

第三章 营运牌照及其持有人

第十条 出租车必须依本条例取得营运牌照后，方可从事出租业务。未取得营运牌照的小汽车不得从事出租业务。

营运牌照实行一证一车制，每一营运牌照应当同其所载明的出租车牌号相符合；营运牌照设正本和副本，正本交出租车经营者持有，副本由市运政管理机关保存备查。

本条例所称营运牌照，是指市运政管理机关颁发的允许从事出租车业务的经营资格证明。

第十一条 营运牌照投放实行有偿使用、公开拍卖。

2000 年 12 月 1 日以前已经投放的营运牌照使用期限为五十年，2000 年 12 月 1 日以后投放的营运牌照使用年限由市政府规定。

本条例实施前已取得的营运牌照，其使用年限自 1995 年 5 月 1 日起计算。

营运牌照的拍卖办法由市政府另行规定。

第十二条 市运政管理机关应当每两年公布一次计划投放拍卖营运牌照数量的最高限额，并于每次具体拍卖日之前六十日公布该次拍卖的营运牌照数量。

第十三条 营运牌照竞得人应当自竞得营运牌照后三十日内缴清营运牌照款，并办理登记手续。

竞得人按前款规定缴清营运牌照款并办理登记手续的，即为该营运牌照持有人，并为该营运牌照所配置的出租车的车主。

第十四条 经营出租车业务应当具备下列条件：

（一）在市工商行政管理机关注册的运输企业；

（二）注册资金在一千万元以上；

（三）经营管理及人员素质符合市运政管理机关根据本条例制定并公布的标准和要求；

（四）有足够的固定停车场、位。

营运牌照持有人可以委托、发包或者出租等方式将营运牌照经营权转交符合前款条件的经营者经营；受委托、承包或者承租的经营者，除发包、出租给出租车驾驶员外，不得将营运牌照经营权再行转交他人经营。

出租车驾驶员同期内不得承包、承租两辆以上出租车，并不得转包或者转租。

第十五条 经营者应自竞得营运牌照后的九十日内，持下列材料到公安交通管理机关办理车辆入户手续：

（一）市运政管理机关批准从事出租车营运业务的文件；

（二）企业营业执照；

（三）市运政管理机关出具的竞得证明书及缴清营运牌照款的证明；

（四）车辆资料。

第十六条 经营者应当在办妥车辆入户手续后，到市运政管理机关办理道路运输证。市运政管理机关应当在十五日内办妥道路运输证。

经营者应当在办完以上手续后的三十日内投入营运。

第十七条 配有营运牌照的出租车在经营满两年后，牌照持有人可以转让营运牌照。具体转让办法由市政府另行规定。

第四章 出租车和驾驶员

第十八条 市运政管理部门根据需要可以确定出租车的颜色及不同颜色出租车限制行驶的区域。

第十九条　本条例实施后投放营运的出租车必须是排气量在一千五百毫升以上的新车。

禁止微型汽车和摩托车从事出租业务。

第二十条　出租车车主必须在市运政管理机关或者其指定机构监督之下安装有效计价表、顶灯、无线通讯设施和空车标志灯。

出租车车主应当在出租车规定位置印制车主名称，张贴或者悬挂出租车驾驶准许证（以下简称驾驶准许证）、价目表、本车车牌号、市运政管理机关的投诉电话号码。

第二十一条　出租车必须符合市运政管理机关依本条例制定的出租车营运车况标准，并保持车辆内外的整洁、卫生。

出租车营运期间，每六个月须到具有出租车专业检测资格的车辆检验机构接受车况检验。市运政管理机关应不定期检查出租车营运车况。车况检验或者检查不合格的，不得投入营运。

第二十二条　出租车投入使用后达到国家规定的营运车辆更新年限，车主必须更新车辆，不得将旧车继续投入营运。

公安交通管理机关不得给前款规定必须更新的出租车核发年检证。

第二十三条　出租车驾驶员应当符合国家规定的条件。

第二十四条　经营者雇用出租车驾驶员应当符合法律、法规和市政府有关本地居民就业的规定，并依照有关法律、法规办理劳动用工、社会保险及其他相关手续。雇用不具有深圳市常住户籍人员的，应当依照特区法规规定为其办理暂住证。

第二十五条　驾驶员每日出车前、收车后应对车辆安全技术指标和服务设施进行检查，以确定是否符合规定的标准。

实行轮班制的，驾驶员在交接班时应按前款规定对车辆安全技术指标和服务设施进行检查。

第二十六条　出租车有下列情况之一的，不得投入营运：

（一）市公安交通管理机关和市运政管理机关常规检验不合格的；

（二）发生机械故障不能正常运行的或者有其他事故隐患的；

（三）计价表和无线通讯设施不能正常工作的；

（四）车内其他设施破损、污垢，不宜乘坐的；

（五）车号牌字迹模糊、不易辨认的。

第二十七条 拥有五十辆以上出租车的经营单位应当设立专职安全员；不足五十辆出租车的经营者应当指定兼职安全员。

第五章 出租业务

第二十八条 出租车空车待租时，驾驶员应当载明“空车”和英文“FOR HIRE”字样的标志。在上下客点及允许上客的路段，乘客可以示意租用。

第二十九条 出租车载客后，应按乘客要求的路线行驶；乘客未提出要求的，应选择距离最短的路线行驶。如因故确需绕道时，应如实向乘客说明情况。

第三十条 乘客租用出租车后，非经乘客要求，出租车驾驶员不得另载他人。

第三十一条 乘客在21时至次日6时之间租车的，驾驶员有权拒绝在主、次干道以外的道路行驶；乘客于上述时间租车前往特区外的，驾驶员有权要求乘客出示身份证明。

第三十二条 出租车租费实行政府定价。

第三十三条 乘客租用出租车应当依照本条例规定支付租费，但有权拒付超收的租费。

出租车租费项目包括：

（一）起步价（含三公里以内里程价）；

（二）里程价（按公里计算）；

（三）等候费；

（四）夜间服务费（23时至次日6时）；

（五）大件行李费（体积超过零点二立方米、重量超过二十公斤的物品为大件）。

前款第（一）、（二）、（三）、（四）项的租费，以出租车计价表显示的数额为准。

出租车经过依法收费的设施和路段所支付的规费由乘客承担。

第三十四条 禁止经营者和驾驶员以任何方式向乘客超收租费。

第三十五条 驾驶员收取租费，应当使用市运政管理机关规定的统一客运发票。

第六章 营运管理

第三十六条 市运政管理机关应当会同市规划管理机关、市公安交通管理机关在机场、车站、码头、旅游景点、娱乐场所、口岸区域及市区主干道两侧的街道适当位置设置出租车专用候客站。三星级以上的宾馆应当设置两个以上的出租车专用免费候客车位。

禁止以各种名目非法向出租车司机收取费用或者阻扰其正常营运活动。禁止其他人以营利为目的为出租车招揽乘客，扰乱营运秩序和社会秩序。

第三十七条 市运政管理机关应当会同市公安交通管理机关在市区主、次干道和繁华路段及其他有必要的路段设立临时停车点。在设立黄线标志路段，禁止出租车在非停车点上客或者下客。

第三十八条 出租车经营者应当依本条例规定制订和健全安全、客运服务监督、奖惩等管理制度，加强对所属驾驶员和出租车的管理。出租车经营管理人员应当经岗位培训掌握管理知识，提高管理水平。

出租车经营者实行承包、租赁经营的，出租车的承包、租赁期限不得超过国家规定的营运车辆更新年限。

第三十九条 除下列情形外，出租车驾驶员不得拒绝载客：

（一）酗酒或者患精神病的乘客要求租车且无正常人陪伴的；

（二）乘客要求进入非机动车行驶的路段的；

（三）乘客要求超载行驶的；

（四）乘客携带易燃、易爆、有毒等危险物品的；

（五）乘客不愿按规定的计费标准付租费的；

（六）乘客在禁止上客的路段要求租车的；

（七）乘客要求将黄色出租车驶往特区外的。

第四十条 老、弱、病、残、孕、幼等特别乘客租车时，驾驶员应当优先运送；上述人员乘车需要帮助的，驾驶员应当提供帮助。

第四十一条 有下列情况之一的，出租车可载明“暂停载客”标志，暂停载客：

（一）驾驶员下班途中；

（二）应召去另一地点接客途中；

（三）车况不良或者驾驶员身体不适，不宜载客的。

第四十二条 禁止利用出租车进行扰乱社会公共秩序、妨碍出租车正常营运的活动。

第四十三条 出租车营运中，驾驶员和乘客应当遵守市容和环境卫生管理的有关规定，禁止在车内吸烟和向车外抛洒物品。

出租车营运中，驾驶员不得使用对讲机进行与营运业务无关的通话。

第四十四条 外地出租车必须遵守下列规定：

（一）空车不得驶入特区内；

（二）不得从事起点和终点在特区范围内的载客业务；

（三）按市政府规定的道路交通限定区域、路线行驶；

（四）不得在市政府规定的场站以外搭载回程乘客；

（五）在特区内规定线路上空车返程行驶的，必须在空车标志灯上套放“暂停载客”标志，夜间熄灭顶灯。

第四十五条 政府主管机关因抢险救灾或者司法机关执行紧急公务，可依法征用出租车，经营者和驾驶员不得拒绝。

征用出租车应当按规定支付租费，造成损失的，依法予以补偿。

第四十六条 乘客对驾驶员或者经营者违反本条例的行为，有权向政府主管机关或者出租车行业协会投诉。

第四十七条 市运政管理机关应设立专门机构，受理乘客对驾驶员、经营者的投诉。

市运政管理机关对乘客的投诉应当及时处理，并自接到投诉之日起十日内将处理结果或者处理情况告知投诉人。

第四十八条 市运政管理机关及出租车行业协会收到乘客投诉后，应当登记以下内容：

（一）投诉人姓名、职业、联系电话或者通讯地址；

（二）被投诉人姓名（或者单位名称）、出租车车牌号；

（三）投诉事实和要求。

投诉人不如实提供前款第（一）、（三）项情况的，受理投诉的机构可不予登记。

第四十九条 市运政管理机关受理乘客投诉后，按下列程序进行处理：

（一）将投诉人投诉的事实和要求书面通知被投诉人；

（二）被投诉人对投诉有异议的，应当自收到通知之日起七日内向发出通知的机构提出答辩意见和有关证据材料。

被投诉人逾期不提出答辩意见或者不能证明本人的答辩意见的，由主管机关按规定对被投诉人进行处理。

被投诉人可以依法委托行业协会工作人员、律师或者其他公民办理答辩事宜。

第五十条 市运政管理机关及其他主管机关依法检查出租车时，应出示有效检查证并说明理由和法律依据；扣留出租车和驾驶员的有关证件的，应为当事人出具收据。当事人不得拒绝主管机关依法检查或者扣证。

市运政管理机关、市公安交通管理机关及其他主管机关检查出租车营运、扣留出租车和驾驶员的有关证件违反前款规定的，经营者和驾驶员有权拒绝。

第五十一条 驾驶员对经营者的投诉、驾驶员及经营者对运政管理机关工作人员的投诉，由市运政管理机关及有关主管机关依法处理。

第五十二条 出租车驾驶员有见义勇为、拾金不昧、助人为乐行为且影响较大的，或者被评为出租车行业“最佳出租车驾驶员”的，有关部门应当予以表彰和奖励。

第七章 法律责任

第五十三条 违反本条例关于营运牌照管理规定有下列行为之一的，由市运政管理机关对行为人予以处罚：

（一）竞投时伪造竞买人资格证明文件或者其他按规定必须提供的材料

的，取消其竞买资格；已竞得营运牌照的，收缴其竞得的营运牌照；

（二）违法转让营运牌照或者违法将营运牌照出租、承包给他人经营的，没收其违法所得，并收回营运牌照；

（三）摩托车违法从事载客业务的，市运政管理机关可以暂扣车辆，并处罚款二千元。

（四）无出租车营运牌照、道路运输证的小轿车及微型汽车从事载客业务的，市运政管理机关可以暂扣车辆，并处罚款三万元；

（五）非出租车擅自安装出租车牌号、顶灯、计价表等标识和设施，假冒出租车的，市运政管理机关可以暂扣车辆，并处罚款十万元；有假冒、伪造车辆号牌或者其他违反车辆管理、道路交通管理行为的，将扣留车辆移送公安交通管理机关依法处理。

第五十四条 违反本条例车辆管理规定，有下列行为之一的，由市运政管理机关责令停止营运，并对车主处罚款八百元：

（一）未安装车内营运设施的；

（二）未接受车况检验的；

（三）车内营运设施破损、污垢，不宜载客，仍投入营运的；

（四）车体破损、车容不洁的。

未在出租车内外规定位置印制、张贴或者悬挂车主名称、驾驶准许证、价目表、本车车牌号、市运政管理机关的投诉电话号码的，处罚款二百元。

车辆已过强制更新年限仍在营运的，由市运政管理机关没收该出租车。

第五十五条 出租车驾驶员有下列行为之一的，由市运政管理机关责令改正并处以罚款：

（一）出租车营运时未挂车号牌或者车号牌不齐全的，责令改正，并处罚款五百元；

（二）不使用统一的客运发票的，责令改正，并处罚款五百元；

（三）车号牌污损、字迹不清的，责令改正，并处罚款二百元；

（四）在车站、码头、机场、口岸区域及市区主干道两侧街道专用候客站不遵守有关规定，妨碍营运秩序的，处罚款二百元，记录违章一次；

（五）未携带道路运输证和驾驶准许证上路营运的，处罚款二百元；

（六）违反本条例第四十四条规定的，处罚款五十元。

第五十六条 出租车驾驶员有下列行为之一的，由市运政管理机关予以处罚：

（一）拒绝载客的，处罚款一千元，记录违章一次；

（二）不当或者不法使用"暂停载客"标志的，处罚款一千元，记录违章一次；

（三）故意绕道行驶的，责令退还租费，处超收租费五十倍的罚款，记录违章一次；

（四）超标准收费的，责令加倍退还乘客超收部分租费，并处超收租费五十倍的罚款，记录违章一次；

（五）故意刁难、辱骂乘客的，责令其向乘客赔礼道歉，记录违章一次；

（六）拾到乘客遗失的物品不交还乘客或者不交有关部门处理的，责令退还，记录违章一次；

（七）出租车载客后，非经乘客要求另载他人的，责令退还租费，记录违章一次；

（八）将黄色出租车驶出特区外的，责令改正，记录违章一次。

第五十七条 出租车驾驶员或者经营者有下列行为之一的，由市运政管理机关予以罚款、没收违法所得、责令停止营运或者吊销驾驶准许证：

（一）无驾驶准许证或者使用无效驾驶准许证从事出租营运的，责令停止营运，处驾驶员二千元罚款；经营者有过错的，处经营者二千元罚款；

（二）私调计价表或者使用无效计价表的，没收非法所得，责令重新安装标准计价表，并处驾驶员二千元罚款；经营者有过错的，处经营者二千元罚款；情节严重的，责令停止营运；

（三）将驾驶准许证转借他人使用或者将出租车交给未取得驾驶准许证的人驾驶的，吊销其驾驶准许证；

（四）途中强行甩客的，吊销驾驶准许证；

（五）殴打乘客或者盗窃乘客财物的，吊销驾驶准许证，并送交公安机关依法处理；

（六）利用出租车扰乱社会秩序，妨碍出租车正常经营活动的，吊销其驾驶准许证；情节严重的，移送司法机关依法处理；

（七）以不正当手段逃避运政管理人员检查或者阻碍运政管理人员正常

执行公务的，处罚款二千元；情节严重的，责令经营者停止营运或者吊销驾驶员的驾驶准许证；

（八）伪造资格证明材料领取驾驶准许证的，吊销驾驶准许证；

（九）一年内被记录违章三次以上的，吊销其驾驶准许证。

依本条例被吊销驾驶准许证的驾驶员自处罚之日起三年内不得从事出租车驾驶业务。

第五十八条 出租车乘客有下列行为之一的，由市运政管理机关予以下列处罚：

（一）不按规定付车费的，责令按规定支付租车费，并处应付租费一倍的罚款；

（二）在出租车内吸烟或者向车外抛洒物品的，处罚款五十元；

（三）故意损坏车辆及车内设施的，责令赔偿损失。

第五十九条 外地出租车有下列行为之一的，由市运政管理机关予以下列处罚，并可以暂扣车辆：

（一）违反本条例第四十四条第（一）、（二）项规定的，处罚款五千元；

（二）违反本条例第四十四条第（三）、（四）、（五）项规定的，处罚款二千元。

公安交通管理机关对违反本条例第四十四条规定的外地出租车，可以按前款规定予以处罚。

市运政管理机关与公安交通管理机关对违反本条例第四十四条的同一违法行为，不得重复处罚。

第六十条 经营者或者驾驶员有下列情形之一的，市运政管理机关有权当场扣留车辆，并对有关当事人依本条例有关规定予以处罚：

（一）车辆与准许证载明车辆资料不一致的；

（二）未取得驾驶准许证驾驶营运出租车的；

（三）拒绝主管机关依法检查、扣证的；

（四）出租车技术状况不良，明显不宜投入营运，仍投入营运的；

（五）依本条例被市运政管理机关通知停止营运的出租车，擅自上路营运的。

扣留出租车所需保管费用由经营者承担。

第六十一条 经营者、驾驶员、乘客或者其他人在出租车营运中扰乱社会秩序，违反《中华人民共和国治安管理处罚条例》的，由公安机关依法予以处罚；构成犯罪的，由司法机关依法追究刑事责任。

第六十二条 出租车经营者疏于服务质量管理，所属出租车违章率和有效被投诉率最多的，由市运政管理机关予以警告，责令限期改正；逾期不改正的，责令停业整顿。

出租车经营者疏于管理导致发生利用出租车或者其他方式扰乱社会秩序、妨碍正常营运事件的，由市运政管理机关责令其限期改正；情节恶劣并造成严重后果的，责令停业整顿。

第六十三条 当事人对市运政管理机关等行政主管机关的行政处罚决定不服的，可以依法申请行政复议；对复议决定不服的或者行政复议机关决定不予受理以及受理后超过行政复议期限不作答复的，当事人可以依法向人民法院起诉。

第八章 附 则

第六十四条 市政府可依据本条例制定实施细则。

第六十五条 本条例自 1995 年 5 月 1 日起施行。

珠海市出租小汽车管理条例

（2005 年 9 月 29 日珠海市第六届人民代表大会常务委员会第十二次会议通过

2005 年 12 月 2 日广东省第十届人民代表大会常务委员会第二十一次会议批准

2005 年 12 月 12 日珠海市人民代表大会常务委员会公告第 9 号公布，自 2006 年 5 月 1 日起施行）

第一章　总　　则

第一条　为了加强出租小汽车（以下简称出租车）营运管理，促进出租车行业的健康发展，保障乘客、营运牌照持有人、出租车经营者和驾驶员的合法权益，根据国家有关法律、法规的规定，结合本市实际，制定本条例。

第二条　本条例适用于本市行政区域内出租车的管理。

第三条　本条例所称出租车是指依法取得营运牌照，专门用于从事营运活动，乘客按计价器显示金额支付租费的五座小型客车。

第四条　市交通行政管理部门（以下简称市交通主管部门）是出租车行业的行政主管部门，负责对全市出租车行业的管理工作。

公安、工商、财政、税收、物价、环保、旅游、劳动和社会保障、城市管理和质量技术监督等行政管理部门依照各自职责，协同做好出租车行业管理工作。

第五条　市人民政府应当根据城市公共交通事业发展的需要，按照科学配置公共资源和合理投放运力的原则，制定和实施出租车投放计划，对出租车总量进行宏观调控。

市人民政府制定计划时，应当征求利害关系人的意见，并向社会公布。

第六条 出租车经营者和驾驶员应当安全营运、文明服务、合理收费、公平竞争，自觉接受管理和监督。

乘客应当文明乘车，按规定支付租费和规费。

第七条 市交通主管部门应当积极引导和鼓励出租车行业规模化经营及车型的更新，积极推广先进技术和设备的使用，提高出租车行业的科学管理水平。

第二章 经营许可

第八条 从事出租车经营的，必须依照本条例规定取得出租车经营许可，并依法办理工商登记手续。

第九条 申请出租车经营许可的，应当具备下列条件：

（一）自有二十个以上出租车营运牌照及车辆；

（二）有与经营业务相适应的专业技术人员、管理人员和符合条例规定的驾驶员；

（三）有健全的安全生产管理制度。

申请出租车经营许可的，应当向市交通主管部门提出书面申请，并提供相关材料。市交通主管部门应当在受理申请之日起二十个工作日内作出许可或者不予许可的决定，作出许可决定的，应当颁发出租车经营许可证；不予许可的，应当书面通知申请人并说明理由。

本条例实施前的出租车经营者不符合本条规定经营许可条件的，可以继续经营至原许可期限届满。

第十条 出租车营运牌照实行有偿取得，由市交通主管部门依照法定程序公开拍卖。

市交通主管部门应当与取得出租车营运牌照者订立合同，发放营运牌照。营运牌照拍卖所得上缴财政部门。

第十一条 出租车营运牌照使用期限为十年。

本条例实施前已取得的出租车营运牌照，营运牌照使用期限按照原合同中约定的期限执行。

第十二条 出租车营运区域由市交通主管部门确定，并在拍卖合同中约定。

出租车应当在核定的区域内营运，营运区域经调整扩大范围的，应当按照调整时的市场价格补缴营运牌照有偿使用费。

第十三条 本条例实施前取得的出租车营运牌照可以转让，受让方必须具有本市户籍且年满十八周岁的居民和在珠海工商行政主管部门依法注册登记的出租车营运企业。

本条例实施后取得的出租车营运牌照不得转让。

第十四条 营运牌照持有人为非出租车经营者的，应当委托取得出租车经营许可的经营者经营。

本条例实施前取得营运牌照的持有人未能在本条例实施后六个月内依照本条例规定取得出租车经营许可的，应当委托取得出租车经营许可的经营者经营。

第十五条 从事出租车营运业务的驾驶员，必须符合下列条件：

（一）年龄在六十周岁以下；

（二）持有准驾小型客车机动车驾驶证；

（三）有三年以上驾龄，且近三年内没有因交通安全违法行为造成人员死亡的交通责任事故的记录和近一个记分周期内记录交通安全违法行为记分没有达到十二分；

（四）参加出租车职业培训，经市交通主管部门考试合格。

第十六条 申请从事出租车营运业务的驾驶员，应当向市交通主管部门提出书面申请，并提供以下材料：

（一）身份证明；

（二）第十五条第二项规定的机动车驾驶证；

（三）公安机关交通管理部门出具的第十五条第三项规定的证明；

（四）市交通主管部门出具的第十五条第四项规定的考试合格证明；

（五）受聘企业出具的工作岗位证明。

市交通主管部门应当在受理申请之日起十个工作日内作出许可或者不予

许可的决定，作出许可决定的，应当颁发出租车驾驶员上岗证（以下简称上岗证）；不予许可的，应当书面通知申请人并说明理由。

第十七条 符合下列条件的，出租车方可投入营运：

（一）排气量1600（含）毫升以上，尾气排放标准达到环保要求；

（二）外观颜色和服务标识符合市交通主管部门的规定；

（三）在规定位置设置收费标准、企业名称、监督电话和车辆号牌等服务标志；

（四）按照规定安装通信设备、计价器和顶灯。

符合以上规定的，由市交通主管部门在五个工作日内发放车辆营运证；不符合以上规定的，由市交通主管部门书面通知申请人并说明理由。

第三章 营运管理

第十八条 出租车经营者应当遵守下列规定：

（一）按时缴纳各项税、费；

（二）不得聘用没有上岗证的人员；

（三）加强对从业人员的安全教育、职业道德教育，确保道路运输安全；

（四）加强对营运车辆的安全技术性能检验，确保车辆技术标准符合法律、法规的要求；

（五）按规定向市交通主管部门报送生产营运资料、安全统计报表；

（六）执行政府部门抢险、救灾、国防交通等突发性特殊任务指令。

第十九条 出租车驾驶员由出租车经营者统一聘用。出租车经营者应当与其聘用的驾驶员签订劳动合同，办理社会保险手续，并依法缴纳社会保险费。

第二十条 出租车驾驶员应当遵守下列规定：

（一）遵守道路交通安全法律、法规，确保行车安全；

（二）出租车待租乘时，应当显示“空车”待租乘标志，夜间开启顶灯；

（三）保持着装、车身、车厢整洁，按规定携带营运证件和摆放上岗证；

（四）禁止在车内吸烟，禁止向车外抛洒杂物；

（五）禁止使用通信设备进行与营运业务无关的通话；

（六）禁止载客后无故中断运输或者更换车辆；

（七）出租车被租乘后，应当使用计价器；

（八）非经乘客同意，不得搭载他人；

（九）应当按乘客要求的路线行驶，乘客未提出要求的，应当选择最短的路线行驶，因故确需绕道时，应当如实向乘客说明情况并征得乘客同意；

（十）不得擅自调整计价器或者使用无效计价器；

（十一）按规定使用客运发票；

（十二）乘客在车内遗失的物品，应当及时归还失主或者上交有关部门。

第二十一条 乘客在乘坐出租车时应当遵守下列规定：

（一）文明乘车，不得损坏车内设施，维护车内清洁；

（二）支付租车费用。租车费用包括按照计价器显示的数额和经过依法收费的设施所缴纳的规费。

第二十二条 因公共利益需要征用出租车的，应当给予适当补偿。

第二十三条 已经投入营运的出租车有下列情形之一的，应当中止营运：

（一）未经检验机构检验或检验不合格的；

（二）发生机械故障不能正常运行或者有其他事故隐患的；

（三）计价器或者通信设备不能正常工作的；

（四）车内设施破损、污垢严重不宜载客的；

（五）车辆号牌字迹模糊、不易辨认的；

（六）服务标志不全的。

第二十四条 乘客遇有下列情形之一时，可以拒绝支付车费：

（一）租乘的车辆无计价器、不使用计价器或者计价器显示不清的；

（二）租乘的车辆在起步里程内发生故障，无法完成运送服务的；

（三）在营运途中无故中断运输或者更换车辆的；

（四）未按规定出具有效客运发票的。

第二十五条 除下列情形外，出租车驾驶员不得拒绝载客：

（一）酗酒或者患有精神病的乘客要求租车且无正常人员陪伴的；

（二）乘客携带凶器或者以暴力相威胁的；

（三）乘客要求超载的；

（四）乘客携带易燃、易爆、有毒等危险品的；

（五）乘客携带的动物可能危及驾驶员行车安全的；

（六）乘客在设立禁停标志、标线的路段的非出租车临时上、下客点要求租车的；

（七）乘客要求其他有违反道路交通安全、治安管理法律、法规规定情形的。

第二十六条 驾驶员持证上岗，每辆出租车可以配备三名驾驶员，由出租车经营者向市交通主管部门为驾驶员申请办理固定车号的上岗证。持固定车号上岗证的驾驶员只能驾驶上岗证确认的车辆。

已取得上岗证的驾驶员，由出租车经营者向公安机关交通管理部门办理机动车驾驶证的加章确认手续。

第二十七条 出租车票价实行政府定价。制定或者调整出租车票价的，价格主管部门应当按照规定组织听证。

第二十八条 市交通主管部门应当会同公安机关交通管理部门在机场、车站、码头、口岸以及其他客运集散地的适当位置划定候车区域及设立明显的候车标志和临时停车上、下客标志。

公安机关交通管理部门应当会同市交通主管部门设立出租车临时上、下客点，并设置明显的标志。设有禁停标志、标线的路段，不得在没有设置临时停车泊位的地点上、下客。未设有禁停标志的路段，在不妨碍交通安全的前提下，出租车驾驶员可以在道路边缘上、下客。

第二十九条 未取得营运牌照的机动车，不得从事收费载客业务。

第三十条 市外出租车不得从事起点和终点都在本市的收费载客业务，驶入本市必须遵守下列规定：

（一）必须在空车标志灯上套放“暂停载客”标志，夜间熄灭顶灯；

（二）不得在市交通主管部门规定的场站以外搭载回程乘客。

第三十一条 禁止利用出租车聚众滋事扰乱社会秩序。

第三十二条 市交通主管部门可以制定出租车委托经营合同、出租车承包经营合同、聘用出租车驾驶员合同等合同的示范文本供当事人参照。

市交通主管部门可以根据实际情况，制定合理的出租车承包费标准，调整出租车经营者、营运牌照持有人和驾驶员的收益关系。

第三十三条 遇突发公共事件严重影响出租车营运时，由市交通主管部门会同价格主管部门在核定合理营运成本费用的基础上采取适当降低承包费等有效措施，由出租车经营者、出租车牌照持有人和出租车驾驶员合理承担风险。

第四章 监督检查和投诉

第三十四条 市交通主管部门执法人员应当重点在经营单位、口岸、公共汽车场站进行监督检查。依法检查时，应当出示有效执法证件。未出示有效执法证件的，被检查单位和个人有权拒绝检查。

第三十五条 出租车经营者应当建立健全投诉制度，设立并公开投诉电话。

出租车经营者对直接受理或者市交通主管部门转办的投诉，应当在十个工作日内向投诉人作出答复。

出租车经营者对无权处理的投诉事项，应当及时报告相关主管部门。

第三十六条 乘客对驾驶员违反本条例规定的情形，有权向车属企业或者交通主管部门投诉；出租车经营者或者市交通主管部门应当受理投诉，并负责答复。

驾驶员在营运过程被投诉并由市交通主管部门立案后，其所在企业管理人员应当在规定期限内陪同当事人到市交通主管部门接受处理。

第三十七条 乘客投诉时应当提供以下情况：

（一）投诉人姓名、通讯地址、联系电话、乘车客运发票；

（二）被投诉人出租车车牌号码、被投诉人姓名或者出租车经营者名称；

（三）投诉的事实和要求。

第三十八条 市交通主管部门接到投诉后，应当将乘客提供的情况予以记录，将投诉人投诉的事实和要求书面或者电话通知车属企业；市交通主管部门接受投诉应当在接受之日起十个工作日内处理完毕。

第三十九条 乘客对出租车计价器收费有争议的，可以向市交通主管部门投诉，并可以要求到质量技术监督部门检测机构进行校验。租乘的车费以及检测、校验的费用，由责任者承担。

第四十条 出租车驾驶员在营运过程中自身权益受到侵害的，可以向市交通主管部门投诉，属于市交通主管部门处理的，应当在接受投诉之日起十个工作日内处理完毕；不属于市交通主管部门处理的，市交通主管部门应当在三个工作日内转送相关主管部门处理。

第四十一条 举报未取得出租车营运牌照和出租车经营许可从事收费载客业务的机动车，经核实查处，由市交通主管部门按罚款数额百分之十的比例从财政中给予举报人奖励。

第五章 法律责任

第四十二条 违反本条例规定，市交通主管部门有下列情形之一的，对负有责任的主管人员和其他责任人员，根据情节轻重，给予行政处分；构成犯罪的，依法追究刑事责任：

（一）未依据法定条件、程序颁发许可证等证件的；

（二）发现违法行为不及时查处的；

（三）参与或者变相参与非法营运活动的；

（四）违法实施行政处罚、扣留车辆、收取费用的。

其他相关行政主管部门未履行职责，损害出租车经营者和驾驶员合法权益的，对负有责任的主管人员和其他责任人员，依法追究责任。

第四十三条 违反本条例规定非法转让出租车营运牌照的，撤销出租车营运牌照。

第四十四条 出租车经营者有下列情形之一的，由市交通主管部门责令改正，并按如下规定予以处罚：

（一）不执行政府部门抢险、救灾、国防、交通等突发性特殊任务指令的，处以五千元的罚款；

（二）未按规定向市交通主管部门报送生产营运资料、安全统计报表的，处以一千元的罚款；

（三）聘用未取得相应上岗证的人员从事出租车驾驶业务的，按每人处以一千元的罚款；

（四）出租车未安装符合规定的通信设备、计价器、车顶灯等营运设施的，按每车处以一千元的罚款；

（五）车体或者车内营运设施破损，仍投入营运的，按每车处以五百元的罚款；

（六）未在指定的位置印刷所在公司名称、摆放上岗证、设置价目表、本车车辆号牌、投诉电话号码的，按每车处以五百元的罚款；

（七）不执行政府有关部门在处置突发公共事件时提出的调整承包费方案的，由市交通主管部门责令暂停营运十五天；情节严重的，撤销其出租车营运牌照或者出租车经营许可证。

第四十五条 伪造、变造、改装机动车假冒出租车进行经营的，由公安机关交通管理部门责令停止违法行为，没收车辆，并处以十万元的罚款。

第四十六条 出租车经营者未报告市交通主管部门，擅自终止出租车营运的，由市交通主管部门撤销其出租车经营许可证。

第四十七条 出租车驾驶员有下列情形之一的，由市交通主管部门责令改正，按以下规定处罚，并记录违法行为一次：

（一）本市出租车驾驶员不按照核定区域经营的，处以二千元的罚款；

（二）违反本条例规定拒绝载客的，处以一千元的罚款；

（三）载客不使用计价器的，处以一千元的罚款；

（四）使用无效计价器的，处以一千元的罚款，并责令安装有效计价器；

（五）擅自改变通信设施的，责令其恢复原状，并处以一千元的罚款；

（六）无正当理由绕道行驶的，责令退还多收部分费用，并处以一千元的罚款；

（七）超标准收费的，责令退还乘客多收部分费用，并处以一千元的罚款；

（八）载客后非乘客同意搭载他人的，责令退还租费，并处以一百元的罚款；

（九）不按规定使用客运发票的，处以三百元的罚款；

（十）未携带车辆营运证的，处以一百元的罚款；

（十一）载客时在车内吸烟的，处以五十元的罚款；

（十二）驾驶车辆与上岗证车号不一致的，处以二百元的罚款；

（十三）在车站、码头、机场、口岸区域等专用候客站，不遵守营运秩序的，处以五百元的罚款。

十二个月内，驾驶员有一次第一项至第七项违法行为记录或者有二次第八项至第十三项违法行为记录的，应当参加市交通主管部门组织的法律、法规知识培训。

第四十八条 出租车经营者未与驾驶员签订劳动合同，办理社会保险手续，由劳动和社会保障主管部门依法予以处罚。

第四十九条 出租车驾驶员有下列行为之一的，由市交通主管部门责令改正，并吊销其上岗证：

（一）擅自调整计价器的；

（二）将上岗证转借他人使用或者将出租车交给未取得上岗证的人驾驶的；

（三）无故中断运输或者更换车辆的；

（四）殴打乘客或者侵占乘客遗失物的；

（五）十二个月内，驾驶员根据本条例第四十七条的规定参加市交通主管部门培训后，又有违法记录达到应接受培训标准的；

（六）一个记分周期内被公安机关交通管理部门记录违法行为记分累计达到十二分，或者被公安机关交通管理部门记录跨越中心实线超车或者向左转弯的。

第五十条 拒绝或者阻碍公安机关、市交通主管部门依法履行职务的，由市交通主管部门吊销其上岗证，公安机关交通管理部门撤销对其机动车驾驶证的加章确认；构成妨碍社会管理秩序行为的，由公安机关依照《中华人民共和国治安管理处罚法》予以处罚。

依本条例被吊销上岗证的驾驶员自处罚之日起三年内不得申请从事出租车驾驶业务。

第五十一条 出租车驾驶员、出租车经营者或者营运牌照持有人利用出租车聚众滋事扰乱社会秩序，违反《中华人民共和国治安管理处罚法》规定的，由公安机关依法进行处罚，并由市交通主管部门吊销其上岗证、撤销其出租车经营许可证或者撤销出租车营运牌照。

第五十二条　出租车驾驶员未办理机动车驾驶证的加章确认手续驾驶出租车的，由公安机关交通管理部门责令改正，处以一千元的罚款。

出租车驾驶员驾驶与加章确认的固定车号不一致的出租车的，由公安机关交通管理部门处以二百元的罚款。

第五十三条　违反本条例规定未取得经营许可从事营运活动或者未取得营运牌照从事收费载客业务的，由市交通主管部门责令停止营运，暂扣车辆，并处以三万元以上十万元以下的罚款。

第五十四条　市外出租车违反本条例规定的，由市交通主管部门责令改正，可以暂扣车辆，并处以二千元的罚款。

第五十五条　当事人逾期不履行行政处罚决定又不申请行政复议或者提起行政诉讼的，应当予以催告，限期履行；逾期不履行的，市交通主管部门对暂扣车辆依法予以拍卖，所得款项用于缴纳罚款，剩余款项返还当事人。

第六章　附　　则

第五十六条　本条例自 2006 年 5 月 1 日起施行。

1998 年 1 月 1 日施行的《珠海市出租小汽车管理条例》同时废止。